上海市长期护理保险制度实施状况研究

SHANGHAISHI CHANGQI HULI BAOXIAN ZHIDU
SHISHI ZHUANGKUANG YANJIU

杨玲丽◎著

中国政法大学出版社

2024·北京

图书在版编目（ＣＩＰ）数据

上海市长期护理保险制度实施状况研究 / 杨玲丽著. -- 北京 ： 中国政法大学出版社，2024. 7. -- ISBN 978-7-5764-1689-3

Ⅰ. F842.625

中国国家版本馆 CIP 数据核字第 2024YV9364 号

出 版 者	中国政法大学出版社
地　　址	北京市海淀区西土城路 25 号
邮寄地址	北京 100088 信箱 8034 分箱　邮编 100088
网　　址	http://www.cuplpress.com (网络实名：中国政法大学出版社)
电　　话	010-58908285(总编室) 58908433 (编辑部) 58908334(邮购部)
承　　印	固安华明印业有限公司
开　　本	720mm×960mm　1/16
印　　张	16.75
字　　数	275 千字
版　　次	2024 年 7 月第 1 版
印　　次	2024 年 7 月第 1 次印刷
定　　价	78.00 元

总 序 /FOREWORD

四秩芳华，似锦繁花。幸蒙改革开放的春风，上海政法学院与时代同进步，与法治同发展。如今，这所佘山北麓的高等政法学府正以稳健铿锵的步伐在新时代新征程上砥砺奋进。建校 40 年来，学校始终坚持"立足政法、服务上海、面向全国、放眼世界"的办学理念，秉承"刻苦求实、开拓创新"的校训精神，走"以需育特、以特促强"的创新发展之路，努力培养德法兼修、全面发展，具有宽厚基础、实践能力、创新思维和全球视野的高素质复合型应用型人才。四十载初心如磐，奋楫笃行，上海政法学院在中国特色社会主义法治建设的征程中书写了浓墨重彩的一笔。

上政之四十载，是蓬勃发展之四十载。全体上政人同心同德，上下协力，实现了办学规模、办学层次和办学水平的飞跃。步入新时代，实现新突破，上政始终以敢于争先的勇气奋力向前，学校不仅是全国为数不多获批教育部、司法部法律硕士（涉外律师）培养项目和法律硕士（国际仲裁）培养项目的高校之一；法学学科亦在"2022 软科中国最好学科排名"中跻身全国前列（前 9%）；监狱学、社区矫正专业更是在"2023 软科中国大学专业排名"中获评 A+，位居全国第一。

上政之四十载，是立德树人之四十载。四十年春风化雨、桃李芬芳。莘莘学子在上政校园勤学苦读，修身博识，尽显青春风采。走出上政校门，他们用出色的表现展示上政形象，和千千万万普通劳动者一起，绘就了社会主义现代化国家建设新征程上的绚丽风景。须臾之间，日积月累，学校的办学成效赢得了上政学子的认同。根据 2023 软科中国大学生满意度调查结果，在本科生关注前 20 的项目上，上政 9 次上榜，位居全国同类高校首位。

上政之四十载，是胸怀家国之四十载。学校始终坚持以服务国家和社会需要为己任，锐意进取，勇担使命。我们不会忘记，2013 年 9 月 13 日，习近平主席在上海合作组织比什凯克峰会上宣布，"中方将在上海政法学院设立中国－上海合作组织国际司法交流合作培训基地，愿意利用这一平台为其他成员国培训司法人才。"十余年间，学校依托中国－上合基地，推动上合组织国家司法、执法和人文交流，为服务国家安全和外交战略、维护地区和平稳定作出上政贡献，为推进国家治理体系和治理能力现代化提供上政智慧。

历经四十载开拓奋进，学校学科门类从单一性向多元化发展，形成了以法学为主干、多学科协调发展之学科体系，学科布局日益完善，学科交叉日趋合理。历史坚定信仰，岁月见证初心。建校四十周年系列丛书的出版，不仅是上政教师展现其学术风采、阐述其学术思想的集体亮相，更是彰显上政四十年发展历程的学术标识。

著名教育家梅贻琦先生曾言，"所谓大学者，有大师之谓也，非谓有大楼之谓也。"在过去的四十年里，一代代上政人勤学不辍、笃行不息，传递教书育人、著书立说的接力棒。讲台上，他们是传道授业解惑的师者；书桌前，他们是理论研究创新的学者。《礼记·大学》曰："古之欲明明德于天下者，先治其国"。本系列丛书充分体现了上政学人想国家之所想的高度责任心与使命感，体现了上政学人把自己植根于国家、把事业做到人民心中、把论文写在祖国大地上的学术品格。激扬文字间，不同的观点和理论如繁星、似皓月，各自独立，又相互辉映，形成了一幅波澜壮阔的学术画卷。

吾辈之源，无悠长之水；校园之草，亦仅绿数十载。然四十载青葱岁月光阴荏苒。其间，上政人品尝过成功的甘甜，也品味过挫折的苦涩。展望未来，如何把握历史机遇，实现新的跨越，将上海政法学院建成具有鲜明政法特色的一流应用型大学，为国家的法治建设和繁荣富强作出新的贡献，是所有上政人努力的目标和方向。

四十年，上政人竖起了一方里程碑。未来的事业，依然任重道远。今天，借建校四十周年之际，将著书立说作为上政一个阶段之学术结晶，是为了激励上政学人在学术追求上续写新的篇章，亦是为了激励全体上政人为学校的发展事业共创新的辉煌。

党委书记葛卫华教授

校长刘晓红教授

2024 年 1 月 16 日

序 言 / PREFACE

　　"长期护理保险"（被称为社保"第六险"）是一项为丧失生活自理能力的老人提供的社会保险制度，主要是为被保险人在丧失日常生活能力、年老患病或身故时，侧重于提供护理保障和经济补偿的制度安排。

　　2016 年，长期护理保险制度开始在中国试点，以长期处于失能状态的参保人群为保障对象，重点解决重度失能人员基本生活照料和医疗护理所需费用。2016 年 6 月，人力资源和社会保障部印发《人力资源社会保障部办公厅关于开展长期护理保险制度试点的指导意见》，提出开展长期护理保险制度试点工作的原则性要求，明确上海市、河北省承德市、吉林省长春市、黑龙江省齐齐哈尔市等 15 个城市作为试点城市，标志着国家层面推进全民护理保险制度建设与发展的启动。2020 年 9 月，经国务院同意，国家医保局会同财政部印发《关于扩大长期护理保险制度试点的指导意见》，长期护理保险试点城市增至 49 个。

　　长期护理保险主要是支付失能老年人的日常护理照顾费用。一般分为家庭照料和机构照料。给付条件标准包括：（1）日常活动能力失败。包括：起床和睡觉，或起居活动、穿衣和脱衣等。（2）医学上的必要性与住院治疗。保险公司要求被保险人住进护理院时与住进医院一样，要有医学上的必要性。（3）认知能力障碍。通常，如果被保险人被诊断为在某方面有认知能力障碍，就认为需要长期护理。与医疗保险的区别在于，医疗保险主要保障医疗治疗所需要的费用，而长期护理保险主要用于保障一般生活照料所支付的费用，一般不包含医疗介入。

　　上海于 1979 年就步入了老龄化社会，是中国最早进入老龄化社会的城市，早于全国 21 年。从户籍人口角度看，上海 20 世纪末就进入了深度老龄化社会，目前已经步入重度老龄化阶段。上海市民政局的数据显示，截至 2023 年底，全上海 60 岁及以上户籍老年人 568.05 万人，占户籍总人口的 37.4%；上海市户籍人口中 80 岁及以上老年人口 81.64 万人，其中男性 33.6 万人，女性 48.04 万人。上海市各区 80 岁及以上老年人口列居前三位的依次是崇明区、长宁区、虹口区。在 2024 年至 2050 年期间，上海 80 岁及以上高龄老年人口数将出现更迅速增加的态势。上海市的老年人的养老照护形势严峻。

为减轻养老负担，上海市于 2016 年启动长期护理保险制度试点，是全国首批试点城市之一。2017 年，上海市在徐汇、普陀、金山三区开展了长期护理保险制度试点，并于 2018 年在全市范围试点。近年来，上海市养老服务市场取得了显著成绩，形成了以"居家养老服务、社区养老服务、机构养老服务"为主线，互相协调、互为支持、互为补充的多元化多层次的养老服务格局。其中，长期护理保险制度方面也取得了显著成绩。截至 2023 年底，全市有 1240 家长期护理保险定点护理服务机构，5.6 万名长期护理保险护理员，服务 44.05 万名失能老人，全市长期护理保险居家照护服务达 356.06 万人次；全市长期护理保险定点老年照护统一需求评估机构 38 个；全市失能失智人员照护的护理型床位 10.66 万张；养老机构认知症照护床位数 1.2 万张；建设老年认知障碍友好社区 220 个；老年社会工作者 1227 人（含专职和兼职），卫生专业技术人员 2003 人。

上海长期护理保险服务以政府直接参与为主，长期护理保险的实施与经办均由政府独立完成，而不依靠其他专业的保险机构。年满 60 周岁及以上，参加本市职工医保或居民医保，办理了申领基本养老金手续，且经老年照护统一需求评估，失能程度达到评估等级 2 至 6 级并在评估有效期内的参保人员都可享受该服务。参保人可在社区日间照护、养老机构、居家上门 3 种护理服务方式中，自行选择一种。长期护理保险对于机构居家上门服务时长和内容有着严格规定：基本生活照料类包括头面部清洁梳理、洗发、沐浴、剪指甲等 27 个项目，常用临床护理类包括药物喂服、物理降温、压疮伤口换药等 15 个项目，洗衣、做饭等生活类服务均不包含在内，因为公共资源是有限的。根据评估等级，最高一周上门服务 7 次，每次 1 小时，对于上门服务所产生的费用，长护险基金报销 90%，个人承担 10%，医疗照护员为 65 元每小时。上海市在长期护理保险推进发展中，享受长期护理保险的护理照料的老人自身身体变化情况有较明显好转，提升了老年人的身体健康水平。整体上，享受长期护理保险服务的老年人总体满意度较高。

上海长期护理保险制度的各项举措走在全国前列，例如公布了老年护理安全卫生需求、老年照护统一需求评估规范、养老机构设施与服务要求等地方标准，其中老年照护统一需求评估规范先后被浙江省嘉善县、桐庐县、岱山县、义乌市，江西省上饶市，河北省秦皇岛市、唐山市，江苏省常州市武进区，福建省晋江市，天津市应用于对当地老年人照护需求分级的判定，累计覆盖 1500 余万人口。

从试点到现在，已经过去了 8 年，上海长期护理保险制度的实施取得了很大成就，但同样存在一些问题亟待解决。对政府来说，待解决的问题还有很多，要走的路还很长。比如，目前长期护理保险试点地区 90% 以上的筹资来自医保基金划转，而上海 100% 来自医保基金划转。在医保基金运行压力逐步增大的背景下，长期护理保险基金面临不可持续风险。随着长期护理保险制度试点城市范围的进一步扩大，长期护理保险服务市场也面临着一系列的挑战。

本书通过 2021 年到 2023 年对上海市 14 家实施长期护理保险制度的养老机构或服务机构的跟踪调查，基于对上海长期护理保险制度的享受老人、实施机构、护理机构、评估机构等机构的实地观察、深入访谈和问卷调查，根据一手资料，以案例的形式归纳总结了上海长期护理保险制度的实施现状、取得的成就、存在的问题、解决问题的对策等。本书的研究，能够为长期护理保险领域的学者、基层工作者、政策制定者等提供一定的借鉴意义和指导意义。

目 录 /CONTENTS

绪　论

一、研究背景

（一）全国的老龄化需求

近年来，中国人口老龄化程度不断提高，老年抚养比和老年人口占总人口的比重逐渐上升。目前，中国已经进入了深度老龄化阶段，甚至比一些发达国家还要严重。根据国家统计局数据，截至 2023 年末，全国 60 岁及以上老人为 29 697 万人，占总人口的 21.1%，65 周岁及以上的老年人口为 21 676 万人，占总人口的 15.4%。[1] 未来，中国人口老龄化程度还将继续提高，人口老龄化问题日益严重。2023 年起，中国进入人口老龄化迅速发展时期，老年人口将一直保持净增长。据测算，到 2035 年，全国 60 岁及以上老年人口将突破 4 亿；[2] 到 2050 年，全国 60 岁及以上老年人口将增长至近 5 亿人。[3]

在我国庞大的老年群体中，伴随着老年人自身身体机能退化、慢性病高发、认知感官能力下降、空巢化程度加剧等因素，以及因此而导致的心理和精神问题的出现，老年人对于长期护理的需求不断上升。据民政部、国家卫健委等部门统计，我国失能、半失能者达 4000 万人以上。全国老龄工作委员

---

[1] 参见《中华人民共和国 2023 年国民经济和社会发展统计公报》，载 https://www.gov.cn/lianbo/bumen/202402/content_ 6934935. htm，最后访问日期：2024 年 2 月 29 日。

[2] 参见《养老行业新工种，潜力大挑战多》，载 https://baijiahao. baidu. com/s? id=1806952684004048407&wfr=spider&for=pc，最后访问日期：2024 年 8 月 10 日。

[3] 杜鹏：《中国人民大学副校长：今年将成中国老年人口净增长最多的一年》，载 https://baijiahao. baidu. com/s? id=1777006201340705857&wfr=spider&for=pc，最后访问日期：2023 年 9 月 14 日。

会办公室发布的数据显示，预测到 2050 年失能老人将增长至 9750 万人次，接近一亿。[1]面对失能、半失能老人长期护理需求的不断扩大，"十一五"期间，中央政府层面就已经提出在社区基础上开展综合性为老服务，对生活不能自理和半自理的老人开展"爱心护理工程"的工作，并于 2016 年 6 月开始在 15 个城市实行了长期护理保险的试点。2016 年 5 月，习近平总书记在中共中央政治局的一次集体学习时强调，"要建立老年人状况统计调查和发布制度、相关保险和福利及救助相衔接的长期照护保障制度、老年人监护制度、养老机构分类管理制度"[2]。之后，国家人力资源和社会保障部正式发布《人力资源社会保障部办公厅关于开展长期护理保险制度试点的指导意见》，并在全国 15 个城市开启长期护理保险制度的试点。之后，国家出台了加强老年护理服务、增加老年护理机构资源、开展老年护理评估等一系列政策。2022 年又启动了全国老年医疗护理服务试点工作，经过一年的试点，各地护理机构、康复机构以及老年护理专业护士和医疗护理人员队伍数量明显增加。截至 2022 年底，全国共计 2000 余个医疗机构开展了"互联网+护理服务"，为行动不便的出院患者、老年人等提供了 7 类 60 余项上门医疗护理服务项目，打通了专业护理服务到家的"最后一公里"，受到群众广泛好评。国家卫健委相关负责人表示，我国将进一步健全以居家为基础、社区为依托、机构为支撑的老年护理和长期照护服务体系。[3]

（二）上海的老龄化需求

上海的人口老龄化程度更为严重，是我国最早进入人口老龄化且老龄化程度最深的城市之一，而且老年人口比重一直在快速大幅上升。上海市老龄工作委员会办公室数据显示，自 2015 年起，上海平均每年新增 60 岁及以上老年人口 19.92 万，新增 80 岁及以上老年人口 1.2 万。[4]上海市民政局的数

---

[1] 参见《人口高龄化逼近，医养结合如何覆盖数千万失能老人》，载 https://baijiahao. baidu. com/s？id=1764879481061061252&wfr=spider&for=pc，最后访问日期：2023 年 5 月 3 日。

[2] 《党委领导政府主导社会参与全民行动推动老龄事业全面协调可持续发展》，载 http://politics. people. com. cn/n1/2016/0529/c1024-28387438. html，最后访问日期：2016 年 5 月 29 日。

[3] 《失能、半失能老年人护理问题如何解决？国家卫健委回应》，载 https://baijiahao. baidu. com/s？id=1765691232752120488&wfr=spider&for=pc，最后访问日期：2023 年 5 月 12 日。

[4] 彭亮：《长期护理保险试点背景下老年人长期照护需求研究——以接受长期护理保险服务的上海市社区居家老年人为对象》，载《老龄科学研究》2021 年第 9 期。

据〔1〕显示，截至 2023 年底，上海市全市户籍人口 1519.47 万人，其中 60 岁及以上人口 568.05 万人，占总人口的 37.4%；65 岁及以上人口占总人口的 28.8%；80 岁及以上高龄老年人口占总人口的 5.4%。其中，上海独居老年人数量 33.41 万人。

2013 年，上海市率先在浦东、长宁、杨浦区的 6 个街道社区推行了高龄老人医疗护理计划。经过三年平稳有序的试点扩大工作后，于 2016 年成为第一批长期护理保险试点城市。2016 年末，上海市人民政府印发《上海市长期护理保险试点办法》，于 2017 年 1 月 1 日起实施。试点方案从普陀、徐汇、金山三个区先行开始，参加人员必须是本市户籍、年龄 70 周岁及以上、参加本市职工基本医疗保险的人员，经过评估达到一定的护理需求等级后方可申请参加计划。试点方案在原有高龄老人医疗护理计划的基础上，以居家上门服务模式为起点开始实施。原先参加高龄老人医疗护理计划的老人仍然可以在评估有效期内参加原计划，或根据相关规定申请长期护理保险。2018 年 1 月起，上海在全市全面推行长期护理保险制度，构建形成了申请、评估、服务、结算、监管等全链条制度体系，推动长期护理保险管理水平、服务质量迈向标准化、精细化。2021 年，上海市人民政府印发修订后《上海市长期护理保险试点办法》，政策详尽地描述了长期护理保险的评估收费、享受人群、服务形式、待遇、服务内容等。社区居家养老和养老机构照护一样都有 42 项基本服务项目，分为 27 项的基本生活照料和 15 项的常用临床护理。有护理需求的参保人携带本人身份证、医保卡等相关材料就可以到相应的社区街道办理进行办理；若是代办，则还需提供代办人的身份证。

（三）上海市长期护理保险的内容

1. 覆盖人群和受益对象

目前，上海市规定，年满 60 周岁、拥有上海户籍的职工医保人员中，已按照规定办理了申领城镇职工基本养老金手续的人员和居民医保人员，皆可申请参加本市的长期护理保险。经过老年人统一需求评估后，护理需求等级达到 2-6 级的即能成为上海市护理保险的受益对象。

---

〔1〕 参见《2023 年上海市老年人口、老龄事业和养老服务工作综合统计信息发布！》，载 https://mzj.sh.gov.cn/2024bsmz/20240706/73924c349f4d475a9d46b6019f1a396b.html，最后访问日期：2024 年 7 月 6 日。

上海市享受长期护理保险待遇老年人数从 2018 年 8 月试点之初的 18.6 万人扩展到了 2023 年的 44.05 万人，占户籍老年人口的 7.58%[1]。2023 年，全市长期护理保险居家照护服务达 356.06 万人次；享受养老服务补贴居家上门服务达 65.36 万人次；政府购买服务的应急救援呼叫覆盖人数达 30.13 万人。[2]

2. 筹资方式和资金来源

2017 年三区先行试点期间，通过在上海市医保中心的医保专项资金账户下开设子账户来筹资。资金来源是当月医保基金中单位缴费 1% 的结余部分，从医保基金账户转向长期护理保险专项账户。2018 年全市试点后，有不同的筹资规定。对于参加职工医保的人员，由用人单位按照本单位职工医保年缴纳基数的 0.12% 缴纳，个人按照本人职工医保年缴纳基数的 0.12% 缴纳。已经退休的人员无需缴纳个人部分。另外，参加居民医保的人员按照职工医保参保人员的缴费标准，由本人承担全部资金总额的 15%，剩余部分由市、区财政承担。

3. 服务模式和待遇支付

上海市长期护理保险在试点之初，有社区居家照护、养老机构照护和住院医疗护理三种服务模式。申请人可根据评估等级和个人需求选择相对应的服务模式，不同模式有不同的支付标准。其中，住院医疗护理收费标准依照上海市医疗机构的服务项目的收费标准执行。2020 年 5 月 9 日，上海市政府发布增加社区日间照护服务模式，有加入意愿的养老服务机构在申请并通过评估后，成为长期护理保险的定点护理服务机构，并将此类满足条件的机构统一称为"定点日照机构"。经过一段时间的试点后，结合试点期间得出的经验，上海市政府对试点办法进行了修订。其中，住院医疗护理被移出护理保险，恢复为由基本医保基金支付。因此，目前上海市长期护理保险服务模式为社区居家照护、养老机构照护和社区日间照护三种服务模式。

---

〔1〕《上海首次发布养老服务综合统计数据》，载看看新闻 https://baijiahao.baidu.com/s? id＝1768235746 780410100&wfr＝spider&for＝pc，最后访问日期：2024 年 7 月 6 日。

〔2〕参见《2023 年上海市老年人口、老龄事业和养老服务工作综合统计信息发布!》，载 https://mzj.sh.gov.cn/2024bsmz/20240706/73924c349f4d475a9d46b6019f1a396b.html，最后访问日期：2024 年 7 月 6 日。

4. 护理服务机构

2023 年，上海长期护理保险定点护理服务机构达 1240 家，护理员 5.6 万名。[1]长期护理保险定点评估机构 38 家，护理床位 10.66 张；养老机构认知障碍照护床位 1.2 万张；建设老年认知障碍友好社区 220 个。[2]

5. 护理服务内容

上海市的长期护理保险的护理内容主要分为生活照料和医疗护理两大块。相关调查显示，生活照料占服务量总数的 86%，医疗护理占服务量总数的 14%。[3]

6. 评估标准

失能等级评估是衡量长期护理保险服务质量的重要一环。老年照护统一需求评估标准，是上海市长期护理保险制度中用来评估失能等级的工具。最近几年，在医保、民政和卫生健康等多个部门的共同努力推动下，老年照护需求评估标准不断统一、日趋完善。为了使评估标准更科学合理，上海市不断修订完善评估标准，实践几年来，评估标准已从 1.0 升级到 2.0 版。距离 1.0 版本发布一年以后，根据现实情况调整和更新，于 2019 年 12 月 18 日发布的《上海市老年照护统一需求评估标准（试行）2.0 版》最显著的变化表现在对老年人"认知能力"的重视，具体体现在自理能力维度的权重设置中将认知能力权重由 5% 提高至 25%，并在认知能力评估项中明确化、丰富化了评估项，如将"时间定向、空间定向"合并统称为"定向能力"，并增加了如"日常生活中的基本判断能力"、"情绪精神症状"等新评估项。此外，还将认知障碍认定为疾病轻重维度和衡量标准之一，纳入了评估范围。同时，2.0 版本还扩展了自理能力维度中剩余 2 类（日常生活活动能力评估项和工具性日常生活活动能力评估项）的评估项目数量。

---

[1] 参见《上海每月 40 万人享长护险》，载 https://www.163.com/dy/article/J38VSGMR0514R9KQ.html，最后访问日期：2024 年 5 月 28 日。

[2] 参见《2023 年上海市老年人口、老龄事业和养老服务工作综合统计信息发布!》，载 https://mzj.sh.gov.cn/2024bsmz/20240706/73924c349f4d475a9d46b6019f1a396b.html，最后访问日期：2024 年 7 月 6 日。

[3] 参见《长护险试点：绣花功夫走过"艰难的路"》，载 https://baijiahao.baidu.com/s?id=1678954227437475417&wfr=spider&for=pc，最后访问日期：2020 年 9 月 27 日。

表 1-1　上海市老年照护统一需求评估标准更新前后对比

		1.0 版（2018.10.24 发布）	2.0 版（2019.12.18 发布）
自理能力维度	自理能力维度权重	日常生活活动能力（85%） 工具性日常生活活动能力（10%） 认知能力（5%）	日常生活活动能力（65%） 工具性日常生活活动能力（10%） 认知能力（25%）
	日常生活活动能力评估项	大便是否失禁、小便是否失禁、洗脸/洗手、梳头/化妆等 13 项	大小便是否失禁、穿/脱上衣、穿/脱裤子、上下楼、洗浴等 20 项
	工具性日常生活活动能力评估项	搭乘公共交通、现金和银行账户的管理 2 项	搭乘公共交通、现金和银行账户的管理等 8 项
	认知能力评估项	时间定向、空间定向、瞬间记忆、短期记忆 4 项	定向能力、记忆力、日常生活中的基本判断能力和情绪精神症状等 22 项

7. 申请办理办法

上海市长期护理保险在社区事务受理服务中心"一门式"办理，实现了"全市通办"，基本覆盖全市街镇。

也可以通过手机网上申请。在"随申办"首页点击进入办事，在办事界面点击助老养老，在助老养老界面点击上海老人长护险申请进入即可办理。

（四）本研究的重点

经过多年的实施，上海长期护理保险制度探索实践是如何不断完善的？是如何破题、深化的？本书就是以案例研究的方式，梳理上海长期护理保险制度的发展现状、取得的成就、存在的问题，并在此基础上提出对策建议。

二、研究设计

（一）研究方法：案例研究

本书主要采用案例研究的方式。本书的案例来自项目团队从 2021 年至 2023 年期间对 14 个长期护理保险相关机构的实地调查研究。案例的选取均是目前已经在长期护理保险方面取得一定成就的机构，通过实地调查总结上海的经验。

（二）调查方法：实地观察+深度访谈+问卷调查

实地观察法：本书的案例，均由调查人员在调查机构实习至少 1 个月时间，期间参与机构的日常工作，同时通过实地观察的方式收集资料。

深度访谈法：在参与机构日常工作过程中，对机构的工作人员、护理员、被照护老年人及家属等多类研究对象展开多次面对面深度访谈，收集资料。

问卷调查法：部分案例中，调查人员也对老年人、护理人员等发放了问卷，收集资料。

（三）研究内容

本书以案例研究的形式，探索长期护理保险制度在上海市的实施现状、取得的成就，实施过程中存在的问题，以及如何解决这些问题的对策建议。

上海市长期护理保险的社会
知晓度和接受度

上海市长期护理保险实施以来，一直希望更多的人了解并参与到上海市长期护理保险中来，为自己和家人的未来提供更好更可靠的保障。但是上海市民对长期护理保险的了解程度到底如何呢？本部分就是探究上海市老年人对长期护理保险的知晓情况及购买意愿，以求能达到更好地了解长期护理保险制度的实施情况和需求的目标，希望能为我国全面建立和完善长期护理保险制度提供一些有意义的政策建议。

一、研究设计

（一）调查方法：问卷调查

本部分采取问卷调查的方法。选取上海市松江区、闵行区和杨浦区的老年人作为研究对象，共回收 200 份有效问卷。在问卷调查过程中，由于被调查对象是老年人，他们的视力都有一定程度的减弱，加之其文化程度不高，所以大部分是采用问答的方式收集问卷信息的。

（二）调查对象样本分布

由于本研究以案例研究为主，所以不是对全上海市的老年人进行随机抽样调查。此部分的被调查对象的样本分布如表 2-1。

表 2-1　样本分布情况

分布区域	频数	百分比
松江区	69	34.5%

分布区域	频数	百分比
闵行区	71	35.5%
杨浦区	60	30%
合计	200	100%

（三）调查对象基本情况

1. 性别构成

表2-2数据显示，在被调查者中，男性占比46%，女性占比54%。

表2-2　性别比例

性别	频数	百分比
男	92	46%
女	108	54%
合计	200	100%

2. 年龄构成

表2-3数据显示，在被调查对象中，60-70周岁的有61人，占比为30.5%；71-80周岁有83人，占41.5%；最少的是81周岁及以上的老年人，有56人，占比28%。

表2-3　年龄结构

年龄	频数	百分比
60-70周岁	61	30.5%
71-80周岁	83	41.5%
81周岁及以上	56	28%
合计	200	100%

3. 文化程度

表2-4数据显示，初高中和大专所占比例最大，分别是52人，占比

26%；56 人，占比 28%；45 人，占比 22.5%。其次为大学本科和小学及以下，分别为 20 人，占比 10%；18 人，占比 9%。其中占比最少的是研究生及以上，有 9 人，占比 4.5%。

表 2-4　文化程度

文化程度	频数	百分比
小学及以下	18	9%
初中	52	26%
高中	56	28%
大专	45	22.5%
大学本科	20	10%
研究生及以上	9	4.5%
合计	200	100%

4. 月养老金收入情况

表 2-5 数据显示，接近一半被调查者的月养老金收入在 3001 元-5000 元，有 89 人，占 44.5%；其次是 3000 元以下的有 78 人，占 39%；占比最少的是 5000 元以上的，有 33 人，占 16.5%。

表 2-5　月养老金收入

月养老金收入	频数	百分比
3000 元以下	78	39%
3001-5000 元	89	44.5%
5000 元以上	33	16.5%
合计	200	100%

5. 身体状况

表 2-6 数据显示，在被调查的老年人中大部分老年人的身体状况都处于有点小毛病但能自理的状态，其人数有 115 人，占比 57.5%；其次比较多的是部分能自理的老年人群，有 53 人，占比 26.5%；最后分别是健康的老年人和完全不能自理的老年人，依次为 31 位和 1 位，占比 15.5% 和 0.5%。总体

上来看，老年人的身体状况大都是有一些小毛病的，长期护理的潜在需求还是较大的。

表 2-6 身体状况

身体状况	频数	百分比
健康	31	15.5%
有点小毛病但能自理	115	57.5%
部分能自理	53	26.5%
完全不能自理	1	0.5%
合计	200	100%

6. 养老方式

表 2-7 数据显示，被调查对象在目前养老方式上，接近一半的都是传统的家庭养老，有 96 人，占比 48%；其次较多的是社区居家养老，有 67 人，占比 33.5%；较少的是在养老院养老，有 37 人，占比 18.5%。

从我们的日常生活和我国学者做的相关研究中不难发现，由于传统文化的影响，目前我国的老年人在养老方式的选择上大都还是会选择家庭养老。在研究者的实际问卷调查过程中，当绝大部分老年人在听到选择何种养老方式的问题时，都毫不犹豫地向研究者表示肯定是会选择居家养老。老人们也会考虑到在当今社会大背景下他们的子女生活压力很大，故不乏有许多老人表示自己可以照顾好自己，会选择居家养老的方式。但由于当今社会经济的快速发展、老年人口的健康状况的变化、人们思想文化观念的改变以及家庭结构的变化，或多或少都会对传统的家庭成员提供的长期照护产生一定的冲击，子女的照护压力会大幅度增加，非家庭成员提供的长期护理的需求也会相应地增加。

表 2-7 目前养老方式

养老方式	频数	百分比
家庭	96	48%
社区居家	67	33.5%

续表

养老方式	频数	百分比
养老院	37	18.5%
合计	200	100%

二、老年人对长期护理保险的知晓度

（一）老年人对长期护理保险的了解程度

从表2-8中我们发现，有84位老年人对长期护理保险不太了解，占比42%；其次有53位老年人对长期护理保险比较了解，占比26.5%；占比较少的是完全不了解，甚至是完全没听过的老年人群，有36人，占比18%；占比最少的是非常了解的老年人群，有27人，占比13.5%。另外，当在问卷调查中被问到是否有听说过或者是否了解长期护理保险时，大部分老年人表示不太了解，一部分人则表示仅仅听说过，但具体是什么他们都表示不知道，甚至有一部分老年人在听到有"保险"两个字眼时，以为是市场上的那种商业保险，直接拒绝问卷调查。由此可见，虽然上海市长期护理保险制度自2018年全面试点以来已经过去多年，但上海市老年人对长期护理保险制度的认知程度还不太高，在认知程度上还有待提高。

表 2-8　老年人对长期护理保险了解程度

了解程度	频数	百分比
非常了解	27	13.5%
比较了解	53	26.5%
不太了解	84	42%
完全不了解	36	18%
合计	200	100%

（二）老年人对长期护理保险的了解渠道

从表2-8中我们发现，尽管长期护理保险制度在上海市全面实施已经多年，但大部分的老年人对该项制度还是不太了解，这可能导致有需要的老人不能及时得到有效的服务。根据问卷调查收集到的数据，从表2-9我们可以发现，在了解长期护理保险的方式和渠道上，近一半的被调查对象是通过社区政策类宣传了解长期护理保险的，有38人，占47.5%；其次是通过他人告知的方式了解到长期护理保险的有18人，占22.5%；最后是通过电视广播报刊传统媒体和互联网移动终端网络手机推送等新媒体的方式知道了长期护理保险，分别有14人和10人，分别占17.5%和12.5%。

结合表2-8和表2-9，首先我们可以发现老年人群体中对于长期护理保险制度的认知度还不太高。其次在已经对长期护理保险有了解的老年人群体中，大部分老年人是通过社区政策类宣传了解到长期护理保险的。在问卷调查过程中许多老人也亲切地向我们表示，他们所在的社区会有人上门为他们宣讲关于长期护理保险的相关政策。由此可见，我国应该继续加大长期护理保险的社区宣传力度，以便更多的老年人能及时有效地了解长期护理保险，更好地为老年人提供相关的长期护理服务。

表2-9　老年人对长期护理保险的了解渠道

了解渠道	频数	百分比
电视广播报刊传统媒体	14	17.5%
互联网移动终端网络手机推送等新媒体	10	12.5%
社区政策类宣传	38	47.5%
他人告知	18	22.5%
合计	80	100%

（三）老年人对商业护理保险的看法

在中国，商业长期护理保险的发展仍面临很大的挑战。根据表2-10可知，老年人更倾向于用社会医疗保险来解决自己的医疗保障问题，百分比达到69.33%。而老年人希望用各类商业保险来解决自己的医疗保障问题的概率为10.67%。根据表2-10，老年人对于保险公司的各类商业保险是持不清楚和很少提供产品的态度，相应的百分比是35.33%和50.67%。因此，商业长期护理保险有待市场认可。中国老龄化程度加深，中国的失能、半失能人群对护理的需求逐年上涨，尽管潜在市场很大，但现在尚处在初级的发展阶段，还需要市场的认可。

表 2-10   老年人对商业护理保险的看法

	选项	频数	百分比（%）	累积百分比（%）
您希望用什么方式解决自己的医疗保障问题	自己存钱	8	5.33	5.33
	依靠子女	21	14.00	19.33
	社会医疗保险	104	69.33	88.67
	各类商业保险	16	10.67	99.33
	其他	1	0.67	100.00
您所知晓的保险公司是否提供该类长期护理保险业务	有，多家提供	7	4.67	4.67
	有，少家提供	76	50.67	55.33
	不清楚	53	35.33	90.67
	没有一家提供	14	9.33	100.00
合计		150	100.0	100.0

三、老年人对长期护理保险的接受度

本次问卷调查收集，在没有参加和不了解长期护理保险的调查对象中，经研究者简单介绍，保证其都大致了解关于长期护理保险的相关内容如待遇申请、服务内容、费用支付等后，再次询问被调查对象对长期护理保险的接受度即购买意愿。从表 2-11 中我们可以发现，有 60.5% 的老年人表示在有需求的时候愿意购买长期护理保险；39.5% 的老年人则不太愿意参加长期护理保险。

表 2-11   长期护理保险制度的接受度

是否愿意参加长期护理保险	频数	百分比
是	101	60.5%
否	66	39.5%

是否愿意参加长期护理保险	频数	百分比
合计	167	100%

四、老年人对长期护理保险的参与情况

（一）老年人对长期护理保险的参与度

从表2-12中可以了解到，在回收的200份有效问卷中，其中有33位老年人办理了长期护理保险，占16.5%；有167位老年人没有办理长期护理保险，占83.5%。

表2-12　长期护理保险的参与情况

是否办理长期护理保险	频数	百分比
是	33	16.5%
否	167	83.5%
合计	200	100%

（二）老年人没有参加长期护理保险的原因

从表2-13中我们可以发现，在没有参加长期护理保险的调查对象中，当被问及其为什么没有参加长期护理保险，最多的是有49.4%的老年人因认为能够自理而没有参加长期护理保险；其次是因为子女能提供所有的护理服务，占31%；相对较少的是认为对长期护理保险不了解的人，占19.6%。虽然从问卷调查收集到的数据来看，只有19.6%的老年人是因为不了解长期护理保险而没有参与长期护理保险，但其中不可忽视的是他们才是对长期护理保险有潜在需求的人群。

表2-13　没有参加护理保险原因

没有参加长期护理保险原因	频数	百分比
对长期护理保险制度不了解	33	19.6%

续表

没有参加长期护理保险原因	频数	百分比
能够自理	83	49.4%
子女能提供所有的护理服务	51	30.5%
合计	167	100%

（三）老年人参加长期护理保险的原因

从表2-14中我们可以发现，在参加长期护理保险的调查对象中，当被问其为什么参加长期护理保险时，有36.4%的老人是因为担心负担不起住养老院费用，而且能接受长期护理保险费用支出；其中有9位老人是因为不愿意过分依赖子女选择办理长期护理保险，占27.3%；6位老人是因为认为长期护理保险的护理方式比较专业而选择申请办理长期护理保险，占18.2%。

表 2-14 办理长期护理保险原因

办理原因	频数	百分比
担心负担不起住养老院费用，能接受长期护理保险费用支出	12	36.4%
不愿意过分依赖子女	9	27.3%
长期护理保险的护理方式比较专业	6	18.2%
其他	6	18.2%
合计	33	100%

五、老年人对长期护理保险的满意度

从表2-15中我们可以发现，在办理长期护理保险的被调查者中，其对于长期护理保险所提供的服务满意度情况如下：有16位老人表示比较满意，占48.5%；有10位老人表示非常满意，占30.3%；另外7位老人则表示一般，占21.2%。由以上的数据可知，在已经办理长期护理保险的老年人中绝大部分老年人都对长期护理保险所提供的服务持满意的态度。

表 2-15　对长期护理保险服务的满意度

对长期护理保险提供的服务的满意度	频数	百分比
非常满意	10	30.3%
比较满意	16	48.5%
一般	7	21.2%
合计	33	100%

　　由于研究者在实际的问卷调查过程中发现也有一部分被调查对象正在享受长期护理保险的相关服务，所以研究者对已经享受过和正在享受长期护理保险相关服务的老年人做了一些有关长期护理保险满意度的调查，如对长期护理保险服务及对目前长期护理保险的筹资模式的满意度。

　　从表 2-16 中可以发现，在办理长期护理保险的被调查者中，其对于长期护理保险服务费用的报销模式满意度情况如下：有 20 位老人对长期护理保险服务费用的报销模式比较满意，占 60.6%；有 9 位老人对长期护理保险服务费用的报销模式表示非常满意，占 27.3%；其余的 4 位老人觉得长期护理保险服务费用的报销模式一般，占 12.1%。

表 2-16　长期护理保险服务费用的报销模式满意度

长期护理保险服务费用的报销模式满意度	频数	百分比
非常满意	9	27.3%
比较满意	20	60.6%
一般	4	12.1%
合计	33	100%

六、老年人对护理方式的选择

（一）老年人选择的护理方式

　　根据我国目前长期护理保险试点办法的相关规定，我国长期护理保险的护理形式有社区居家照护、养老机构照护和社区日间照护三种照护形式。由表 2-17 可知，未办理长期护理保险的被调查老人在护理形式的选择上，绝大部分老年人选择了社区居家照护，有 68 人，占 68.7%；其余的 31 人则选择了养老机构照护，占 31.3%。而且从我们的日常生活和我国学者做的相关研究中不难发现，由于传统文化的影响，目前我国的老年人在养老方式的选择上大都还是会选择居家养老。

表 2-17 愿意选择的照护方式

护理形式	频数	百分比
社区居家照护	68	68.7%
养老机构照护	31	31.3%
合计	99	100%

由表 2-18 可知，在已经办理长期护理保险的被调查老人中，在护理方式的选择上，有 24 位老人选择了社区居家照护，占 72.7%；其余 9 位老人选择的是养老机构照护，占 27.3%。由上述的问卷调查数据可以看出，虽然根据我国关于长期护理保险的试点办法，我国长期护理保险的护理形式有社区居家照护、养老机构照护和社区日间照护三种照护形式，但是受传统观念的影响，大多数老年人还是选择居家照护。

表 2-18 目前选择的照护方式

目前选择的护理形式	频数	百分比
社区居家照护	24	72.7%
养老机构照护	9	27.3%
合计	33	100%

（二）老年人主要选择社区居家照护的原因

由表 2-17 和表 2-18 可以看出，无论是已经办理长期护理保险服务的还是未办理长期护理保险服务的老年人在护理方式的选择上绝大部分倾向于选择社区居家照护方式。社区居家照护可参照社区居家养老，是介于传统家庭照护和社会机构照护之间的一种运用社区资源开展的照护方式。在问卷调查过程中，当问及已选择和将会选择的长期照护方式时，绝大部分老人都毫不犹豫地选择了社区居家照护，其中不乏有人表示社区居家照护方式既保留着我国传统家庭照护的思想，满足老人本人想继续留在自己熟悉的环境中照护的愿望，满足了其心理诉求，也有效弥补了家庭成员照护和养老机构照护的缺憾。

失能老人的养老意愿与照料需求

　　失能老人是社会中的特殊群体，由于他们的生活条件等方面水平低于正常人群，导致其失去了在日常生活自理能力上和行为活动自我控制力上的优势。由于失能老人生活的特殊性，老人们所需要的养老服务不同于普通的老年人，家庭护理和社区护理难以满足失能老人的照料需求。本部分基于机构调研，了解失能老人的养老意愿和照料需求，以便为失能老人提供更符合他们需要的照料服务，让他们在最后的老年生活中可以过得更加有尊严。

一、研究设计

（一）调查机构：七宝镇社区综合为老服务中心

　　上海市闵行区七宝镇社区综合为老服务中心，成立于 2013 年，地址位于上海市闵行区七宝镇航南路 108 号，是一家集生活、康复、护理等多种功能的专业养老服务机构。是七宝镇最早开办的一家为老服务中心，邻近闵行文化公园，设置了日托、助餐、护理等功能，并嵌入社区邻里中心内，辐射七宝航华片区 11 个居委会 2.4 万余户居民。中心有固定日托老人 22 人，每周一至周五，这群平均年龄约 87 岁的老人，在 4 名工作人员的照料下，拉家常、做手工，度过轻松愉快的白天 8 小时。其中有 6 位老人自中心开办后就一直在这里，把日托所当成了另一个"家"，而周边社区还有不少老人想要"入托"。根据日托所每日活动安排表，老人们一般有 8 档活动，包括身体检查、保健操、午睡、兴趣活动等。除了营造内部团结互助的氛围，日托所的运营者还为老人们引入外部丰富的活动——依托邻里中心平台，周边社区多支文体团队定期来这里的多功能活动室上课、排练、演出，日托老人们不仅能近距离欣赏，有的老人还成了团队一员。

（二）调查方法：实地观察+深度访谈+问卷调查

1. 实地观察法

调查人员在机构进行了为期一个月的实习，期间参与了机构的日常工作，并进行了实地观察和记录。

2. 深度访谈法

本次面对面深度访谈共选择了 7 个访谈对象。其中包括 1 名机构负责人、1 名机构工作人员、1 名护工、2 名失能老人的家属、2 名半失能老人。

表 3-1　访谈对象基本情况

编码	访谈对象	年龄（岁）	身份
访谈对象 3-1	李先生	50 多	机构负责人
访谈对象 3-2	丁女士	40 多	机构康复工作人员
访谈对象 3-3	佘女士	50 多	护工
访谈对象 3-4	田先生	50 多	失能老人的儿子
访谈对象 3-5	黄女士	40 多	失能老人的家属
访谈对象 3-6	张女士	70 多	半失能老人
访谈对象 3-7	陈先生	70 多	半失能老人

3. 问卷调查法

本部分问卷调查，发放给周边家中有失能老人的家属。主要针对 60 岁以上有失能老人的家庭，共回收有效问卷 276 份。在进行问卷调查时，对于神志清楚、有一定表达能力的老人，由调查员直接对老人进行调查；对于神志不清、智力障碍、无法配合调查员的，由调查员对其家属进行询问调查。

二、失能老人养老方式的选择

(一) 失能老人的长期照料方式

调查结果（表3-2）显示，有82.97%的失能老人还是愿意进行居家养老，不足两成的受访者愿意接受机构养老，包括医疗康复机构、养老院、老年公寓、托老所、社区照料机构等。也就是说，目前失能老人对机构养老的接受度并不高，仍然希望是居家养老。

在家里面老人可以每天都看到我们，心情会更好，而且我妈妈在家里面，可以很好地照顾我爸爸，而且上机构养老的费用太高了，我们家根本负担不起，对于我父亲的失能程度来说，对医疗的要求并不高，在家里就可以照顾他。（访谈对象3-5：失能老人的家属）

我母亲是下肢瘫痪，只能卧病在床，但是我们的工作又太忙，没有办法好好照顾她，在经济允许的条件下，我们还是送她到了更加专业的养老院去享受更加专业的服务与陪伴。（访谈对象3-4：失能老人的儿子）

表3-2　失能老年人长期照料方式

照料方式	频数	百分比
居家式	229	82.97%
家中亲属照料或护理	138	50.00%
家中未受过培训的家庭服务员照料	60	21.74%
家中受过培训的家庭服务员照料	25	9.06%
专业人员上门照料	2	0.72%
社区人员上门照料	4	1.45%
机构式	47	17.03%
医疗康复机构	2	0.73%
老年机构（养老院、老年公寓）	44	15.94%
托老所、社区照料机构	1	0.36%
合计	276	100%

（二）失能老人的文化水平和经济条件对养老方式选择的影响

由表 3-3 可知，老人的文化水平程度越高，其观念更趋于开放，思想相对比较独立，工作条件和环境相对较好。在生活上也很容易独立于自己的子女，不依赖于家庭的资源，对于医疗健康又会有一个比较高的追求，同时具备一定的经济基础和实力，并且具备一定的能力来承担抚恤机构的费用。所以，文化水平程度越高、每个月的经济性收入就会越高，更偏爱养护机构。

我在退休以前是一名中学老师，稍有一些积蓄，家中也有亲戚是做医疗行业的，所以在我经济情况允许的情况下，我还是更愿意选择我们的机构来进行养老，毕竟现在生活不方便，孩子们工作也比较忙，不能一直在我身边照顾我，所以机构对我来说是一个比较好的养老选择。（访谈对象 3-6：半失能老人）

表 3-3　失能老人的文化水平和经济条件对养老方式选择的影响

项目		居家式照料 （n=229）	机构式照料 （n=47）	χ^2值	p
年龄	60 岁-	68（29.69）	17（36.17）	1.636	0.441
	76 岁-	116（50.66）	19（40.43）		
	>85 岁	45（19.65）	11（23.40）		
性别	男	87（37.99）	19（40.43）	0.098	0.755
	女	142（62.01）	28（59.57）		
文化程度	小学及以下	156（68.12）	18（38.30）	14.890	0.000
	初中及以上	73（31.88）	29（61.70）		
职业	行政管理	39（17.03）	6（12.76）	3.725	0.155
	工人	112（48.91）	18（38.30）		
	其他	78（34.06）	23（48.94）		
月收入	<1500 元	28（12.23）	12（25.53）	6.300	0.043
	1500 元-3000 元	97（42.36）	14（29.79）		
	>3000 元	104（45.41）	21（44.68）		

（三）失能老人对子女的依赖程度对养老方式选择的影响

表3-4显示，选择社区和居家养老的一些失能退休老人，更希望获得来自他们的子女和亲属的关怀和照顾，对于社区工作者和服务机构的工作者认可程度相对较低。而选择一个机构进行养老的失能退休老人，相较而言，对家庭的依赖程度并不高。他们更趋于自己选择一个更加专业的养老机构来对其进行管理和照顾，专业的照料机构可以更好地促进他们的康复，并且可以获得更高质量的晚年生活。

都说"养儿防老"，更何况到了养老院我一个人都不认识，我还是愿意待在家里。（访谈对象3-7：半失能老人）

表3-4 失能老人对子女的依赖程度对养老方式选择的影响

项目		居家式照料 （n=229）	机构式照料 （n=47）	χ^2值	p
居住情况	独居	14（6.11）	10（21.28）	11.900	0.008
	与配偶同住	52（2.7）	11（23.04）		
	与子女同住	146（63.76）	24（51.06）		
	与他人同住	17（7.42）	2（4.26）		

（四）失能老人的居住状态对养老方式选择的影响

表3-5显示，当一个老人已经处于离婚、丧偶、未婚等状态时，则可以考虑进入有关机构来接受护理。孤寡单身的失能老年人进入养老机构后养老意志变得更为坚定、主动性变得更强，比较容易适应养老机构的健康养老条件和状况。

表3-5 失能老人的居住状态对养老方式选择的影响

项目		居家式照料 （n=229）	机构式照料 （n=47）	χ^2值	p
婚姻状况	未婚	1（0.44）	0（0.00）	0.591	0.744
	已婚	142（62.01）	27（57.45）		
	离婚或丧偶	86（37.55）	20（42.55）		

（五）失能老人的失能程度对养老方式选择的影响

表3-6显示，进行不同照料方法选择的失能老年人在生活状态上的差别较为明显，和子女共同生活的老年人选择由机构照料的占比远远低于由居家照料的。这就是说明当一个老年人体征已经达到中度的失能时，对子女、对家庭的依赖程度较高。配偶和子女也就成了他们的主要精神支柱。失能程度较轻的中国老人比较愿意选择自己的居家护理模式，可能是由于他们自理能力高，给家庭和家属带来的负担较小。

表3-6 失能老人的失能程度对养老方式选择的影响

项目		居家式照料（n＝229）	机构式照料（n＝47）	χ^2值	p
失能程度	轻度	84（36.68）	5（10.64）	12.368	0.002
	中度	112（48.91）	31（65.96）		
	重度	33（14.41）	11（23.40）		

（六）失能老人的两周患病率对养老方式选择的影响

表3-7显示，两周的患病率是影响失能老年人在机构养老所选取的一个主要因素。失能老年人在工作中年龄越大、疾病也就越多、失能状态发展情况也就越严重。现在老年人越来越倾向于选择一个机构的养护方案，尤其是两周内的患病会直接促使这些失能老年人迫切地想要解脱疾病和精神上的麻烦和困扰，防止疾病加重进而严重影响到治疗的效果和他们日常生活的质量。他们更有可能会选择一个专业化并且能为他们提供基本医疗保障的养老机构来帮助他们养老。特别是对于失能严重的老年人，更迫切地需要有一个专门的医学护理，更迫切地需要选择一个医疗康复服务水平较高的养护机构。

表 3-7　失能老人的两周患病率对养老方式选择的影响

项目		居家式照料 （n=229）	机构式照料 （n=47）	χ²值	p
两周患病情况	是	198（86.46）	34（72.34）	5.804	0.016
	否	31（13.54）	13（26.77）		
慢性疾病	是	214（93.45）	45（95.74）	0.355	0.551
	否	15（6.55）	2（4.26）		
病种数量	无	7（3.06）	0（0.00）		0.154
	1种	64（27.95）	9（19.15）		
	2种	78（34.06）	17（36.17）		
	3种	69（30.13）	15（31.91）		
	>3种	11（4.80）	6（12.77）		
调查前1年是否入院	是	58（25.33）	13（27.66）	0.310	0.640
	否	170（74.67）	34（72.34）		

综上所述，居家中接受长期护理照料的方式是大多数失能老年人和他们家属的最佳选择，居住条件、文化水平、经济状态、失能严重性等都是直接影响其他失能老年人照料服务方式选择的主要因素。此调查研究可以为各级政府或者有关部门制定失能老年人照料服务体系和实施提供确切的依据，以此满足其他老年人照料服务的多维度需求。

三、失能老人的服务期待与需求

失能老人作为一种特殊的老年群体，受到了来自社会各界的广泛关注，关注失能老人的服务期待与照料需求，可以促使失能老人更好地融入现代化的社会当中，实现健康老龄化，提高失能老人的晚年生活质量。在访谈中发现，失能老人的主要服务期待有：服务的需求多元化、医疗护理的要求与标准提高化、方便生活占据首位等。

（一）服务的需求多元化

问卷调查显示，失能老人的服务需求多元化。53%的受访者表示自己需要在家中购买商品或者物资以及配送货物到家服务等，7%的受访者表示可以在家中提供电话直接拨打服务，17%的受访者表示可以在家里安装一台呼叫机等，16%的受访者表示他们需要定期提供家政服务。失能老人因为其行动不便，日常生活中需要更多的便民服务，因此，全方位和系统性的便民服务是需要的。对于失能老年人来说，缺少一些特殊服务，会导致他们的日常生活处于一种尴尬的状态。

现在很流行网上购物，都说对我们现在这个年纪来说，接受新的生活方式还是比较困难，但是我们也还是需要接触社会的，所以希望年轻人使用的东西，可以简便一下使用方式，让我们也享受享受。（访谈对象3-7：半失能老人）

（二）　医疗护理的要求与标准提高化

问卷调查显示，51%的失能老人认为在生活中需要接受专业的健康护理和治疗服务，38%的失能老人认为在生活中需要健康起居服务，13%的失能老人认为自己需要一种精神上得到慰藉的生活和服务，14%的失能老人认为自己需要的是一种文化和娱乐性的生活和服务。

（三）　方便生活占据首位

在失能老人对于膳食起居等服务形态和方式的期望中，超过一半人提出以居家进行健康养护为主，社区提供必要的补给为辅。这一部分群体人数众多，满足他们基本的生活条件和需求就能够让他们安心地养老。

四、失能老人选择养老方式的原因分析

（一）　嵌入主客体

1. 嵌入主体：失能老人更愿意选择家庭养老

嵌入主体是指参与服务的对象。毫无疑问，失能老人是参与养老服务的主体。根据访谈内容得知，该失能老人养护中心的主要接受对象为社区的失能老人，且养护中心为失能老人的服务是有效的。但是，在服务过程中，失能老人的家属、机构的负责人、机构的护工、康复工作人员、社区志愿者等

也作为次主体嵌入到这一模式中来。

面向的是北营街道户籍且常住一年以上的失能老人。现在有100多个老人和我们签约了。(访谈对象3-1：机构负责人)

家里如果有失能老人的，主动送到我们机构里面来，我们是非常欢迎的。但是如果家属没有意识到照顾老人这件事情的严重性与复杂性，我们的康复师和社区医院的医生会一起对社区的老年人和家属开展健康知识讲座，教他们正确照顾失能老人，如果确实有困难的话社区会帮助他们一起来解决困难。(访谈对象3-2：机构康复工作人员)

从嵌入主体的原因来看，大多数失能老人都更愿意选择家庭养老，在实际走访的过程中，我们发现原因主要有以下几个方面：

选择家庭养老的原因主要是：(1)能和子女近一点，每天只见一面也好。(2)有人情味，在一个地方住得久了，对左邻右舍多少也有一些感情。(3)住的地方年轻人或小孩子比较多，看着他们的笑脸，自己也会开心很多。(4)经济问题。机构养老的价格相对来说还是比较贵，成本较高，不是每户人家都可以承担的。

选择机构养老的原因主要是：(1)子女太忙或外出打工，没时间照顾老人。(2)失能程度较高，自己身体行动不便，需要依赖他人的照顾。(3)子女不愿意照顾老人。

2. 嵌入客体：社会组织提供服务

嵌入客体是指承载主体活动的社会组织。从访谈中可以得知，失能老人爱护中心是此次调研最为关键的客体。除此之外，街道、社区医院、老年协会、慈善基金会也是帮助失能老人接受养老照顾的次要客体。通过失能老人爱护中心这一平台，多方组织进行合作，形成了一个良性互动的模式。

我们和武警医院有合作，会有医师定时过来给老人讲解健康知识，举办公益体检。我们和许西街道社区综合为老服务中心的合作有"手拉手"活动，不定时地和许西社区进行联谊活动，为失能老人的老年生活增添乐趣。机构的收入来源主要是政府拨款，还有补贴。政府会给一点补贴，我们公司有自己的慈善基金会，办一些大活动的时候可以申请经费。(访谈对象3-1：机构负责人)

（二）原因分析

在调查的过程中，发现依旧有很多的失能老人及其家属不愿意选择机构或社区模式来进行养老。就目前社会发展程度来说，失能老人选择机构养老不会是目前主流的养老方式，主要的原因有：

1. 费用高

医养结合型护理养老机构，专业性强、服务好，但是护理费用也较高。而且在农村，高费用的医养结合型护理养老机构，更不利于推广。即使在城市，也会因为城市土地资源紧张，机构的建设会消耗大量的财力和物力，就使原本费用就高的养老机构成本变得更高，导致老人们即使花了钱也得不到一个更好的照顾。

这家照护中心的价格已经算是比较公道，但是即使是这样，一个月也要6000块，老人的退休金加上养老金，每个月我们还要再添一些生活费，才可以满足老人在这里的开销。（访谈对象3-5：失能老人的家属）

2. 规范性差

由于失能老人的特殊性，因此对于失能老人的照顾，往往需要比照顾一般的老人有更多的耐心、细心和责任心。但一些养老机构根本不愿意接受那些年龄偏大、失能或半失能的老人，即便接收了失能老人，很多机构没有完善的管理制度，更是缺少医疗机构的专业支持。还有就是养老机构的工作人员，缺乏积极性，服务意识差，使老人得不到很好的照顾。

以前的我认为家中老人瘫痪在床，生活不能自理是一件羞于启齿的事情，但是当我母亲真正住进去之后，机构也有给我们家属提供这方面的专业知识讲座，转变了我的想法，失能老人的晚年生活，不仅仅是活着，更要有尊严地活着，现在的我认为，失能老人的康复护理师真的是一个特别伟大的职业，值得我们大家的尊敬。（访谈对象3-4：失能老人的儿子）

3. 专业性差

失能老人的照顾需要一个医疗专业性强、综合素质高的队伍，这样才能够达到失能老人的照护需求。但是目前多数养老机构中都没有设置专业的医疗机构，更是缺乏专业性的医护人员，这就使得机构养老面临巨大的考验。有的养老机构更是直接由以前的敬老院改建而成，既没有规模性，更缺乏专业性，通常没法满足失能老人的养老需求。

因为我们失能老人照护中心是有政府参与监督的，而且和武警医院一直保持着长期的合作，在医疗上面，我们作为家属还是比较放心的，老人在这里已经住了两年零三个月了，他认为，在这里的生活比我们自己照顾他的时候更加放松和开心。（访谈对象3-2：机构康复工作人员）

（三）社会对失能老人选择养老方式的影响

从宏观的角度来看，影响老人们选择养老方式的因素还有很多：

1. 我国社会保障水平相对较低

虽然我国的社会保障服务范围和水平近年来取得了快速发展，但是面临老龄化社会日益加剧以及失能老人比例的逐年增长，养老社会保障服务需求量也在急剧增长，单靠医疗保险基金，已经难以维系高昂的治疗费用。

养老保险的钱，数额太少，需要我们自费进行补贴，然而当病情较严重时，我们不得不进入机构，这样，我们的经济就面临着很大的问题，而且有的药，医保不可以报销。（访谈对象3-7：半失能老人）

2. 家庭养老服务功能的弱化

居家养老这个理念在中国人心中根深蒂固。然而，家庭结构变化给家庭养老带来巨大的冲击。多年计划生育政策的推行，我国传统居家养老中所需要的人力资源出现了匮乏，"独生子女"逐渐成为家庭照顾中的主力。但是独生子女面临着工作压力、照顾孩子的压力等，使得失能老人很难得到很好的照顾。随着我国城市化步伐的加速，多数子女不住在老人身边，对于老人的情感需求更是力不从心。

我们工作太忙，没有时间照顾他们，而且我们也不知道怎样才算是照顾好了他们，还是缺少必要的医疗知识。（访谈对象3-4：失能老人的儿子）

3. 缺少必要的服务队伍和设施

我国对养老服务准备工作严重不够。长时间的照料机制及其对老年人的护理力量严重短缺，使得一些重度失能家庭中老年人的照料机制和养老工作面临着很大的困难。失能老人护理服务需求远不能被满足。

4. 人才引进困难

从失能老人爱护中心的人员配备来看，中心共有30名员工，其中有2名康复人员，20多名护理人员，均持证上岗。养老护理人员中绝大多数为45周岁左右的女性，学历不高，仅有1名男性护理人员。该照护中心的相关工作人员表示，中心在网络上进行的宣传和未来信息化的发展方面非常迫切地需要一些知识分子，比如中国的大学生，希望有更多年轻人来加入养老这一事业中，为失能老人可以有尊严地度过晚年生活而出一份力。

我觉得，养老机构的宣传和未来的发展都非常需要知识分子，比如大学生，希望有更多年轻人来加入养老这一事业中。（访谈对象3-1：机构负责人）

5. 专业化有待加强

通过访谈得知，机构已经通过考证、培训、居家护理技能大赛等途径来提高服务工作人员的专业化程度。但是，在面对更加多元化的服务时，专业技能上仍然匮乏，比如心理咨询、心理慰藉和法律援助。

我们鼓励护理人员考证、培训去提高护理水平，每年都会举办居家护理技能大赛。（访谈对象3-1：机构负责人）

心理咨询、心理慰藉、法律援助我不太知道，应该就是陪老人们聊聊天吧，除此以外，我们也干不了什么了。（访谈对象3-3：护工）

有的护理人员不愿意继续考取更高等级的证书的原因主要是：护理人员的整体薪酬水平较低，薪酬差异主要体现于工作时间。脱产或者半脱产考证耽误工作，不愿意考取。护理人员学历文化程度普遍不高，考证有难度。

拿到更高级别的证书之后，工资也不会变多，工作时间也不会变少，根本就没有必要去考证。我也不是不想去考那个更高级的护理证书，只是这个证书对我的生活并没有太多的帮助，如果说可以给我一些激励，比如说奖金呀或者是增加工资之类的，我还是很愿意去考这个证书的。（访谈对象3-3：护工）

6. 志愿者服务较少

访谈中了解到，该机构志愿者资源明显不足。该机构的志愿者主要来源于大学生的志愿服务，并不是那种主修医学专业或者是心理学、社会工作专业等与照护失能老人有关的大学生志愿者。通常是由于高等院校的社团建设需要，临时组建的志愿者团队。没有自己招募的固定志愿者团队，志愿者流动性很强，志愿服务的内容也较为局限，主要是进行一些陪老人聊天、做手工、画画等心理慰藉类活动。

志愿者服务？这是什么服务，我好像没有接受过。（访谈对象3-7：半失能老人）

不定时地会有大学生来看我们，给我们表演节目，教我们手工这样的活动来逗我们开心，很少接受到机构外人员对我们专业的照护与服务。（访谈对象3-6：半失能老人）

失能老人的照料需求与长期护理
保险的供给对接

　　失能老人因其自理能力差的特殊性，更需要在养老机构中得到更好的照顾。但是，随着我国的老龄化社会日益加剧，失能老人照护需求急剧增加，机构照护服务存在严重不足。供需的不平衡所带来的影响便是许多有照护需求的失能老人难以得到良好的机构照护服务，或者只能满足部分需求，呈现出总体服务水平和服务质量低的状况，更进一步加深了失能老人的养老困境。而长期护理保险的推出，一定程度上解决了失能老人照料需求的部分困境。

　　本部分就是对于失能老人的照料与长期护理保险的照护供需是否对接的研究。通过深入调查研究，了解失能老人的照料需求与长期护理保险所提供的照护供给之间是否有效对接，分析哪些方面能够充分得到满足而哪些方面未能供需对接，并探讨原因，寻找合理的解决方案与有效措施，从而优化长期护理保险的照护服务。

一、研究设计

（一）调查机构：上海市青浦祥瑞养老服务指导评估中心

　　上海市青浦祥瑞养老服务指导评估中心于 2018 年 5 月 30 日由青浦区民政局批准在青浦区成立，是民办非企业单位。自成立以来，机构成员一直从事长期护理保险的评估工作，秉持着尊敬老人、服务第一、自律奉献、吃苦耐劳的精神，一直奋斗在养老评估的第一线。该评估机构有着严格的学习例会制度和财务制度：每周组织工作人员学习方针政策和专业业务知识，对于财政方面要求工作人员严格遵守财务纪律，评估中心任何经费严禁私人借用、不得以任何理由挪用。

（二）调查方法：实地观察+深度访谈+问卷调查

1. 实地观察法

调查人员在上海市青浦祥瑞养老服务指导评估中心进行了为期一个月的实习，参与机构的日常工作，跟随评估机构工作人员去失能老人家里进行评估认定，询问老人的照料需求能否与长期护理保险所提供的照护供给完美对接。在此过程中，记录得到的实际情况，深入观察养老机构护理服务的全过程，了解机构养老存在的不可避免的难题等。

2. 深度访谈法

通过对失能评估过程中的失能老人、工作人员、照料人员进行深入访谈，记录并了解该地区失能老人现状以及对养老服务需求的看法与态度，通过服务供给现状来分析产生问题的原因，衡量服务供给对接不平衡的状况，获得相关的访谈资料。其中与评估机构的工作人员进行了评估工作方面的交谈，了解到了评估工作中存在的问题；也与机构的负责人进行了交谈，咨询了机构发展的困境和对于护理服务工作的看法；还在实地评估过程中与被评估的失能老人进行了交流，更深入地了解到老人的实际需求；最后与照料失能老人的子女进行了交流，了解失能老人的需求以及他们对评估机构的看法等。

3. 问卷调查

本部分的调查数据来源于项目组人员配合机构中的工作人员对其所服务的失能半失能老人所开展的问卷调查，共回收有效问卷 100 份。主要调查了失能老人的基本情况，包括受访老人的年龄分布、性别差距、居住的环境、独居或者陪护、婚姻状况、身体状况、主要收入来源、疾病情况影响、教育背景等，同时也调查了老人的养老需求情况，根据失能老人的需求分布进行分析，包括生活照料需求、基本生活需求、精神慰藉需求、器械辅助需求等。

（三）调查对象

1. 深度访谈

本次共选择 4 位被访者展开深度访谈，详见表 4-1。

表 4-1　访谈对象基本情况

编码	访谈对象	年龄（岁）	身份
访谈对象 4-1	汤先生	76	失能老人的爱人
访谈对象 4-2	任先生	40 多	失能老人的子女
访谈对象 4-3	张女士	50 多	机构工作人员
访谈对象 4-4	田女士	38	机构负责人

2. 问卷调查

问卷调查的调查对象为机构评估中所涉及的失能半失能老人。

（四）调查对象基本情况

（1）性别差距与年龄分布

数据显示（表 4-2），调查的对象年龄主要集中在 70-89 岁，占 67%。男性老人占 35%，女性为 65%。女性老人占 90 岁以上的老人的 16%，是男性老人的八倍，可以看到女性老人往往寿命长于男性老人。

（2）被调查者的受教育状况与主要收入来源

数据显示（表 4-2），受访老人学历中，文盲占 51%，小学文化程度占 35%，初中以上文化程度的占 14%。可以看出受限于时代与教育背景的原因，高龄老人的文化程度较低。虽然被调查的人群都有退休金，但是重大疾病所需的医疗费用较高，城镇的退休金远不足以支撑老人的照护需求。因此，大多数家庭会选择家庭社区养老服务。

（3）婚姻状况及居住状况

数据显示（表 4-2），老人中有配偶的占 49%，丧偶的占 51%。有配偶的老人往往也都需要照护服务，失去配偶的老人一般都是与子女居住，而子女都有自己的工作与事务，有时不能做到无微不至地对老人的照护。收集到的数据中，非失独老人占 99%，仅有一个老人是失独老人，由养老院进行照顾护理；有 5% 的老人是独自居住，缺乏子女的陪伴；有 56% 的老人是有子女照顾的。

表 4-2　问卷调查对象的基本情况

变量	分类	频率	百分比
年龄状况	60-69 岁	15	15%
	70-79 岁	26	26%
	80-89 岁	41	41%
	90 岁以上	18	18%
性别	男	35	35%
	女	65	65%
受教育情况	文盲	51	51%
	小学	35	35%
	初高中	13	13%
	大学	1	1%
婚姻情况	有配偶	49	49%
	无配偶	51	51%
居住情况	独居	5	5%
	与子女居住	56	56%
	与配偶居住	22	22%
	与保姆居住	17	17%
收入情况	有退休金	100	100%

二、失能老人照护需求对接现状

（一）失能老人的照料需求

1. 失能老人的身体健康程度与生活自理能力

因为调查的主体是失能失智的老人群体，所以身体状况总体欠佳，生活自理能力较差。其中仅有 7% 的老人身体健康，93% 的老人或多或少都有一些常见的老年疾病。

2. 失能老人患慢性病情况

失能老人患有老年慢性疾病中，高血压占 79%，脑梗为 31%、患冠心病的占 26%，而有较严重的认知障碍和阿尔兹海默病的老人占比为 5%。上述疾病基本都是需要长期的药物治疗与定期检查，对于老人的身体状况影响较大。

大多数老人都是患有好几种慢性病与并发症，因为老人年龄大了，身体状况随之下降，患各种慢性疾病的概率也十分高。因此在饮食上多数老人倾向于选择低盐清淡为主，并且配药服务需求也比较强烈。

3. 失能老人养老意愿

在被调查的老人群体中，老人的养老基本分为社区居家养老和选择机构养老两种。选择社区居家养老的老人，所居住的社区都是有着较为完备的设施，并且老人更加熟悉社区的生活环境，有着上岁数的老友可以往来，也可以参与更多的社区互动。同时，家庭养老也是必不可少的，因为老人习惯了与子女配偶一起生活，对于子女的依赖性强，并且心理上不愿意接受养老机构的养老服务，因为机构里的养老服务个体多，会有保障不到位的情况，以及对于陌生机构会存在抵触心理，对于机构服务了解不够。调查中，17%的选择机构养老的老人，主要是重度失能、患病较重的老人，其自理能力不足以维持基本生活，并且不能够自我决定居住的环境，其对专业的照护需求更为强烈，因此子女及家人只能将老人送往养老机构。

（二）上海市长期护理保险中老年照护的供给

1. 上海市老年照护统一需求评估流程

依据上海市老年照护统一需求评估办法进行评估，对具有照护需求，并符合相关规定条件的失能失智老人，根据其申请内容对被评估对象的失能程度、疾病维度状况、照护护理情况等进行评估。其中评估的照护等级作为申请人享有长期护理保险待遇、服务养老补贴的标准和依据。申请人向就近的社区事务服务中心申请，或者通过书面申请提交相关材料（户口本、身份证、医保本、所有相关病史、残疾证等），并可选择有意向的养老服务机构。而评审机构收到申请指令后，需在规定的时间内委派评估人员上门，录入记录，核实信息，并将结果反馈给服务中心。

2. 上海市老年照护统一需求评估指标

根据《上海老年照护统一需求评估调查表》来进行初步评估，其中评估的基本项目如下，有移乘、基本生活、肌肉组织损伤、关节范围、记忆力等，以及评估对象的身体健康情况、食物烹煮、家务劳动、外出频次、购物活动、障碍或现象等。

表 4-3　上海老年照护统一需求评估调查表

1 老人卧位状态下左右翻身是否需帮助	26 老人是否知道自己的年龄
2 卧位状态下坐起是否需帮助	27 老人是否知道现在的季节
3 坐椅是否需要帮助	28 评估人员说出三样东西，记录老人记忆程度
4 从坐立起身至站立是否需要帮助	29 现在的年月日时
5 能否完成平地双足站立十秒钟（无足略）	30 现在的省市区层
6 能否完成平地连续步行 3 米或移动 5 米	31 用 100 减去 7，询问被评估人员差数，用正确的差数减去 7，连续五次，记录正确的次数
7 坐立行等动作相关联的体位变化是否需要帮助	32 请老人重复说出三样东西
8 食物摄取是否需要帮助	33 您觉得自己是个有用的人，有人需要您
9 刷牙洗漱是否需要帮助	34 您会无缘无故地感到疲乏
10 洗脸等是否需要帮助	35 平常感兴趣的事，您仍然感兴趣
11 梳头/简单化妆是否需要帮助	36 比平常更容易生气、激动
12 穿脱衣物是否需要帮助	37 您晚上的睡眠好吗
13 穿脱裤子是否需要帮助	38 您认为您的身体状况如何
14 身体洗浴是否需要帮助	39 食物烹煮是否需要帮助
15 排尿是否需要帮助（根据小便失禁情况选择）	40 做家务活动是否需要帮助
16 排便是否需要帮助（根据是否便秘进行选择）	41 上下楼是否需要帮助
17 视力情况选择	42 外出频次；外出找不到家的次数
18 听力情况选择	43 外出 3 公里是否需要帮助
19 有无上下肢瘫痪的情况	44 购物是否需要帮助
20 有无关节活动受限范围大于 50% 的情况	45 金钱管理方面是否需要帮助
21 老人是否知道自己的姓名	46 服用口服药物是否需要帮助

22 评估对象强迫行为	47 抵抗照护的次数
23 评估对象破坏衣物、家具次数	48 无缘无故哭泣的次数
24 评估对象对周边人员行为攻击的次数	49 不切实际的害怕或过度担心的次数
25 如被限制外出，评估对象擅自外出的次数	50 看到或听到别人感觉不到的东西的次数

表 4-3 的评估项目，根据程度不同，由"不需要帮助"到"完全需要帮助"，有五个层次，由专业评估员（B 类评估员为主，A 类评估员辅助）根据现场情况如实评估，当场填写。

3. 上海市长期护理保险中的老年照护供给

上海市长期护理保险照护供给主要包括三个方面，即社区照护、机构照护、家庭照护。分别对应政府、社会和家庭三方主体。

（1）社区照护是由政府主导的，同时也十分鼓励民营机构发展，共同为居家失能老人提供物质和精神上的帮助和照护服务。上海市从 2001 年开始就逐渐开展社区居家养老服务，其中老年照护服务不断发展完善。

社区照护服务的供给模式主要包括：居家上门服务、社区日托或全托服务。其中上门服务是由社区机构指派护理人员上门为失能老人提供多项服务，依据失能等级来确定服务的时长和周期，需求老人可通过社区事务中心申请评估。而社区日托服务是指因子女工作等原因无法照料老人，可送到就近社区接受日间服务，与全托的区别在于服务时间的长短。家庭照护困难的老人可到社区长者照护机构接受专业的身体护理、精神疏导慰藉帮助等服务。

（2）机构照护作为长期护理照护服务的重要补充，在老年照护服务中发挥着重要作用。上海市的养老机构发展迅速，众多民营养老机构、医疗机构、民办养老院的数量逐年增多。政府也大力支持养老机构发展，鼓励社会资本在市场上的发展，不仅投资兴建机构，完善基础设施建设，而且也制订相关制度来推动养老服务建设发展。

（3）相较于社区照护可以提供专业化的照护服务，家庭照护的优势在于老人的接受度和认可度，受传统理念的影响，家庭照护供给在我国的长期照护中占据重要地位。因为家庭照护的付出成本低，更为方便有效。尽管家庭护理者缺乏相应的专业护理知识和能力，但是在调查中发现，大多数老人更愿意和子女生活，由子女看护。家庭照护的资金来源主要是老人的养老退休金与子女的资金支持。

4. 上海市长期护理保险供给的特点

（1）申请流程简单灵活

上海市长期护理保险的被保人通过向社区服务中心提交申请，选择合适的评估机构和护理机构进行评估。依据评审的照护等级，等级由一级到六级。在评审结论的两年有效期内，申请人的生活自理能力发生较大变化时，可再次申请评估。

（2）护理方式多样，选择性好

提供服务分为三种：第一种是社区居家护理，由专业护理人员进行上门服务，提供所需的服务和护理。或者通过本社区的公共照护机构对需要护理的人员集中提供服务；第二种是养老机构护理，由养老机构指派人员对被照护人进行日常的生活照护；第三种是社区日间照护，通过本社区的社区老年人日间照料中心对需要护理的人员提供集中服务。

（3）长期护理保险服务内容

长期照护服务提供的 42 项服务包括两种类别，分别是 27 项照料老人基本生活需求的服务，以及 15 项常用的临床医疗护理服务。这 42 项服务为失能失智老人的养老需求提供了较为全面的照护服务，但是受机构的资金、人员队伍欠缺等因素影响，均未能面面俱到，一应俱全。

（三）失能老人社区养老需求分析

在老龄化不断加重，养老成本不断提高的情况下，失能老人因其身体状况、健康需求、精神护理的需求，对于长期护理保险所提供的服务需求多样，其中评估表上的服务包括协助老人进食、翻身坐起锻炼、煮菜热饭洗碗、衣物清洁、身体擦拭洗浴、排泄物处理、穿衣洗漱服务、老人房间整理清洁等基本生活照料需求；以及疾病治疗、代为配药、医疗护理、医疗康复等医疗保健需求；还有白天上门照护服务、夜间上门照护服务、陪老人聊天解闷等精神心理慰藉需求；同时包括室内行走、室外移动、辅助工具配备等休闲娱乐需求；也包括失能老人的住护理院养老院需求、白天的机构照护、晚间机构照护、代办智能服务配备、居家改造居住环境、对于老人异常的行为监督照顾、安全护理等智能服务需求。具体的需求结果如下。

1. 日常生活照料需求分析

调查评估表的数据整合后发现，日常生活照料需求作为老年群体的基本需求与生存需要，总的占比相比于其他维度更多，例如生活照料中多数失能老人所需要的服务里面有 92% 的老人需要房间整理，36% 的老人需要煮菜热饭洗碗，47% 的老人需要身体洗浴服务，其他的需求相对较少。在日常的生活需求中，老年人的清洁需求很强烈，但是由于老年人大多数活动不方便，所以有效的房间整理可以维持老年人干净的居住环境，保持愉悦的心情。老年人更多需要的是家政服务保障，日常生活的行动不便导致遇到的困难不容易解决。

2. 医疗保健需求分析

老年群体的健康维持是十分重要的，因此对于医疗保健方面的需求也比较高。在医疗护理保健方面，由于国家医保制度的发展，对于老年人慢性病的长期药物价格有一定的优惠，但是在有些特殊药品方面也会面临未纳入医疗保险，治疗费用比较高。并且由于医疗资源紧张，对于老年人的疾病治疗会有不及时、不到位的情况。接近 30% 的老年人需要照护人员来代为配药，陪伴就医方面的需求也很高。并且在预防疾病方面，也需要相应的医疗设施来对老年人慢性疾病的情况进行定期检查，从而降低慢性病突发的重大情况。老年人的医疗需求中对于高规格的医院治疗需求为首选，因为社区的医疗只能满足小型疾病的动态检查。而家庭照护能力不足以为老人提供专业的护理保障服务，但是由于专业的护理人员成本太高，相关机构的养护资源不足，花费的费用对于家庭来说也是一份不小的账单。

3. 精神慰藉需求分析

为了保障老年群体的全身心发展，对于老年人的心理疏导是十分必要的。失能老人对于聊天解闷的需要倒是不高，只有 12%，但是老年人对于室外行走、公园遛弯的需求较高，因此服务人员应多与老人进行互动，减少老人的封闭孤独感，增强老人的需求感。并且由于失能老人的内心会比较空虚，如果长时间的心理不能得到疏导，有可能会患上抑郁等症状，远离社区、社会无异于加速老人对于群体生活的渴望。

4. 休闲娱乐需求分析

失能老人由于自理能力与身体状况的原因，对于老年的运动锻炼、社区活动、娱乐发展等方面参与度比较低。调查显示，身体健康的老人只有不到

10%，大多数老人都患有或多或少的疾病，而日常的运动多数是需要护理人员帮助活动，以及通过拐杖等器材来辅助活动。社区老人的日常活动一般都是通过打太极、寻找地方下棋乘凉休闲、与老友唠嗑等活动。

5. 智能助老需求分析

面对日益先进的数字化、智能化发展，智慧养老不失为一种很好的发展形式，虽然受访老人对于新方式的接受程度不高，但是也不排斥使用。限制智能化的最大因素一定是成本问题，因为发展的起步晚，技术相对不够成熟，因此耗费的人财物力自然十分高昂。部分老人选择日间和夜间的照料中心服务，因为专业的机构可以为老人提供餐食配备调控、身体清洁理发按摩、娱乐活动等服务。同时失能老人也希望可以对居家环境进行改造，使其更符合安全照护需求，安装更为全配的监测设施，例如安全检测装置、智能门磁卡等设备，从而更好地保障失能老人居家安全。

（四）上海市长期护理保险中需求与供给的对接情况

1. 在供给层面的政府提供的服务中，社区照护供给水平最高的是生活照顾类服务保障，因为上海地区经济发达，基础设施健全，养老退休金也足够支撑一般生活需求，日常生活照料供给难度低，政府对于失能老人也有专门的购买养老服务，对生活不便和困难的家庭提供家政服务帮助。同时在家庭照护中子女可以较好地满足老人的日常照顾，或因工作无法照顾也可以请专门的家政阿姨来帮助护理。在需要养老机构护理的失能老人群体中，也具有较为完善的照料服务供给。

2. 由于家庭照护往往缺乏系统专业的家庭护理基础知识，因此对于医疗保健需求高。在社区提供的医疗服务中，政府能够为老人提供定期体检与专业器材健身，但是当出现突发情况时，特殊老人无法获得充分的医疗保健服务。因此在调查中可以看到多数患有慢性病的老人有着长期的代为配药服务以及陪伴就医需求。在养老机构照护供给中，由于地区机构发展不平衡，发展速度和质量参差不齐，部分机构的服务供给不够及时准确，专业化不够，且多数失能老人健康堪忧，在日常的康复中亟需合理的长期定制复健计划，以及高要求的护理保障，而普通的养老机构是不能够满足的，能够满足专业化需求的特殊养老机构一般的成本耗费就很大，护理价格对于多数家庭来说还是太高，而且往往供不应求，床位数量不能够确保满足需求。由于养老院大都不具备医疗资质，基本都是选择与地方医院或康复中心结合的方式，以保障失能老人的基本医疗护理需求，而具备专业资质的护理院等属于稀缺资源，尽管政府也会提供福利性质的养老院，但是总体来说是不能够满足需求的。

3. 失能老人在精神层面的需求是供需不平衡最强烈的，由于传统文化影响，以及日常生活需求中老人的身体机能损伤，失能老人多选择忍受，而子女又由于各种原因不能够与老人充分沟通，因此失能老人在家庭照护中所获得的精神情感是有所缺失的。社区照护能够为特殊老人提供聊天解闷、心理疏导的服务，但是对于失能老人的心理情况不了解，沟通上缺乏专门的方式，因此失能老人在精神慰藉方面的需求还是不能够满足的。也有部分社区机构采取招募志愿者、举办社区活动等方式来为老人的日常娱乐生活增添色彩。在养老机构照护中由于多数养老院护工不具备专业化的知识，或者沟通能力欠佳，所以对于失能老人的抱怨啰嗦、发泄情绪无所适从，互相不理解所带来的便是特殊老人缺乏社会认可，需求更多地关注照护，长此以往也会加重失能老人的心灵堵塞、抑郁封闭。

三、失能老人照护需求对接的问题及成因

结合数据分析上海市的失能老人对于服务的需求与相关社区服务机构提供的服务之间的关系，由于长期照护体系主要分为家庭、社区、服务机构三部分，家庭为主要的照护服务方式，为失能老人的日常生活提供持续、稳定的照顾，因此在研究中发现老人对于家庭的照护满意度达到90%以上，而社区能够提供的照护服务因地区标准、服务队伍人员的不同，能够达到基本满足需求的只有40%左右，甚至有部分老人感觉社区所提供的基础性服务不能够满足自己的健康需求。因此现有的长期照护服务未能够高效、稳定地满足老人对于长期照护的需求，两者之间存在的供需矛盾亟需解决。因此本调查从服务的质量与内容、服务的人才队伍建设、养老机构的发展问题等方面来探究供需矛盾存在的问题。

（一）服务的质量与内容

相比于家庭照护服务所提供的基本服务来说，社区服务与机构服务的建设宗旨应是为失能老人提供更加全面、个性化、高质量的服务内容。但是现

有的情况与反馈来说，社区养老机构对于老人多样化的需求是不能够有效匹配的。根据评估表上面的需求反映了机构可以提供的服务与老人家庭的实际需求存在一定的差别，现有的供给服务与老人期望的保障需求是不平衡的。数据表明，社区养老服务的供给与特殊老人的实际需求仍有较大偏差，出现供需不匹配。

其实基本的日常需求还是能够满足的，护理的护工帮着我老伴打扫打扫房间，做的饭菜感觉不是很合我的口味。年纪大了，更喜好吃些清淡的，少盐少味的，还是我老伴做的饭更加合口一些。额外的需求主要是希望能够延长一些服务时间，感觉护理的时间有些短。（访谈对象4-1：失能老人的爱人）

由于社区的养老服务机构对于特殊失能老人群体的服务需求不能够全面满足，机构的服务群体与功能人群定位不匹配，虽然社区的日间与夜间的照料中心对于健康老人的照料服务能够提供，但是对于高龄老人与失能失智老人的特殊需求仍是无能为力的，因此照料中心的服务定位是单一的，仅有不到50%的老人会去往日间照料服务机构。同时也有部分老人表示未来会考虑前往机构照料中心，他们认为日托中心能够提供完备的医疗与保健服务，以及一定的娱乐休闲活动开展。

首要标准肯定是方便、快捷以及评估机构的好评。还有就是看看社区的推荐，根据情况进行对比，主要还是希望老人可以得到正确的评估等级，这样才能更好地解决养老负担嘛。还有就是家里老人行动不便，还有点中风，所以口齿有些不清楚，我们自己还行，勉强可以明白意思，但是评估人员可犯了难，我们可以在旁协助，但是具体的需求感觉没有相应的专门服务来满足。希望可以多增加一些人性化的服务，我们也愿意多付出一些来提升服务的质量。（访谈对象4-2：失能老人的子女）

且受制于经济状况与资源利用，我国大部分长期照护服务的机构的服务设施发展不足，仅能满足日常的照料需求，大部分地区没有或很少设立老年健康康复养老院、老年护理机构以及可以提供临终关怀的医护机构。并且根据调查发现现有的养老机构的床位问题也比较突出，存在床位的类别分类不明确导致的床位不足与空床位现象，就是机构的信息存在不准确的情况，导致亟需床位的老人无法得到，而需求不是很强烈的老人却有着长期照料床位。

评估机构会有定期的医生去对老人身体进行检查，但是由于水平与专业的约束，医生的主要工作内容是提供代为配药、陪伴就医等业务。评估机构根据照料的等级会定期派出人员进行家政服务，照料等级在二级以下会提供一周三次的上门服务，服务的时长是一个小时左右，服务的内容是固定的，包括煮饭、打扫房间等服务。服务的个性化不明显，根据反馈来说部分家庭对于服务的质量褒贬不一，服务的效果也比较一般。在医疗服务上，经济好的家庭能够为老人聘请更为专业的护理，而经济差的失能老人的家庭只能够依托子女的照顾，因此在专业的医养护理与疾病诊治服务等方面存在较大差距，存在严重空缺，服务质量一般。

评估过程中遇到问题，尤其是遇到认知障碍，不能够沟通表达的失能老人的时候，因为我们的测评首先是通过聊天记录实际情况，然后根据病历资料来认定，还要对老人的身体状况进行检查核实，这时候瘫在床上的老人会不适应、不配合，遇到这种情况就比较棘手，只能先行放弃。（访谈对象4-3：机构工作人员）

（二）服务的人才队伍建设

由于护理专业存在认知上的偏见，以及对于年轻群体的吸引力不足，尽管上海市也陆续发布了一系列的政策与优惠方针，希望能够留住更多的护理人才，鼓励年轻人才选择护理服务。但是由于存在语言与户籍上的差别，护理人才来源往往是本地区的原有住户。同时失能老人对于日常照顾与专业性更强的需求，对于护理人才的总体素质与能力提出了更高的要求。但是实际上社区服务机构的护理人员总量不够，年龄结构差别大，人员的稳定性不足，多为兼职服务，专业性不足。

（三）养老机构的发展问题

由于失能失智老人的身体状况不好，对于需求的表达能力存在差距。而长期护理保险的申请渠道主要是通过当面向社区申请或者网络申请与电话热线咨询申请，这些申请方式都是需要家庭成员代为申请的，因为失能老人存在需求表达困难与行动不便的问题，因此对于失能老人的需求情况了解不全面。而老人主动表达需求的意愿也比较低，对于项目服务不够了解，导致不能够清晰表达自身的照料需求，所以社区和养老机构难以准确把握老人的确切需求，由此对于服务的评价反馈也不够客观。

一方面在养老机构的服务资源方面，大部分的机构对于资源的整合度不足，时效性低下，依托于地方财政支持的养老机构，对于老人多样化的服务需求在资金上有着缺口，不能够及时地掌握老人的实际需求。资源配置不够合理，导致养老资源的设备全面但是却不能够满足服务需求，往往是盲目地增添设施建设，而不是根据实际需求来发展，不能够充分地利用养老资源。另一方面在护理人才队伍培养上存在问题，因为培养专业化的护理人才的成本高、周期长，因此为节省开支，大部分养老机构对于培养护理人才的热衷度低，且缺乏全面的人才培养计划与职业发展规划。在机构的人才引进中由于职业上存在社会歧视，青年群体对于从事护理行业的意愿低，导致行业发展缺乏创新与活力，因此人才队伍发展滞缓，服务护理行业发展缓慢。

社区服务人员认为该工作的吸引力不足，原因有很多，例如职业的工资相比于其他服务职业来说偏低，虽然有一定的政策补贴与社区支援，但是总体来说还是不够。并且由于本地居民所从事的工作都是高水平、高收入的多金工作，而外地的护理人员由于生活成本与户籍问题往往不能够长期地进行工作。（访谈对象4-4：机构负责人）

四、对策和建议

（一）社区养老服务质量内容

1. 政府需要鼓励市场机制的发展

通过市场竞争优化养老资源配置，从而更好地提高长期护理保险照护服务的质量和内容发展。同时政府需要加强对于专业护理机构、社区服务照护的支持力度。政府着重发展的养老机构数量偏少，难以满足多地区的发展，而民营、私企等机构质量参差不齐有着数量多、分布广的特点，但是受限于自身的资金与盈利经营状况，往往对于服务质量不够重视。因此政府应该一视同仁，对于发展良好的民营机构进行政策支持与资金补助。建立健全我国的长期照护服务管理制度，明确政府、市场部门、养老机构与社区之间的关系，加强对于市场与机构养老的监管体系发展，制订更加符合国情与市场的长期照护的服务标准。

2. 创新社会保障体系

长期护理保险的发展离不开社会保障体系的支撑，长期护理保险作为商业保险的扩展，与基础性救助制度发展可以相互促进、互补共促。同时由于我国长期护理保险制度发展由试点到逐渐普及，早期的制度资金主要依靠医疗保险与政府财政补贴，而随着制度的全国化普及，由于各地经济状况与基础设施发展不同，需要采取更为先进的筹资渠道来促进体系的建立。将长期护理的支出费用与医疗保障的内容加以区分，建立独立筹资模式，优化个人的费用比例。

3. 评估机构的发展也需要与时俱进

对接国际标准的同时也需要结合本地的实际状况，让评估的内容更加符合失能老人的实际需求，由于国内的评估体系主要是固定化的需求标准，通过多方面的维度评估来得出失能等级认定，但是却未能考虑更多申请人自身的实际失能状况，尤其是失去表达能力、认知能力的被评估老人，缺乏与老人的沟通方式，而护理人员一般都很难与此类老人进行交流。通过实地评估发现，当面对失能老人无法清晰表达自身需求的状况时，由于老人面对测评人员的标准流程与身体检查时会有沟通障碍，会比较抗拒评估人员的行为，有很强的应激行为，所以对于测评结果的得出也有不小的困难。因此需要专业化的人员与先进的测评工具，注重认知能力测评的实际状况，针对不同的情况进行更详尽的方案。

（二）人才培养方面

政府需要重视护理机构的发展，制订相关的鼓励政策支持行业发展。对于部分机构的人才选拔流程进行监管，加强对于在职人员的专业水平与职业技能的考核。机构方面需要提高护理人员的工薪福利待遇，对于护理人员的培训方式进行创新，摒弃传统的周期长、效率低的培训模式，可以采取多实践、逐渐增加服务难度的形式。社会层面，需要尽量消除职业歧视与偏见，增加护理的社会认可，公众自发宣传与普及护理医疗知识，参与协同社会组织的积极导向作用。在提高服务人员素质方面，可以增加职业准入门槛。加强护理人员资格证考试，加强选拔人才标准，在部分高等教育课程中开设专业课程，加大教育资金投入。岗位培训方面需要建立多层次、精准化的教育培训体系，既可以大力促进高校护理课程的有序开展，也能够通过网络付费课程等对于护理人员的教育提供可选择的渠道，以专业化的护理团队建设为目标，打造合理、高效、精准的服务人才队伍，对于个性化的特殊养老服务人群可以提供更好的养老方案，满足老人的特殊服务需求。由于特殊老人的服务需求往往是不同的、个性化的，因此对于护理人员的专业技能要求更高，同时也需要拓宽自身的专业领域外的知识与技能，通过学习心理学知识与医疗护理知识，对于失能老人的心理疏导与精神慰藉可以起到不错的效果。

失能老人养老照护中的医养结合

　　面对中国数量庞大的失能老人群体，常规的居家、机构和社区养老模式无法较好地满足其对医疗卫生服务的需要，医养分离的现象严重[1]。在此背景下，为了促进医疗卫生资源与养老照护资源的有效整合，"医养结合"的新型养老服务模式应运而生。上海率先开展医养结合试点工作，2015 年明确提出以社区卫生中心为支持平台，把医疗卫生资源延伸到老年照护领域的医养结合政策[2]。然而，医养结合政策在实行中遇到了许多问题，再加之失能老人的特殊性，其本身更需要医疗资源与养老的高度融合。本部分以上海失能老人为研究对象，以上海金山工业区社区卫生服务中心为调查对象，探讨上海社区卫生中心介入式医养结合模式在实施过程中的现状，并分析上海医养结合模式的优势、存在的问题及原因，最后得出较为可行性的措施与建议，完善上海社区卫生中心介入医养结合养老照护模式。

一、研究设计

（一）调查机构：上海金山工业区社区卫生服务中心

　　上海金山工业区社区卫生服务中心坐落于金山工业区亭卫公路 6668 号，中心为一级甲等医疗机构，2012 年成功创建为上海市示范社区卫生服务中心，

---

　　〔1〕 参见睢党臣、彭庆超：《"互联网+居家养老"：智慧居家养老服务模式》，载《新疆师范大学学报（哲学社会科学版）》2016 年第 5 期。
　　〔2〕 参见李长远、张举国：《我国医养结合养老服务的典型模式及优化策略》，载《求实》2017 年第 7 期。

辖 9 个行政村、5 个居委会，服务区域为 58 平方公里，户籍人口 2.6 万人，外来常住人口 2.5 万人。中心下设 1 个社区卫生服务站、9 个村卫生室；截至 2020 年底，中心共有在职职工 100 多名（含乡村医生 20 多名）。2014 年荣获"群众满意的社区卫生服务中心"。机构内拥有门急诊部、住院部、老年病房、职工食堂等公寓。各栋建筑之间采用回廊衔接，方便出入，针对老年病房设立电梯及电子门禁，保障老年人的安全。本次研究主要针对该机构的老年病房介入医养结合式养老所展开的调查研究。

（二）调查方法：实地观察+深度访谈

调查人员在上海金山工业区社区卫生服务中心进行了为期一个月的实习，期间参与了机构的日常工作。首先通过实地观察的方法收集资料。然后再采用了深度访谈法收集资料。在访谈法中，采用半结构化访谈的方式，通过预先拟定访谈提纲，以口头形式向被访者提问，通过收集到的资料，来了解上海金山工业区卫生服务中心老年病房医养结合的实际实施情况、分析社区卫生中心介入式医养结合模式的优势和存在的问题。

（三）调查对象

在上海金山工业区社区卫生服务中心老年病房进行资料收集，此次访谈共 3 人，其中管理人员 1 人，护理人员 1 人，老人家属 1 人。

表 5-1　访谈对象基本情况

编码	访谈对象	年龄（岁）	身份	机构工作年限
访谈对象 5-1	张红梅	51	管理人员	20 年
访谈对象 5-2	阮亚华	65	护理人员	12 年
访谈对象 5-3	孙梅军	45	老人家属	2 年

二、金山工业区社区卫生服务中心老年病房现状

（一）老年病房基本情况

金山工业区社区卫生服务中心老年病房在 21 世纪初已经设立，至今已有二十多年的经营经历。目前，上海金山工业区社区卫生服务中心老年病房有

28 间病房，每间病房安置两张病床，总共 56 张床位；生活设施配备方面，每间病房配备独立卫浴、电视、床柜、多功能躺椅等，并且在生活设施的选择上照顾到老人的生活不便的情况。医护配备方面，执业医师 8 人，注册护士 10 人，护理人员 7 人，医患比在 0.4 左右，医护人员配备较为完善。医疗设备方面，依托着社区卫生中心自身的医疗平台，中心为老人提供全方位的住院医疗服务，例如：血氧监测、呼吸机等。人身安全方面，针对老年病房设立电子门禁和楼梯围栏，保障老年人的安全。目前，入住机构的老人大都为失能老人，在失能老人中大部分是轻度失能和半失能的身体状态，小部分是完全失能瘫痪在床的。医护人员根据老人的失能情况提供全护理、半护理以及基本护理三个护理等级。因此，该机构在老年医养照护方面有丰富的管理经验，医护人员配备和生活设施配备较为完善。

（二）老人入院流程

上海金山工业区社区卫生服务中心老年病房是面向全社会开放的，但原则上优先满足本地社区老人，其次是市区及外地的老人。

1. 入住条件

首先，失能老人的年龄应符合上海市规定的退休年龄；其次，老人及家属不能隐瞒老人的病情，例如：传染病、精神病等其他不适宜在机构住养的疾病；最后，老人入住需要有担保人，担保人能够承担入住老人的经济责任。

2. 入院流程

首先，由老人或其家属向负责老人所在街道或乡镇的家庭医生提出申请入住金山工业区社区卫生服务中心；其次，在接到老人或家人的住院申请后，由家庭医生对其身体状况进行初步的体检和评定；接着，家庭医生对于符合要求的老年人将其情况记录到病历卡上并登记上报到社区卫生服务中心，进行床位排队等候床位空缺；最后，在入院之前进行一整套的健康体检，具体项目有肾功能和肝功能检查；空腹血糖、4 项血脂和血常规检查；尿常规；胸片；心电图；腹腔 B 超；脑部 CT 拍片；骨密度检查；视听检查。

老人入院的话，我们这边都是要申请的。由老人向负责他的家庭医生提出申请，然后家庭医生在他的病历卡上登记和判断老人是否符合入院的资格，我们社区服务中心接到申请后就安排排队等床位，床位很难等的，我们这边是面向全社会开放的，但是也是先满足本地的社区老人，很多市区和外地的老人很难排到队等到床位的。入院前我们也会做一些基础检查，了解老人的身体情况，符合条件的老人就可以入院了。（访谈对象5-1：管理人员）

（三）机构收费标准

上海金山工业区社区卫生服务中心老年病房收费标准实行的是医疗与护理分开收费。

医疗卫生服务由医疗保险和个人共同出资，医疗保险承担较大比例，剩下小部分由老人及其家属自费，例如药物、医疗治疗和床位费等，医疗卫生服务方面产生的费用收费标准参照老人的医疗保险；日常生活的照护全部需要老人自费承担，其中包括护工费和膳食费等，医疗保险和长期护理保险均不承担老人的生活照料护理费用。

在访谈过程中，在与一位入院老人的家属沟通之中了解到：机构入住一年需花费两万五千元人民币左右，其中主要包括了住院医疗服务、日常生活护理服务、伙食费和床位费等，具体费用根据医疗服务量上下浮动，其他项目的费用相对固定。在两万五千元之中，大部分是由老人的农村医疗保险报销，剩下的部分自费，大约在一万元左右。在与老人家属沟通中了解到，家属对于收费方面还是比较认可的，不会给家庭带来很大的经济压力。

我们这边医疗和护理是分开走的，医疗这边就是跟正常看病一样走医保的，比如给老人开的药、医疗费和床位费等医疗服务，因为走医保的，大部分都是可以报销的，自己承担小部分；护理那边的收费的话全部都是自费的，包括照护服务和膳食，长期护理保险是无法报销的，一个老人在我们机构住一年，总共两万多的费用，具体费用多少还得根据老人实际接受的医疗服务计算，不过我们这边老人一年差不多都是这个费用。这个费用相对来说还是可以接受，不会给家庭带来过大的负担。（访谈对象5-1：管理人员）

三、医养结合在社区卫生服务中心的实施情况

（一）为入住机构的失能老人提供服务

机构内医养结合式养老照护具体服务内容

"医"的方面，金山工业区社区卫生服务中心老年病房借助自身卫生院的医疗条件，为失能老人提供全方位的住院医疗服务；"养"的方面，金山工业区社区卫生服务中心老年病房通过将护理服务外包给第三方的护理机构，由护理机构派遣护理人员为老人提供日常照护服务，通过自身的医疗服务再加上外包的照护服务，从而达到医养融合。

医疗服务方面：社区卫生服务中心老年病房为失能老人提供住院医疗卫生服务，例如：导尿术、鼻饲、呼吸机、血氧监控、药物和日常巡诊等；护理服务方面：第三方护理机构为老年病房中的失能老人提供全天的生活照料服务，例如：喂药、喂饭、喂水、上厕所、洗澡、日常沟通交流和其他日常生活协助等。通过医护人员和护理人员的相互配合、相互帮助，从而实现为失能老人提供医养结合式养老照护。

医疗方面的服务的话都是医生和护士提供的，常规的有每天的健康问询、鼻饲术、导尿术、血氧监测和配药，其他的视老人的身体情况而定。照护方面的服务大部分由护工提供，护士的话偶尔也会帮助，涵盖日常生活照料的方方面面，就是居住卫生打扫、个人卫生维护、移动安全保护、辅助饮食、药物管理和其他的一些照护服务。通过医护和护工相互配合，整合医和养，达到医养结合的。（访谈对象5-1：管理人员）

（二）护理人员基本工作内容

护理人员主要指由第三方护理机构派遣的工作人员，其主要的工作内容是为失能老人提供基本的生活照料服务，其中包括个人及居住卫生、辅助饮食、排泄护理、压疮治疗与预护理、移动保护六个方面。其中居住卫生环境包括清洁床上用品、清洁地面和清洁厕所；个人护理包括日常的身体清洁、协助更衣、药物管理和生活自理能力训练等；饮食照料包括准备饮食和协助进食；排泄护理包括协助排泄、床上使用便器、翻身叩背排痰、导尿管和肛

门便袋护理；压疮预护理包括疮预防护理、疮治疗护理；移动保护包含床上移动保护和床下借助器具移动保护。

我的工作就是照顾老人的基本生活。帮助他们喝水吃饭，上厕所，换尿布，换床单，擦身，打扫卫生什么都要做的。我的工作就是服务老人的日常生活，把他们照顾好。（访谈对象5-2：护理人员）

护理人员培训情况

机构内护理人员的培训由第三方护理机构负责，而第三方机构对于护理人员的培训也是十分上心的，主要通过持续性开展院外专业研修来全面提升护理团队专业素养，培训内容主要包括实际操作和理论知识两方面。实操方面，主要有七步洗手、清洁工作、翻身、洗澡、协助更衣等细化到失能老人生活的方方面面。护理人员的培训是非常关键的部分，事关失能老人是否可以得到满意的生活照料，那么在培训方面机构做得是到位的。

我们经常组织护工培训的，基本上一个月一两次的。护工的培训都是交给教培机构的，要么是去朱泾的职业进修学院，要么是去石化的开放大学上课。因为我们的护工基本上都是上了岁数的，而且文化水平不高，对培训内容尤其是理论知识学起来困难很大，而且大家没有动力学习。还有就是培训的效果不太好，护工对于知识的接受能力低，有些东西要培训好几次才能基本上掌握。（访谈对象5-1：管理人员）

培训有理论的，也有实操的。理论的话就是一些知识啊，实操的话就是教七步洗手、清洁工作、翻身洗身技巧，培训都是很实用，都是我日常工作中用得到的东西。（访谈对象5-2：护理人员）

(三) 失能老人对于医养结合照护的满意度

机构医养结合式养老服务效果和满意度如何，作为服务的直接受众是最为清楚的。但是，由于疫情防控的因素，院方无法安排直接地与入院的老人进行面对面的访谈。有幸在访谈中偶遇一位失能老人的家属，并通过与其沟通交流，了解到失能老人及其家属对于机构提供的医养结合式养老照护总体是较为满意的，但也提出了一些不足之处。

满意的方面主要表现为：首先，机构提供的医养结合式养老照护很好地解决了失能老人的生活照料需求，同时又能提供医疗照护，改善失能老人的生活品质；其次，费用方面可以承担，对家庭的经济压力不大；最后，减少照顾失能老人子女的时间负担。

不足之处主要是：一方面，医疗服务方面水平较低、层次不高，仅停留在一些基本的住院医疗服务；另一方面，护理服务方面缺乏针对性的专业康复、文化娱乐活动以及精神方面的慰藉。

总体还是满意的。住在社区卫生中心一方面解决了我奶奶的生活照料问题，另一方面也可以提供一定的医疗治疗。我奶奶瘫痪在床16年了，以前在家都是靠家里人照顾的，太累了不说还要有人照看的，子女都在外头工作挣钱，实在是没有这个时间和精力。而且这边一年价格也不贵，住院费老人的农保可以报销的，就是吃饭和请护工要承担的，一年下来两万五左右，几个子女一起凑还是可以承担。住在卫生服务中心肯定比住在家里面老人的生活品质高。为了老人生活得好一点，出点钱也是愿意的。（访谈对象5-3：老人家属）

医疗服务方面感觉水平不高，就是简单的一些配药，问诊，就是一些基本的住院医疗服务。因为这边就是一家社区医院，医护水平和设备和好医院肯定是不能比的。而且这边没有什么康复训练的，也缺少娱乐方面的，就是看电视。我奶奶一直说她无聊，找不到人说话的，蛮孤独的。所以，我基本上有空就过来看看她的，陪她聊聊天。（访谈对象5-3：老人家属）

（四）为辖区内养老机构和社区的失能老人提供服务

金山工业区社区卫生服务中心除了为入住机构内老年病房的失能老人提供医疗卫生服务外，还为社区和机构外养老的失能老人提供医疗服务。针对在机构外养老的失能老人大多数都已经获得基本的生活照料服务，更多的是缺少医疗服务。为了能使机构外的失能老人享受医养结合式的养老照护，金山工业区社区卫生服务中心作为医养结合的服务平台，为机构外的失能老人提供定期义诊服务和家庭医生签约服务。定期义诊服务的频率是社区养老院每周两次，日托机构每月两次。义诊团队由机构内的医生和护士共同组成，每次2名医生和2名护士组成义诊团队开展义诊活动。义诊活动具体为机构外的失能老人提供测量血压、测量血糖、代配药品和基础的健康咨询服务。义诊活动不收取费用。

我们经常到机构和社区里去义诊的。社区机构的话一周两次义诊，日托一个月两次。为机构里的老人提供一些基础的医疗服务，比如量血压、测血糖、健康咨询以及给不方便来社区服务中心配药的代配药。（访谈对象5-1：管理人员）

四、社区卫生服务中心介入医养结合式养老照护的优势

（一）混合嵌入，实现对辖区内失能老人的广覆盖

社区卫生服务中心介入式医养结合模式是结合结构性嵌入和关系性嵌入的一种混合嵌入模式。一方面，关系性嵌入体现在社区卫生服务中心与养老机构达成合作的关系，由社区卫生服务中心向所在辖区内选择居家、机构和社区养老等各类老人提供医疗服务，为其提供义诊、健康咨询等医疗服务，缓解机构外不同养老模式下的失能老人对于医疗资源的需求；另一方面，结构性嵌入体现在社区卫生服务中心内设老年病房，将养老照护服务嵌入医疗卫生服务，整合内部医疗卫生与外部养老照护，为机构内失能老人提供全面的医养融合服务。社区卫生服务中心介入模式通过对机构外的关系嵌入和机构内的结构嵌入，尽可能覆盖到各类养老模式下的失能老人，实现对辖区内各类养老模式下的失能老人医养结合的广覆盖。

我们和社区和辖区内的养老机构基本上都有合作的。我们也有家庭医生的，基本上辖区内的每个老人都跟家庭医生签约了。（访谈对象5-1：管理人员）

（二）基层医疗卫生服务的便利性与双重监督性

社区卫生服务中心作为我国三级医疗卫生服务系统中的基层医疗卫生服务系统，社区卫生服务中心因其地理位置和服务的覆盖范围，从而更贴近辖区内人们的生活。方便失能老人的家属随时看望在机构内的老人，更好地满

足失能老人心理层面对亲人的思念和慰藉。基层医疗卫生服务具有其它高层次医疗卫生服务系统无法替代的便利性。此外，社区卫生服务中心所辖的地理面积较小。因此，在社区卫生服务中心的医患之间不再是陌生人关系，而是在医生和病人之间的多次交流中彼此熟悉、有着较强依赖的熟人关系。社区是一个由熟人关系构成的生活共同体，这决定了社区卫生中心开展的医疗服务受到双重监督。社区卫生中心受到来自医疗系统层级间和跨层级间的行政监督，同时也受到熟人关系社会的人情约束。

　　社区卫生中心离家近，就在家门口的，来看老人方便。而且社区卫生中心里面大部分医生护士都是认识的，老人的情况可以及时沟通的。最重要的是费用可以接受。（访谈对象5-3：老人家属）

（三）社区卫生服务中心介入式医养结合减轻家庭经济负担

　　入住机构的失能老人享受社区卫生服务中心介入式医养结合的费用主要由医疗服务费用以及护理服务费用组成。其中，医疗服务费根据失能老人的医疗保险类型进行收费和比例报销，个人仅需承担小部分医疗费用。而护理费用的收费虽然需要失能老人完全自费，但是护理费用的收费标准也较为合理亲民。对于未入住机构选择其他养老模式的失能老人，社区卫生中心免费为其开展定期的义诊服务。从一定程度上，既解决了机构外失能老人的一些医疗服务需求，又无需其承担经济压力。综合而言，社区卫生中心介入式医养结合对于辖区内失能老人带来的家庭经济负担较轻。

　　我们这边医疗和护理是分开走的，医疗这边就是跟正常看病一样走医保的，比如给老人开的药、医疗费和床位费等医疗服务，因为走医保的，大部分都是可以报销的，自己承担一小部分；护理那边的收费的话全部都是自费的，包括照护服务和膳食，长期护理保险是无法报销的，总共的话一个老人在我们机构住一年两万多一点的费用，具体费用多少还得依据老人实际接受的医疗服务计算，不过我们这边老人一年差不多都是这个费用。这个费用相对来说还是可以接受，不会给家庭带来过大的负担。（访谈对象5-1：管理人员）

五、社区卫生服务中心介入医养结合式养老照护存在的问题

(一) 供需不平衡，需求远大于供给

目前，金山工业区社区卫生服务中心老人病房床位开设 56 张，床位都已经全部占满，且出现百余人等一张床位的现象，不少家属因为排不上床位，经济层面上又无法负担高档养老院的费用，无奈选择社区或居家养老，导致医养分离，导致这部分失能老人的生活品质受到影响。失能老人对于医养结合式养老照护的需求与社区卫生中心介入式医养结合的供给严重失衡。

目前我们社区老年病房总共大概 56 张床位，现在床位很紧张的，基本上走一个来一个，听说后面还有一百多个人在排队等床位了，前年把一个手术室也改成病房增加了几张床位，还是远远不够的。人员配备的话，医生有 8 个人，护士 10 个人，护工 8 个人，医患比在 0.4 左右的。我们这边护工是外包的，有专门的负责人负责的，护工提供日常的照料护理，护士提供医疗服务，护士和护工相互配合实现医养结合的。(访谈对象 5-1：管理人员)

我希望政府能提供像这样的更多的床位和机构，因为我们都是普通老百姓，把老人送到社区卫生服务中心既能提高老人的生活质量又在我们的经济承受范围之内。像高端的养老院是有的呀，可是价格不是我们普通人承受的。想当初，为了让老人住进来托了好几个人的关系才不用排队的。一般人都排不到的。(访谈对象 5-3：老人家属)

(二) 行政协调机制差，政策无法有效衔接

机构在社区内开展义诊活动时，需要居委会工作人员配合提供辖区内老人名单及基本信息，但是居委会不愿意或是不及时提供辖区内老人名单，不积极配合社区服务中心开展的义诊活动，将会直接导致义诊团队无法在规定时间内完成义诊活动，无法确定是否具体对接到每一位老人。政府制定的政策十分完善，但在实际实施过程中，政府间各部门协调机制差，各部门之间没有做到相互协作，相互配合，导致医养结合政策无法得到有效衔接。

还有就是我们去居委会或者街道进行义诊活动的时候，他们一直都不配

合我们的工作，上次让他们提供一下辖区内的老人名单，刚开始推诿，后来我们一再要求之下才提供名单，耽误时间不说而且名单也不齐，基层工作难以开展。希望相关政府机构可以配合我们的工作，希望我们的工作可以得到有效的支持。（访谈对象5-1：管理人员）

（三）医养结合存在缝隙，专业护理不足

由于制度、行为要素等因素，一个事物被嵌入其他事物中会出现嵌入中的缝隙。这种嵌入的缝隙，使得两者之间的融合效果无法发挥最大的效应。在社区卫生服务中心介入式医养结合模式中，养老服务系统结构性嵌入医疗服务系统的状态中，嵌入缝隙体现在专业护理不足。

一方面，护理人员大都年龄偏高，缺乏专业康复的知识体系与技能，而且学历水平较低，对学习专业护理知识积极性不高，学习难度较大。另一方面，护理人员对于入院的失能老人提供基本的生活照护服务缺少专业康复器械和康复服务。失能老人按照失能的程度分为轻度、中度和重度失能，绝大多数失能老人处于轻度和中度失能状态，仅部分生活自理能力受限。对于这部分失能老人，对其医疗重心应该放在专业康复方面，通过专业器械和专业教学帮助轻度和中度失能老人慢慢恢复受限功能，从而实现失能老人部分生活自理，进一步提高失能老人的生活品质。

最后，就是我希望卫生院能不能提供一些康复性的训练或者治疗，因为有的老人他不是说完全失能，完全瘫掉了，没有恢复部分功能的可能了。可以通过接受一些专业的康复训练和专业的康复器械帮助实现恢复的可能。我觉得无论再好的照顾服务都不如老人自己可以活动来得好。（访谈对象5-3：老人家属）

（四）医养嵌入层次较浅，缺乏心理慰藉

根据结构性嵌入的理论视角分析，社区卫生服务中心介入模式处于浅层次的结构性嵌入。因为目前机构提供给失能老人的医养结合式服务停留在浅层次的生理层面，缺少对深层次心理层面的照护。从生理层面而言，社区卫生中心老年病房依托整合自身的基础医疗服务系统以及外界的养老照护服务，已经基本实现为入住的失能老人提供生理层面的医养结合。但是该机构缺乏对失能老人精神层面的关注。机构缺乏组织失能老人的娱乐活动，仅通过网络电视作为娱乐活动。并且机构未搭建老人沟通休闲平台，老人之间缺乏互相沟通交流的渠道。

还有就是我希望社区卫生服务中心能够给老人提供一些娱乐的场所，他们这些老人待在病房里也无聊，这边的老人其实大部分都是还可以能活动活动，可以沟通交流的，不是说都像个植物人一样瘫在床上的，应该成立一个专门让老人互相娱乐、沟通交流的场所，让老人不要太孤单。（访谈对象5-3：老人家属）

六、对策和建议

通过本次调查发现，社区卫生服务中心介入医养结合式养老照护确实很大程度上解决了失能老人的照护问题，使得失能老人晚年的生活质量得到了保障。但是，通过本次的调查发现以社区卫生服务中心作为服务平台向所在辖区失能老人辐射医疗资源的模式存在问题。

医养结合在我国处于初步探索阶段。虽然可以借鉴起步较早的其他国家在医养结合方面的经验，但我们不能完全照搬国外的做法，应该根据国情，探索适合我国国情的医养结合模式。本部分基于嵌入性理论通过对上海社区卫生服务中心介入医养结合式养老照护实施情况的调查以及在社区卫生服务中心介入医养结合式养老照护模式存在的问题提出相关建议，目的是完善上海社区卫生服务中心介入式医养结合模式的发展。

（一）加强政策宏观嵌入，缓解供需不平衡

目前，我国的医养结合市场面临着需求远大于供给的供需不平衡困境，而且这种供需不平衡会随着我国老龄化水平的不断提高而加深。然而，目前的医养结合市场大多以公立的由政府主导的机构为主，市场上私立的医养结合机构较少且费用高昂，不适用于普通家庭。因此，如何保质保量的提高医养结合式养老服务的供给成了难点。医养结合作为一种新式的养老模式，在我国处于初级探索阶段，在实施过程中难免会碰到各种各样的困难与危险，

造成社会力量参与医养结合的积极性不足。所以，应该加强政策层面的嵌入，通过显性政策工具，鼓励社会力量参与。例如，政府应当制订并实施有利的扶持性政策。通过有利的政策吸引社会力量参与医养结合，并逐步培育市场。符合设立和实行条件的医疗、养老机构应合理降低经营管理费用，例如：机构用地、建设设施、税费等方面给予一定程度的政策优惠。

（二）建立统一的行政协调机制，促进部门间相互协作

医养结合并不是单单一个部门所负责的事情，医养结合涉及的部门是非常广的。因此，建立统一的行政和协调机制，加强各个部门之间的合作，是医养结合政策落实的一个重要保证。首先，由卫健委和民政局为医养结合的带头羊，各级政府是医养结合的真正推动力量，而各社区卫生服务中心作为医疗服务的供给平台，有效地将医疗资源辐射到辖区内的失能老人。医养结合的进程和效度是由地方政府的运行管理协调能力决定的。因此，在医养结合的具体实施中，关键在于地方政府。地方政府可以设立跨部门的协调机构，对医养结合工作分工到的单位设计评审制度，把工作结果具体量化到每一个指标，保证具体落实医养结合工作。

（三）加强专业护理人才队伍建设，实现无缝隙嵌入

首先，尝试在各高校中开设护理方面的专业课程，培养青年人投身于护理事业，改变目前护理行业高龄现状，为护理行业这个朝阳行业注入新鲜血液，进一步提升护理服务的水平和层次。政府应该对开设了护理专业的职业院校进一步加大资金投入和招生政策倾斜，有利于从源头上增加专业护理人员的人数，直接提高护理人员整体的理论和实践素质。其次，针对现有的护理人员，一方面，对参加专业护理技能和理论培训的护工，制定相关规定给予培训补贴，从而激发现有护理人员培训的积极性；另一方面，推动更多的职业院校或者教培机构开发老人护理方向的专业课程，为社区和养老机构等提供教学资源和教学服务；除此之外，完善护理人员的培训考核制度，绩效成绩与薪酬直接挂钩，建立护理人员奖惩机制，提升护理队伍的职业道德素养。最后，通过政府的财政补贴以及社会力量的资金支持使护理人员的工资和社会地位提高，提高老年护理行业从业的吸引力。

（四）提高失能老人心理健康水平，推动医养嵌入深层次发展

在开展医养结合服务时，既要重视失能老人身体健康的防治，更需要重视他们的心理健康建设。首先，建议机构设立心理咨询室，建造失能老人心理沟通平台，为有心理问题的失能老人提供有效的心理疏导服务；其次，针对不同心理特点的老人采取不同的护理对策。例如，针对自尊心较强的失能老人，医护人员应持着尊敬和恭维的态度经常到病室探望，满足其自尊的需要；最后，建议机构开设失能老人老年活动室，可以定期举办娱乐活动或节日庆祝，为失能老人提供一个可以沟通交流、互娱互乐的空间，满足失能老人心理归属的需要。

长期护理保险制度中的政府职责

基于社会需求的不断改变，政府的职责会随之变化。全球都在谈论的老龄化问题致使社会养老需求的出现；社会保险制度在许多发达国家实行改革的过程中实现了长期护理保险制度的孵化。许多发达国家通过发布关于限制保险金领取条件、延长退休年限、降低社会福利等举措来调整政策，这都可以看出政府责任的变化与更改。从政策萌发至长期护理保险制度的初步建立，到后期试点与日益完善，长期护理保险制度在我国已经试点了八年的时间，各级政府均投入了大量的时间、金钱、物质资源与人力资源。对于政府职责现状、特点进行及时把控，有助于更好推动长期护理保险制度进一步实施，明确制度下一步建设方向，理清长期护理保险制度的优点与不足之处。本部分通过直接了解长期护理保险政策落实的具体情况，更深刻地了解不同层级部门的责任划分，更清楚地知晓政策真正实施时的难题，为优化不同政府部门职责、强化政策落实提供参考。

一、研究设计

（一）调查机构：上海市宝山区金色晚年敬老院

金色晚年敬老院隶属于上海马发贸易有限公司，位于上海市宝山区月浦镇，始建于 2006 年，自建立至今已有 18 年历史。主要收治对象为具有自理能力的老人、半失能老人、不能自理的老人、需要特殊护理的老人和具有认知障碍的老人、需要病后康复的老人。总占地面积为 19 180 平方米，并具备医保定点资格。在十余年间，金色晚年敬老院不断增设新型内部机构，如残疾人养护基地的建设。内部医疗机构的创立，ISO 9001 质量管理体系的构建，已由 3A 级社会团体升至 4A 级社会团体。金色晚年敬老院全院布设监测网络系统，利用摄像机来进行监测护工活动，每日监测，为卧床老年人的医护质量提供有力的保证。

（二）调查方法：实地观察+深度访谈

调查人员在上海市宝山区金色晚年敬老院进行了为期一个月的实习，期间参与了机构的日常工作。首先，在日常工作过程中进行实地观察和记录，收集资料。然后，在工作过程中，主要采用面对面深度访谈法收集资料。访谈前期针对要了解的问题，设计了半结构式访谈提纲，然后对金色晚年敬老院的老人、提供服务的护士、护工、管理人员等有关工作人员等进行面对面深度访谈，从长期护理保险实施中政府职责角度出发，有针对性、系统地了解我国长期护理保险养老机构照护服务中政府职责履行的现状及存在的问题。

（三）调查对象

本次调查主要选择了五位金色晚年敬老院相关人员进行一对一访谈，这五位调查对象分别是一位护理院管理人员，两位护理院护士，一位在金色晚年敬老院养老的老人，和一位护工。

表 6-1　访谈对象基本情况

编码	访谈对象	年龄（岁）	性别	已在机构年限	身份	主要工作内容
访谈对象 6-1	王护士	27	女	3 年	护士	老人基本医疗护理
访谈对象 6-2	刘敏	30	女	6 年	护士长	老人基本医疗护理和护士工作统筹
访谈对象 6-3	陶先生	71	男	2 年	老人	
访谈对象 6-4	张女士	47	女	4 年	护理人员	老人照护
访谈对象 6-5	赵先生	51	男	15 年	机构负责人	副院长，机构管理

二、上海长期护理保险实施中的政府职责现状分析

上海市政府和相关部门制定了长期护理保险的试行办法，明确了服务内容、管理机构、评定标准等内容，引导市场发展、引入市场第三方服务机构来提供服务，逐渐形成了社区居家护理、养老机构护理和住院医疗护理的三方格局。宝山区人民政府和相关部门按照上级机关发布的各项政策通告，负责全区的长期护理保险试点工作。各级政府有相应的职责，市级政府主要是在宏观层面上制定政策与制度、确定标准、给予一定的资金支持。而区一级政府在中观层次上部署和组织区级的长期护理保险，由区一级的政府职能部门承担实施责任、监督责任和财政补助责任。

（一）制度建设

上海市市政府一级建立了上海市长期护理保险试点内容的相应制度和构建了相应政府职责框架。上海市政府依照《人力资源社会保障部办公厅关于开展长期护理保险制度试点的指导意见》，结合老人医疗护理需求的试点经验，吸取前期上海社会养老服务框架的教训，从而建立了结合上海市实际情况、具有上海地域特色的长期护理保险制度和由上海市一级政府负责、区级政府辅助实施的实际管理职责体系。在此之外，上海市政府财政还以福利补贴的形式对贫困老年人的个人负责费用、审核评估消耗费用进行相应补贴。

在上海长期护理保险体系的设计和构建中，上海市各级政府对其进行了全面的规划和建设。上海市政府于 2016 年 12 月发布了《上海市长期护理保险试点办法》（以下简称《上海办法》），并发布了一份长期护理保险服务计划，里面包括了长期护理保险的服务内容等诸多内容。经过一段时间的试行，2017 年末，《上海办法》再次修改，并决定自 2018 年 1 月 1 日起，在全市范围内推行长期护理保险。该试点方案包括参保对象、享受群体、筹资机制、服务形式、服务待遇等。

《上海办法》的保障对象为上海 60 岁以上拥有上海市户籍并参与上海市城镇职工医疗保险和上海市城乡居民医疗保险的上海市居民。评定级别为 1至 6 级，评定级别为 2 至 6 级的参保人员，在评定有效期内可申请使用。老年人和他们的家人可以根据自己的实际情况，选择在社区、养老院和住院医疗这三种类型中的一种。然而并不是所有护理服务的标准都相同。以社区护理

为例，评定级别为 2 级及以上的老年人均可申请。具体待遇标准为：评定为 2 级和 3 级的老人，每周服务 3 次；评定为 4 级的老人，每周可服务 5 次；评定为 5 级、6 级的老人，一周每天均可享受服务，一次服务时间为一个小时。在服务费用方面，以享受社区护理为例，其中百分之九十的医疗费用是由长期护理保险基金承担，百分之十的费用为个人负担。如果选择养老机构，由长期护理保险基金支付百分之八十五，个人负担百分之十五的费用。享受住院医疗服务的，则按照医保政策进行。在资金筹措方面，按照职工和居民的基本医疗保险资金进行一定比例的分配给长期护理保险制度。

上海市长期护理保险服务的内容按照 2017 年《上海办法》的修改进行了分类，主要分为两类：基本生活照料服务 27 项（包括头面部清洁和梳理、洗发、指/趾甲护理、手/足部清洁等）和临床护理 15 项（包括开塞露/直肠栓剂给药、鼻饲等）。[1]

上海市级政府在《上海办法》之中规划了具体职责体系，主要由市级各相关职能部门、区级政府和区级相关职能部门这三方构成。上海市医疗资源与人力资源社会保障局（市医保办）是此职责体系的中心，并且由其他涉及的市级政府部门进行协理。由此得到宝山区长期护理保险整体格局如图 6-1 所示。

图 6-1　宝山区长期护理保险整体格局

---

〔1〕 参见《关于印发长期护理保险服务项目清单和相关服务标准、规范（试行）的通知》，载 https://www.yanglao.com.cn/article/56456.html，最后访问日期：2017 年 2 月 6 日。

（二）政策组织实施

宝山区政府具体实施工作主要分为区级职责体系构建、宝山区先行试点、养老服务平台建立、评估机构审核等方面，通过上述流程推动具体工作的实施。

在组织实施方面，首先自 2020 年年中开始由宝山区各个镇政府组织长期护理保险工作专题培训，主持培训的均为区医保局人员。培训内容集中在长期护理保险的覆盖人群、提供照护服务的形式、各项服务的具体内容、照顾护理的待遇等，同时就长期护理保险的申请受理流程、护理服务的相关规定、服务产生费用的结算以及需求评估注意事项等具体实施内容进行详细解读。培训参与人员主要为各居住村长期护理保险协调管理员和各镇老龄办、社区事务受理服务中心、事业办等部门的负责人员。

与此同时由各个镇领导班子成立长期护理保险制度试点领导工作小组领导长期护理保险试点工作，并设立办公室。领导小组成员大多为镇党支部书记、镇长、副镇长和镇老龄办负责人等长期护理保险相关部门负责人。

在宣传上面主要通过进行长期护理保险相关政策汇编的印制，比如《宝山区居家养老服务工作手册》的印编，制作易拉宝等线下宣传资料进行发放。并通过宝山区电视台、政务微信平台、微博平台、社区通平台等渠道进行推广宣传。

（三）监督管理

《宝山区民政局 2021 年部门预算》有明确："负责养老服务工作。推进社会养老服务体系建设，负责机构养老和社区居家养老服务的监督管理，指导养老服务设施建设和管理，负责特殊困难老年人救助工作。"

从宝山区政府公开文件中了解到宝山区政府针对长期护理保险的实施监管情况主要是分级多层次监管，即通过上海市医疗保险监督检查所和宝山区人民政府进行相应监督。上海市医保监查所对宝山区医保局开展长期护理保险监管工作进行监督管理，并且以定期抽查的形式针对各区长期护理保险监督检查工作进行管理，如 2021 年 5 月就是选取了宝山区和浦东新区进行长期护理保险监管专题调研。同时宝山区政府对宝山区医保局会进行长期护理保险调研与监管，通过实地考察医保经办服务大厅，观察医保经办窗口服务情况，听取基本医疗保险参保情况汇报的形式进行监督调研。这一点也可以通过与机构管理人员的访谈得到证实。

哈哈，这个肯定是有监督管理。对于我们来说主要是通过一些开会啊，线上调研这些。（访谈对象6-5：机构负责人）

同时宝山区于2021年4月推行实时精准的智能签到系统，是第三方公司与宝山区医保局联合推出的针对长护线的智能监督管理平台——"长护e安"的其中一个枢纽。运用云服务、RFID无感知设备、智能化算法、大数据分析等技术，"长护e安"共设立了三级智能监管平台，其中一级平台为医保局监控后台、大屏监控中心、移动监管PAD，二级平台为居家护理机构后台管理系统以及大屏监控系统，三级平台为智能签到系统。

没有这种专门的监督管理委员会，不过我们机构也是接入了宝山区的这个监督管理智能平台。（访谈对象6-5：机构负责人）

宝山长期护理保险智能监管平台的工单异常主要是通过机器监管的方式，比如护理服务中出现的时间异常、位置异常和服务项目与计划不符等内容。通过对服务过程全方位的详实记录，配合后台的云计算和数据分析，发现工单异常，进行相应监督管理，便于机构和医保部门进行有效拦截和纠正。

宝山区现共有长期护理保险居家护理机构29家，护理服务人员2031名。目前，长期护理保险智能监管平台已经实现区域内所有居家定点服务机构全覆盖，实现了对居家护理从服务人员在老人家中服务到医保局后台监管的全流程覆盖。[1]

（四）保障性补贴

长期护理保险基金从利息收入、财政补贴和其他收入中获益。利息收入是指上海市财政和市医疗保险中心专门账户内的存款利息收入或购买国债而获得的利息收入；财政补助是指在发生长期护理保险资金短缺时，由财政部门根据有关规定拨付的补助。其他收入包括从基本医保基金中调拨的收入，

---

〔1〕 参见《为长护险监管配上科技"利剑"！宝山失能老人的护理服务有了保障》，载 https://m.thepaper.cn/baijiahao_12297904，最后访问日期：2021年4月20日。

跨年度返还或追回的长期护理险，以及其他由市财政局核定的收入。

据《2020 年度老年人福利项目绩效评价报告》，2020 年度老年人福利经费项目由养老机构日常运营补贴、认知症床位运营补贴、长者照护之家运营补贴、养老机构意外责任险补贴、长期护理保险试点需求评估个人负担部分补贴、长期护理保险服务费用个人自负部分补贴、银龄 e 生活、居家养老服务一线通-银铃居家宝、百岁老人关爱、高龄特困老人补贴、老年人助餐服务补贴、睦邻互助点运营补贴、街镇助老员业务培训经费十三个子项目组成。养老机构日常运营补贴计划覆盖 45 333 人次、认知症床位运营补贴计划覆盖 400 床位、长者照护之家运营补贴计划覆盖 258 床位、养老机构意外责任险补贴计划覆盖 9167 人、长期护理保险试点需求评估个人负担部分计划覆盖 3571 人、长期护理保险服务费用个人自负部分补贴计划覆盖 9804 人、银龄 e 生活补贴计划覆盖 1 764 706 人次、居家养老服务一线通-银铃居家宝补贴计划覆盖 2665 人、百岁老人关爱补贴计划覆盖 141 人、高龄特困老人补贴计划覆盖 2000 人、老年人助餐服务补贴计划覆盖 350 000 客、睦邻互助点运营补贴计划开展至少 5 个、街镇助老员业务培训经费计划开展至少 2 次[1]。

2020 年养老机构日常运营补贴项目完成对 41 家机构补贴 45 640 人次；认知症床位运营补贴项目对上海宝山区百姓敬老院 120 张床位给予 5000 元/床的运营补贴；长者照护之家没有符合要求的机构，无相关补贴发放；养老机构意外责任险完成对 48 家机构 7202 张床位投保；长期护理保险试点需求评估个人负担部分补贴 1245 人；长期护理保险服务费用个人自付部分补贴 3500 人；银龄 e 生活全年补贴 905 940 人次；居家养老服务一线通-银铃居家宝补贴 1793 人；百岁老人关爱补贴 165 人；高龄特困老人补贴夏季送清凉慰问 1000 人，春节慰问 5 家机构；老年人助餐补贴全年补贴 200 809 客；睦邻互助点运营补贴、街镇助老员业务培训经费因活动未开展，补贴未发放[2]。

---

〔1〕　参见《2020 年度老年人福利项目绩效评价报告》，载 https://xxgk. shbsq. gov. cn/article. html? infoid=185aec9c-3296-4931-9453-f2c31b22a2f4，最后访问日期：2021 年 10 月 11 日。

〔2〕　参见《2020 年度老年人福利项目绩效评价报告》，载 https://xxgk. shbsq. gov. cn/article. html? infoid=185aec9c-3296-4931-9453-f2c31b22a2f4，最后访问日期：2021 年 10 月 11 日。

三、长期护理保险中政府职责定位存在的问题

(一) 政策设计倾斜

对比上海市民政局官网公布的关于长期护理保险三种服务方式的支付标准和报销比例的数据，发现上海长期护理保险更侧重于居家照护服务的保障——针对居家照护报销比例为90%，机构照护报销比例为85%。并且在居家照护服务层面，对5-6级的重度失能参保人员增加了现金补贴与延长服务时间等措施。同时，2020年5月社区日间照护服务也纳入了长期护理保险试点，上海长期护理保险整体的政策倾斜于社区居家养老服务。这一系列的举措都显示着长期护理保险政策向着居家照护方向倾斜，忽略了养老机构照护在照护服务中的重要性。

根据上海市民政局公布的数据，截至2023年底，全市有养老机构700家，核定床位总数16.69万张[1]。虽在总体老年人口中，选择入住养老机构的老年人数占比仅占享受长期护理保险人数的14%，但具体人数不容小觑。政策向社区居家照护服务倾斜使得很多老人不会选择养老机构养老，这就导致了很多现实问题。在疫情影响下，很多希望享受社区居家照护的失能老人并不能及时享受到照护服务，并且因防疫政策影响，执业护士、医疗照护员等照护人员被隔离在家中，无法为老人提供应有的照护服务，社区居家照护服务的重担落在了并不具备专业照护资格的居委会成员上，这种责任转移对于双方来讲都是没有益处的。

因为我们都住单位嘛，所以院内是封闭式管理，暂无阳性病人。院内统一严格按照疫情防控要求管理，不聚集不串岗，消毒隔离，应急预案还挺完善的。像我们核酸检测啊什么的都是院内有条不紊地来做，疫情没有怎么影响工作，哈哈哈。(访谈对象6-1：护士)

我们都住院里，和之前一样。我们院目前依然没有一例阳性，疫情控制得很好。(访谈对象6-2：护士长)

---

〔1〕 参见《2023年上海市老年人口、老龄事业和养老服务工作综合统计信息发布!》，载 https://mzj. sh. gov. cn/2024bsmz/20240706/73924c349f4d475a9d46b6019f1a396b. html，最后访问日期：2024年7月6日。

反观在养老机构养老的老人，在疫情影响下处于养老院这一相对封闭的环境，医生、护士、专业护理人员等均封闭在同一场所，针对应受照护服务的老人并未失去应有的照护服务。像核酸检测、抗原检测等疫情相关的检测工作，也可以在养老机构内部由老人熟悉的护理人员进行协助检测，这对于老人的照护以及疫情防控都是有益且必要的。

（二）政策宣传不足

在关于长期护理保险的政策宣传方面，首先，宝山区政府针对长期护理保险的宣传是完全不到位的，在访谈过程中可以得到除机构管理人员外无论是护士、护工还是老人都并未听说过长期护理保险相关制度，并且不知道长期护理保险具体是什么、能达到什么样的效果、老人能享受什么样的福利、是否可以参保等问题。

不了解这个制度，我们院里都没提起过这个事情，更别说宣传了。（访谈对象6-1：护士）

这个不是太了解，没听说过宣传这个保险的啊。（访谈对象 6-2：护士长）

长期护理保险？我不知道。哪有了解这些的渠道。（访谈对象6-3：老人）

其次通过政府公开文件和与机构管理人员的访谈记录可以得到政府对于长期护理保险政策的宣传没有下沉到各个养老机构，在此同时也没有为养老机构工作人员提供专门的长期护理保险有关知识课程，这就使得机构工作人员无法从更专业的角度帮助他们向老年人讲解长期护理保险相关制度，导致长期护理保险制度的宣传在面向养老机构时中断。

对于我们院来说，这个关于长期护理保险的这个宣传情况还是比较欠缺的。我一直很想办这个宣传活动，但是我们机构也没有这样专业的人员，对政策的了解也不透彻，害怕讲的过程中出现差错。所以也就一直没有组织这样的活动。去年参加那个活动的时候，我也和那个宣传人员说嘛，我就说我是这个养老院的管理人员哈，你们什么时候组织到我们养老院来讲讲，他跟我说没有接到相关的通知没办法去，后面这件事也就不了了之了。（访谈对象

6-5：机构负责人)

并且，居委、街道在举办长期护理保险宣传活动时虽以礼品奖励的方式吸引、鼓励民众来参与，但实际来参加的听讲人多为志愿者和各个社区的楼长，真正需要被长期护理保险惠及的老人及家属反而没有前来听讲。在进行此课程之后，志愿者和楼长针对长期护理保险政策的宣传并没有落实到各个老人身上，中间宣传的衔接不畅导致很多需要长期护理保险保障的老人无法及时得知长期护理保险这一险种的具体内容、惠及人群和真正效力。与此同时，吸引民众前来的奖品与宣传不符，民众抱着对奖品的期待来参加活动，但到手的奖品无法让参加者满意，会使得很多参与者觉得受到欺骗，不想再参与长期护理保险有关的宣传活动，无法推动长期护理保险制度的进一步下沉宣传。

到场之后呢，发现大部分都是一些志愿者，长期护理保险制度所真正面向的那些老年人群体来的却很少，而且大家好像都是冲着礼品来的，对于宣传人员讲的东西不太关心。结果礼品还是那种小扇子，不是什么米面粮油，我老伴还在埋怨。(访谈对象6-5：机构负责人)

在宣传活动设计方面，活动方式较为死板，宣传人员通过念 PPT 的形式来介绍长期护理保险制度，并没有设计参与感强的游戏等多种形式来帮助大家更好地参与到活动之中。与此同时，宣传内容的晦涩难懂也使得长期护理保险的宣传遭遇瓶颈。死板的宣传方式与晦涩难懂的内容使得本就没有太多人来参与的宣传活动收效甚微。

一是宣传人员讲的方式有些枯燥乏味，就是用那个叫什么电脑，把这个东西投到那个大屏幕上，然后照着念。你们年轻人懂，我不太懂这个东西叫什么，就是照着那个念，下面的志愿者都在玩手机，刷抖音。二是对于不长期关注这方面的人来说，的确是有些晦涩难懂了，你想想大家平时连交五险一金都记不住哪五险的人，让他们去了解这个东西，太复杂。(访谈对象6-5：机构负责人)

由于目前互联网行业与自媒体的发展，网络也是宣传长期护理保险非常好的渠道。但是在对外公开宣传上面，研究者通过观察上海市民政局官方账号及金色晚年敬老院微博看出，目前政府部门和养老机构信息的公开宣传非常死板。不难得出在如今的政府部门和养老机构人员中具备综合各渠道进行宣传运营的人员比例过低，绝大多数工作人员尚未掌握可熟练运用于互联网线上渠道运营的知识和技能，在宣传长期护理保险政策的过程中仅使用线下宣传和转发帖子等互联网运营的基础操作，在宣传工作上，政府部门也并未注重这一问题，也没有对相关工作人员提供线下宣讲实操课程和线上新媒体运营培训学习的渠道。

（三）监督管理不到位

我们通过访谈可以看出，政府在长期护理保险实施方面针对养老机构的监督管理不到位，目前金色晚年敬老院的监督管理主要通过院内自行检查，政府并未有派出专门的监管部门对机构进行监管。

并且，上海市医疗保险监督检查所和宝山区政府进行监管的时候很少下沉至社区与养老机构，仅通过参观医保大厅和听取下级部门汇报的形式实施监督管理。虽据宝山区人民政府公开文件显示，宝山区目前所有养老护理机构均接入了智能平台管理系统，但通过访谈得到此系统普及度高但使用率低，金色晚年敬老院还是依靠个人的摄像头进行监管。

我们这边主要是扁平化管理模式，不太分什么职能部门。有日常检查，但都是院内检查，不怎么严格。院外检查的话还没有过。不过我们院里都有摄像头，好像之前是二百多个，一是监督工作嘛，二是让家属安心。（访谈对象6-1：护士）

感觉也没怎么管，主要是吃住都在单位上，也不用打卡什么的，大家都挺自觉上班的。有被检查过，院领导会进行日常检查。（访谈对象6-2：护士长）

哈哈，这个肯定是有监督管理。对于我们来说主要是通过一些开会啊，线上调研这些。（有专门的监督管理委员会来机构调研吗？）奥，没有这种专门的监督管理委员会，不过我们机构也是接入了宝山区的这个监督管理智能平台，但是对于这些护理人员的监督管理啊，还是看我们院自己的摄像头，工作人员用起来比较熟练。然后我们机构也有组织一些定期检查。（访谈对象

6-5：机构负责人)

同时，通过对政府文件研读可以看出智能平台管理系统虽然分为三级监管，但大都通过机器监管的形式监督各个数据异常，没有通过人工审核的方式，这就可能造成判定不清、审核不严、无法全方位审核的问题。并且这些问题没有具体通知渠道，和机构管理人员之间并没有信息互通，这就导致了智能平台非智能，监管效力事倍功半。

（四）待遇差别影响政府工作实施效果

通过访谈得到，护士和护工的薪资福利待遇差别较大，护理人员在领取少量工资的同时承担了更多的工作比重，还无法收到五险一金等社会保险、商业保险的保障。这就导致了长期护理保险应提供的照护服务无法高效实施。

目前的话是税前8-9千，吃住都在单位，我还挺满意的。（访谈对象6-1：护士）

我的话是1万左右吧，五险一金单位都给缴纳的。（访谈对象6-2：护士长）

薪资待遇嘛，我们这个都是苦力活，没有多少，五险一金也没有，到手就几千块钱图个温饱。（访谈对象6-4：护理人员）

在同一环境下，一个护士和一个护工都是负责十个老人的护理。护士不愿意承担的一些脏活累活往往由护理人员承担，但护理人员的工资仅为护士的一半不到。这就导致了许多护理人员心态失衡，无法全身心投入护理工作，影响了长期护理保险的实施。

接受不接受都习惯了，只是白天上一天班，晚上还得起来，慢慢年龄大了身体有点吃不消，没办法嘛，护工太少了。我们这个工作内容蛮简单的，不需要什么技术含量，就是一个细心加耐心，工资也还过得去嘛，一般了。（访谈对象6-4：护理人员）

通过和机构管理人员的沟通可以看出，政府虽给予一定的用工补贴来帮助机构雇佣护理人才，但其实专业的护理人才无法仅凭借用工费雇佣，往往需要养老机构自掏腰包来负责更多的工资金额，这就导致了机构用工难、招人难的问题，也给机构带来了巨大的运营压力。

　　你也之前和我们的护工聊过，现在我们机构…不光我们机构吧，所有的养老机构用工都非常难，虽然说用工费政府给的，但是只有40-65块钱一小时的用工费，我们用这个价格去外面招那种专业的护理人员可以说是非常难，需要我们个人基础上再支付很多报酬才能聘请一个相对专业的护工，这也让我们养老机构的运营和财政压力非常重。（访谈对象6-5：机构负责人）

　　缺人啊，我们护理的人太少了，一个人分下来的老人太多了，而且我们这个是属于老的人照顾更老的人，没有什么年轻人愿意做这个，要是真发生了什么事情，时间就是生命，我们跑都没年轻人跑得快，你说是不是？大家为什么都不愿意干这个，一是确实累，但是干什么不累的，谁上班不辛苦，主要还是工资的问题，要想人来，就得给够工钱嘛。还有就是我前面说的问题，要多关照护理人员的心理问题，时间久了难免有些烦躁，可能就会对老人态度不好啊，照顾不仔细了啊之类的，这个也还是蛮重要的。（访谈对象6-4：护理人员）

　　并且护理人员承担工作较重，早晚班间性别比失衡也是应该关注并亟待解决的问题。政府也并未通过相应政策鼓励男护工就业，也没有采取措施解决护理人员性别失衡问题，以微见著，机构护理尚且如此，可见在社区护理中会导致更多老人因为护工性别问题不好意思"麻烦"护理人员，从而使得长期护理保险无法得到更有效地实施。

　　不能满足。像我平时半夜的时候想上厕所，晚上都是女的值班，我都不太好意思麻烦别人。我晚上起夜次数多，按呼叫铃护士也不知道我想干嘛。我觉得得增加这个护工人数，晚上最好一男一女值班。我旁边床的大哥说话不清楚，很多时候他说话这个护士分不清，你们不能弄一个那种不同的铃，我按这个铃是起夜，那个铃是想吃饭这种。（访谈对象6-3：老人）

　　（五）财政职责不足

　　根据宝山区政府公开的财政补贴情况，可以发现宝山区政府对长期护理保险制度的补贴在认知症床位运营补贴方面资质审核不清，针对同一家养老院的 120 张床位进行补贴，同时这一预算资金沉淀，仅 2020 年度就有 35 万余资金没有及时使用。针对高龄特困老人的补贴也仅在夏季进行清凉慰问，并无其他形式财政补贴。

并且通过翻阅《上海市养老服务补贴管理办法（试行）》，通知中明确了政府不给予养老服务资金补贴的三种情况：一是照护方案或服务计划中未包含或未实施的服务项目；二是对非补贴对象实施的服务；三是服务机构中发生的伙食费[1]。但同时经过查阅《关于提升本市老年助餐服务水平的实施意见》，政府会对社区老年助餐服务场所进行相应的财政补贴。如针对每天供餐能力八百位客人以上的社区长者食堂给予一次性五十万元的财政补贴；针对每日供餐能力五百位客人以上的社区长者食堂提供三十万元的补贴；日均供餐一百五十位客人以上的社区长者食堂给与一次性补贴十万元[2]。可以看出政府针对伙食补贴方面的待遇不同，对于机构养老的老人伙食补贴不完善。

与此同时，虽然政府给予社区长者食堂相应的补贴，但大多数社区长者食堂将补贴经费用于食堂装修等华而不实的东西上，并未对菜品的价格进行调整，也就是说政府对食堂给予财政补贴但并未对补贴流向、补贴具体使用情况做出相应规定。比如查阅相关公开报道得到，徐家汇街道的社区食堂初步定价为蔬菜每份三元到六元、小荤六元到九元、大荤菜十元到十六元，这其实和外卖价格相差无几，故财政补贴究竟用在了哪里，财政补贴的相关政策是否应完善补贴具体流向、补贴使用情况监管等问题均可以看出政府财政职责不足。

四、长期护理保险中政府职责定位新突破

通过访谈调研，综合文献研究和理论基础，首先，可以得到针对长期护理保险养老机构服务中政府职责履行方面，上海市、宝山区等各级政府存在——政府对长期护理保险制度的设计有缺陷并有着政策倾斜的问题，并且和其他养老护理相关政策不能完美衔接，导致老人针对养老模式选择有失偏颇且不

---

〔1〕 参见《上海市民政局市财政局关于印发〈上海市养老服务补贴管理办法（试行）〉的通知》，载 https://www.shanghai.gov.cn/202115gfxwj/20210805/71d612b127a6459eb5cb092a1eeabbfa.html，最后访问日期：2021 年 5 月 19 日。

〔2〕 参见《关于提升本市老年助餐服务水平的实施意见》，载 http://www.shanghai.gov.cn/sqylf-wsjzc/20230420/326fae6632834772ae079809ef59f54d.html，最后访问日期：2019 年 3 月 26 日。

能及时满足老人及其家属在长期护理保险方面的基本需求。其次，政策宣传不足、管理工作无法实施到位，人民群众对长期护理保险的认知、理解出现偏差，有些甚至并不知晓长期护理保险制度，养老机构水平与护理人员护理水平参差不齐，这都反映出在具体的组织实施上宝山区政府部门存在不少错漏缺失。另外，政府并未建立专门的监督管理委员会来对养老机构照护服务进行严格监管。在监管过程中缺乏统一的衡量标准，并未引入第三方来进行有效监管。最后，在财政保障方面职责履行不够。故本部分基于文献分析、对日德等国家长期护理保险制度的对比分析等，对目前长期护理保险实施过程中存在的问题提出了如下建议。

（一）优化制度建设

应适当提升养老机构照护报销比例，在报销比例上与社区居家照护模式缩小差距，针对重度失能参保人员在养老机构照护层面增加现金补贴，使得在养老机构养老的老人可以享受到在社区居家照护服务养老的同等报销待遇。同时应针对各个街道以及居委会网格化管理，以各社区享受长期护理保险老人人数增加各网格中护理人员、医疗照护员人数，建立针对居委其他人员的医疗知识培养制度，定期开展培训课程，以应对无专业照护员对失能老人的照护服务。

各个国家在长期护理保险发展的过程中，均不断完善、改进政策以满足老人及其家属的不同需求。在疫情影响下，上海长期护理保险制度更应该不断下沉，了解群众实际情况，听取疫情期间人民真实意见，从政策设计和实施方面及时完善。或者发表特定情景下政策实施文件，针对特定情境的政策适用规则及落实情况做出新的规定，形成兜底策略，以解决不同情境下可能出现的各种问题。

（二）组织实施

首先应拓宽政策宣传路径，完善政策宣传举措。在拓宽政策宣传路径上，政府应以"互联网+"的形式积极宣传长期护理保险相关政策，同时各养老机构应积极利用互联网模式，剪辑长期护理保险相关素材与日常养老机构生活，通过短视频的形式让老人及其家属更直观地知晓长期护理保险相关政策制度与养老机构生活。并且，应以居委为单位在各个居委定期开展长期护理保险宣传线下课程，以米面粮油等实际性的物质奖励吸引老年人及其家属前来线下听讲，宣传长期护理保险政策以及基础医护知识。

政府应对养老机构的工作人员开展关于长期护理保险及其他针对老年人保险的相关课程，确保工作人员对政策理解正确，有助于养老机构开展长期护理保险制度的相关宣传课程，保证参保老人可以及时了解政策动向。帮助养老机构通过手机的微信等渠道和老人家属进行沟通，定期转发长期护理保险最新政策，保证家属和老人的消息同步。在完善政策宣传举措上，应提高街道办及居委等基层工作者和各个养老机构对于长护险制度宣传的准确性和一致性，保证老人及家属能明确知晓政策内容。针对失能老人家庭，应一对一、点对点地进行长期护理保险制度宣传，使得失能老人及其家属可以享受福利待遇的同时，对长期护理保险制度有更加明确和清晰的认知。

其次政府应该对目前养老机构的实际情况摸底后进行二次培育，以政策倾斜、资金投入的方式提升养老机构、养老机构从业人员及护理人员数量，从而让老人及家属的需求得到更好的满足，使长期护理行业和服务市场能够更加扩大。同时，政府应重视从业人员素质，以长期培育、联合培养、机构学习等形式对从业人员素质进行多方面提升，建立健全完整的培养流程与体系，分层次进行技能培养，在保证从业人员基础技能掌握之时，进行高阶技能拔高，并以发放福利与补助金的形式鼓励护理人员参加高阶技能培训，以提高护理人员对专业技能知识掌握与提升专业护理人员从业数量。

在访谈时也不难看出养老机构从业人员期待更完备的福利保障体系，并且很多机构在为护士、医生缴纳五险一金的同时并不为护理人员缴纳最基础的五险一金，这也导致了许多护理人员的心理失衡，无法积极投入护理工作。应重视护理人员的薪资福利待遇，在制度构建时不遗漏护理人员，适当提高护理人员的薪资福利待遇，确保五险一金缴纳，以高薪资、高福利的形式来扩大护理人员数量，使得护理人员的工作量均摊，解决护理人员离职时无人顶班的困难情景，使得护理人员提供的护理服务向精细化发展，更好地满足老人及其家属的需求。政府应在对各个养老机构摸排的基础上，获取根本需求，对民众需求进行优先级排序，进而发布相应政策来满足民众需求。比如要求相关机构对本机构人员均缴纳五险一金，针对护士和医生的福利待遇进行进一步优化，以吸引其他人员参加护理人员工作，促使更多人才愿意投身养老护理事业。

（三）完善监管体系

政府应该成立针对长期护理保险试点工作的监督管理委员会，监督管理在各个地级政府长期护理保险试点时期的工作情况，在整体角度上对各地、各级政府职能部门进行协调，保持政策下达的一致性。同时应在意见收集方面，提倡已涉及的利益代表对长期护理保险制度的积极参与和意见提出，进而建立整体性、多部门、多方面、多层次的监督管理体系，以丰富对各养老服务定点机构以及评估机构的监管。

并且应该接入第三方监管的模式，运用第三方监管机构，和政府成立的监管委员会进行对接，以"审计"的形式对养老机构服务、养老机构运行情况、资金筹措等方面进行监督。最后，在人工智能的飞速发展下，应该对监督管理方式进行相应技术性创新与改革，运用高科技技术来进行监管的同时丰富监管方式，增加人工审核和软件互通，可以帮助及时收集用户反馈，更加人性化。比如，徐汇区人民政府在2019年建立了关于老年人照护的集中信息系统，通过智能定位系统和IC卡刷取的形式对护理人员进行实时地理位置跟踪与护理时间获取，老人及其家属可通过手机等智能设备获得此信息并在软件上对护理服务进行评价和文字建议。

（四）完备资金筹措机制

制度的进一步发展绝不可能离开资金的支撑。基本医保基金为长期护理保险的初期试点提供了资金支持，但一个独立保险制度的后续发展不可以依靠于我国基本医疗保险，这样也会对医疗保险制度的发展产生不良的影响。故可以在原本资金筹措机制的基础上，借鉴其他社会保险制度的财务模式——社会统筹与个人账户相结合的模式。社会保险本就具有共济性，社会统筹的形式正是共济性的体现。个人不断的资金积累也是公民个人义务与责任的体现。基于国外发达国家社会保险制度与国内其他社保制度的建设经验，结合我国国情和目前经济社会发展情况，应由各级政府财政支持、用人单位缴纳、个人账户缴费这三种形式来完成长期护理保险的基金筹集。

目前国家经济发展水平超前但发展压力极大，尤其是上海经济发展面临巨大挑战。在这种情形下，政府更应该为保证长期护理保险的正常运行提供相应的财政补贴。在更新资金筹集机制、确定政府相应职责的基础上，才能使长期护理保险惠及更多需要帮助的老人。在社会层面上也应该提倡社会方向资金赞助和对筹集资金的方式随着社会的发展进行相应的更新，比如以印发长期护理保险制度相关的中国福利彩票和结合社会实事进行相关文创设计来贩卖达到筹措资金的目的。

（五）推动立法

无论是日、德等早期就进行长期护理保险实施的国家，还是基于我国的社会保险制度建设经验，为参加长期护理保险人员提供对应保险制度的服务都应该从发展原则与目的明确开始，以规定具体的实施原则来形成相应的法律法规为准绳，建立对应的规章制度。比如日本逐步构建社会保障服务体系与制度基础，选取服务内容、资金筹集来源、参保人员规定等为具体内容以正式法规的形式推行《介护保险法》。德国经历不同政党的反复争论，最终推行正式法律《护理保险法》。这都能看出构建针对长期护理保险的法律体系是非常必要的。

截至 2023 年，从长期护理保险开始试点已八年多时间，我国应尽快听取各方建设性意见，总结在过去八年长期护理保险实施过程中的难点与经验，以符合我国国情的长期护理保险法的形式来明确长期护理保险的司法效力，使长期护理保险在全国范围内发挥应有的作用。同时考虑到监管问题，可以推出监督管理条例，通过法律的形式确定各方职责与权益，构建完备的预防应对措施与出现问题后的问责制度，从而确定各方合法权益，使长期护理保险能够更有效地发挥作用，促进社会的和谐与进一步稳定发展。

政府对护理机构的监督与管理

在上海长期护理保险制度多年的实施过程中，政府对护理机构的监督和管理也经历了混乱、治理、有序的成长过程。未来，政府将如何加强对养老服务机构的指导、监督和管理，做好长期护理保险相关工作也非常重要。本部分主要阐述政策实施过程中，政府和第三部门分别扮演了哪些角色，两者分别存在的问题，以及他们在合作过程中存在的亟待完善之处，从而优化政府管理，促进第三部门发挥积极作用，同时为今后政府通过与第三部门的社会合作更好地实现公共治理提供参考。

一、研究设计

（一）调查机构：上海市青浦区佳抚居家养老服务中心

上海市青浦区佳抚居家养老服务中心成立于 2018 年，位于上海市青浦区白鹤镇外青松公路与鹤国路交叉路口以南，占地面积四百多平方米，是一个从事非营利性社会服务活动的社会组织，主要的业务范围是生活照料、居家服务、养老服务、精神慰藉、助餐服务等，承担政府委托办理的各项服务工作。目前佳抚居家养老服务中心拥有 210 名养老护理人员和 450 名老人，已建立社会组织信息化管理机制，正逐步实现自我约束、自我规范管理，同时注重加强学习与合作，不断提高团队成员的专业素质和能力。佳抚居家养老服务中心以热情服务、依法依规、公平公正、文明服务作为自己的服务承诺，以服务、凝聚、自律、协同为目标，坚持政府主导、专业运转、社会协同、公众参与、市民受益的原则，致力于提高公共服务水平、服务效率和公众满意度。该机构自2020年起，连续三年在居家养老服务机构中排名全区第一。

（二）调查方法：实地观察+深度访谈

调查人员在青浦区佳抚居家养老服务中心进行了为期一个月的实习，期间参与了机构的日常工作。在此过程中，研究者既进行了实地观察和记录，又采用了面对面深度访谈法收集资料，即对佳抚居家养老服务中心机构的工作人员、服务对象、护理人员等进行访谈调研，从长期护理保险实施效果和政府对第三部门护理机构的管理与合作出发，深入了解在上海长期护理保险护理机构提供的照护服务中，政府与第三部门的管理现状及二者合作过程中存在的问题。

（三）调查对象

本次共对6名对象进行了深度访谈，其中，2位是机构工作人员，1位是服务对象，2位是护理人员（志愿者），还有1位是机构管理人员。访谈对象基本情况见表7-1。

表7-1　访谈对象基本情况

编码	访谈对象	年龄（岁）	性别	身份	主要工作内容
访谈对象7-1	陆老师	32	女	机构行政人员	长期护理保险护理项目
访谈对象7-2	沈老师	30	女	机构行政人员	民政居家养老护理项目
访谈对象7-3	朱老师	53	女	机构管理人员	统筹机构所有护理项目
访谈对象7-4	叶阿姨	51	女	护理人员	长期护理保险护理
访谈对象7-5	张阿姨	47	女	护理人员	长期护理保险护理
访谈对象7-6	张阿姨	50	女	老人监护人	

二、政府对护理机构监督与管理的现状

上海长期护理保险实施中，政府对护理机构的管理现状分析主要通过对佳抚居家养老服务中心中政府下发的纸质文件材料和政府的公开文件进行研读，以及与该服务中心的工作人员进行访谈得到。

　　佳抚居家养老服务中心归青浦区管辖，而青浦区又是上海市辖区。所以机构在开展长期护理保险护理服务时，不仅要依照《青浦区加强长期护理保险试点工作实施方案》[1]，还要根据《上海市人民政府关于延长〈上海市长期护理保险试点办法〉有效期的通知》[2]。全区所有的长期护理保险定点服务机构（包括实施长期护理保险的社区、养老院、医院）由区医保局、区卫健委和区民政局三个部门统筹管理，相关部门具体职责如图 7-1。

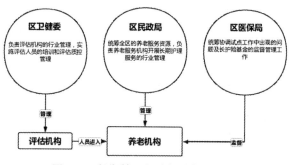

图 7-1　长期护理保险相关部门职责

　　在上海市政府对长期护理保险实施政策的宏观规定之下，青浦区相关政府部门对辖区内长期护理保险护理服务机构的等级划分、资金补贴、具体设计和监督考核等方面进行了进一步地落实完善。

（一）政府对护理机构的等级划分

　　在对护理机构的等级划分上，上海市政府和青浦区政府未有明确划分。唯有上海市政府对护理服务形式作了相关规定：根据上海市政府于 2018 年 1 月 1日起实施的《上海市长期护理保险试点办法》（以下简称《上海办法》）[3]第十一条将其分为社区居家照护、养老机构照护和住院医疗护理。

〔1〕　参见《关于印发青浦区加强长期护理保险试点工作实施方案的通知》，载 https://www.shqp. gov. cn/shqp/zwgk/zcwj/20200511/656485. html，最后访问日期：2020 年 3 月 10 日。

〔2〕　参见《上海市人民政府关于延长〈上海市长期护理保险试点办法〉有效期的通知》，载 ht-tps://www. shanghai. gov. cn/nw48654/20200826/0001-48654_ 63976. html，最后访问日期：2019 年 12月 31 日。

〔3〕　参见《上海市人民政府关于印发修订后的〈上海市长期护理保险试点办法〉的通知》，载 https://www. shanghai. gov. cn/nw41430/20200823/0001-41430_ 54809. html，最后访问日期：2017 年 12月 30 日。

社区居家照护是指各个护理机构向居家的参保人员提供上门的基本生活护理服务；养老机构照护是指向该机构符合资质的参保人员，提供基本生活护理和初级的医疗护理服务；住院医疗护理，是指护理院、基层医疗卫生机构和承担护理服务的二级及以上医疗机构，为入住的参保人员提供医疗护理服务。

（二）政府对护理机构的资金补贴

根据《上海办法》第十五条关于养老机构照护待遇的规定，对参保人员在对点的护理机构照护的服务费用，长期护理保险基金的支付85%，个人支付15%，所以护理机构的长期护理保险项目资金来源构成是85%的长期护理保险基金和15%的个人支付。

我们机构最早是做民政的居家养老的项目的，后来又承接了残联的残疾人照料的项目。（访谈对象7-2：机构行政人员）

表7-2　佳抚居家养老服务中心业务活动

机构收入	捐赠收入	
	会费收入	
	提供服务收入	居家养老（民政）
		10%服务费
		其他
	商品销售收入	
	政府补助收入	长期护理保险
		其他
	其他收入	

在佳抚居家养老服务中心的业务活动表的项目栏中，机构收入主要由捐赠收入、会费收入、提供服务收入等6项构成，其中长期护理保险的收入归于政府补助收入大类之中。从项目栏的提供服务收入——居家养老（民政）一栏不难看出，该机构同时进行居家养老的护理服务。在与机构管理人员的访谈中了解到，机构在早期承接了青浦区地方政府的居家养老项目的护理服

务，在项目实施后取得了较好的效果，又承接了残联的残疾人护理项目，所以机构的资金补贴来源是多样的。机构的运营成本也会从各个项目的补贴中支出，多个项目在同一个机构展开，在一定程度上降低了运营成本，是对社会资源的一种高效利用。

（三）政府对护理机构的具体设计

1. 护理服务流程设计

根据《上海市长期护理保险社区居家和养老机构护理服务规程（试行）》（以下简称《上海长期护理保险服务规程》）[1]，机构首先要根据对象的评估等级，按照相关规定，由专业医护人员初步制定服务计划，并向对象或家属征询意见，然后由机构建立的护理质量控制小组集体讨论，结合征询意见后确定计划，机构再将服务计划、提供服务的护理服务人员代码等信息录入信息系统。

确认计划后，机构便安排护理人员按照计划进行服务，服务结束后，护理人员要进行记录，并由服务对象确认，机构按月形成《长期护理保险服务确认报告》，向所在区医保中心提交，作为长期护理保险服务费用结算的依据。

机构定期安排工作经验丰富的护理服务人员询问服务对象，依据护理服务人员服务态度、服务质量等项目客观记录访护评价，形成《长期护理保险护理访护评价报告》，并录入信息系统。

最后对于每个服务项目，机构会组织质量控制小组结合一系列的记录和报告，对护理服务人员进行考核。（机构服务流程图如图7-2）

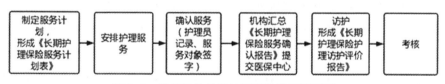

图7-2　养老机构长期护理保险服务流程图

---

〔1〕 参见《关于印发〈上海市长期护理保险社区居家和养老机构护理服务规程（试行）〉的通知》，载http://ybj.sh.gov.cn/qtwj/20210108/5788843716bb45a3ba89fa025cf60eb5.html，最后访问日期：2020年12月25日。

2. 护理服务项目设计

根据《上海长期护理保险服务规程》的附件内容，长期护理保险共有 48 项具体服务项目，分为基本生活照料和常用临床护理两类。基本生活照料包括洗发、温水擦浴、口腔清洁、排泄护理、协助床上移动等与护理对象身体护理密切相关的项目，与生活环境相关的项目暂不纳入；常用临床护理主要包括肌内注射、灌肠、吸氧等需根据医嘱由专业护士完成的项目。

（四）政府对护理机构的监督考核

在对长期护理保险实施的监督方面，《上海办法》第二十条指出：市医保中心应当根据相关规定，开展长期护理保险日常和专项监督检查工作，对定点护理服务机构实施监督管理。

关于监督方面，上面会定期派人下来进行检查，关于这个你可以看下我们之前的检查表，他们下来的人部门很多的，有医保局、民政啊这些。（访谈对象 7-3：机构管理人员）

通过与机构管理人员的访谈和机构留存的 2022 年 10 月的《青浦区长期护理保险定点护理服务机构监督检查表》得知，区卫健委、区民政局、区医保局三方会组织巡检小组对定点机构的服务进行监督检查。

根据《青浦区长期护理保险定点护理服务机构监督检查表》，检查的证明有内部管理、护理服务、费用结算、信息系统建设和服务质量控制五大项，区卫健委、区民政局、区医保局三个部门会对其中的具体各项进行相应考核。

此外，青浦区对于全区的定点护理机构以分级考核的方式进行监管。根据《青浦区长护险定点护理机构信用分级管理办法》（以下简称《管理办法》）[1]，区民政局、区医保局、区卫健委对全区 42 家定点护理机构开展了信用分级现场考核。

经综合评定，确定了 42 家长期护理保险护理服务机构（以下简称服务机构）的信用状况等级。其中 A 级 0 家、B 级 19 家、C 级 16 家、D 级 7 家。

根据《管理办法》第十三、第十四、十五条之规定，对评定为 A 级的机

---

［1］ 参见《开展信用分级检查 提升长护险定点居家护理服务机构能级》，载 https://www.shqp.gov.cn/ybj/gzdt/20210705/881372.html，最后访问日期：2021 年 7 月 5 日。

构鼓励其发展；对评定为 B 级的机构保持其发展；对评定为 C 级的机构限制其发展；对评定为 D 级的机构劝告其退出，且暂停信用等级为 C 级、D 级服务机构的新增服务业务，具体分级情况如表。

表 7-3 护理机构信用分级表

信用等级	数量	办法	
A 级	0	鼓励其发展	
B 级	19	保持其发展	
C 级	16	限制其发展	暂停服务机构的
D 级	7	劝告其退出	新增服务业务

三、政府对护理机构监督管理存在的问题

（一）长期护理保险实际实施中居家护理家政化倾向

在前文中就政府对护理机构管理的现状进行分析时，提到政府对机构进行了划分，按护理服务形式划分为社区、养老机构、医院三个类型，社区负责基本生活照料，医院负责专业的医疗护理，而对于护理机构提供服务的定位则介于两者之间，这是政府在制定相关政策时的初衷，但是在具体实施过程中却有所不同。

上面的领导们的想法初衷是好的，但是落实到下面就变样了，比如说现在的这个长期护理说是护理，其实更像是家政服务。（访谈对象 7-3：机构管理人员）

民营机构位于基层，服务于周边地区的老人，所以其待遇一般较低，进而导致专业的护理人员不愿意到民营机构去服务。专业护理人员的缺乏，加之一些医疗设备不方便携带上门，使得民营机构难以提供一些介于生活照料和医院的医疗护理之间的护理项目，更多是以基础生活照料为主，且服务时间也较短，如大多数护理人员主要提供帮老人整理床位、打扫卫生、洗澡的服务。所以居家护理的项目别说是护理了，甚至都算不上照料，更像是一种家政服务，而这种家政服务对于老人来说帮助不大。

（二）长期护理保险造成护理机构的工作和经济压力

原来民政的是 20 块钱一个小时，现在长期护理保险是 65 块钱一个小时，但是做的内容就辛苦一点。（访谈对象 7-5：护理人员）

通过与机构护理人员的访谈发现，在实行长期护理保险后，相较原有的居家养老，虽然长期护理保险项目护理人员的补贴有所增加，但是服务内容增加了，服务也更加辛苦。

长期护理保险这个项目来说我们机构的努力还是很大的，因为长期护理保险的这些护理人员也是新建的，我们再培训什么的。（访谈对象 7-1：机构行政人员）

由于长期护理保险实施后，护理人员服务内容的增加，护理机构原有的护理人员队伍难以满足服务要求，需要重新建立队伍，在组建完毕后还需对护理人员进行培训。同时，为管理该项目，机构增加了一个管理人员对机构的长期护理保险项目进行统筹管理，由于新业务的增加，机构财务会计的工作容量也相应增加。但是除了具体服务给护理人员的补贴外，实施该项目产生的培训费用和其余的人力成本是需要机构承担的。

记录表、马甲、工作牌之类，这些当然是机构出钱啊。（访谈对象 7-1：机构行政人员）

此外，在机构日常的物料采购方面，也有一系列的增加，这些费用也是机构承担的。

这个系统是统一规定的吗？

是的，就是我们这边的系统有的是这个政府那边的，但是我们这边还有一些系统可能是需要我们付费使用的，因为要接入政府的系统。（访谈对象 7-2：机构行政人员）

而且，机构为了介入政府的长期护理保险管理系统，还会有额外支出，这些费用目前均由护理机构一方承担。

就护理机构而言，其需要负责长期护理保险护理项目实施前期的一系列准备工作和中期运营工作，运营成本因此增加，但是护理人员的补贴没有相应增加，同时，实施长期护理保险护理项目后，护理和管理人员的工作内容和压力增加。长此以往，护理机构必将处于长期负债状态，而对于之后提高机构的专业人员和管理人员的待遇更是天方夜谭，这样的情况不利于护理机构的持续发展。

（三）政府对长期护理保险的具体设计有待完善

1. 政府和护理机构信息不统一

第一是文件规定和护理机构实际需要的计量单位不统一，各文件时间计量单位不同，如有的文件中服务频次是以"周"为单位，服务时间以"小时"为单位；但也有文件的服务频次是以"月"为单位，服务记录的表格以"分钟"为单位；同一句话里也可能出现多个不同单位，如"在原有服务时间7小时每周的基础上，每月增加2小时，或发给80元现金补助"这句话中同时出现"周""月""元"三个单位，在这种情况下，负责实施长期护理保险的机构难以用系统进行各单位的计算，只能通过人工。

第二是各表格项目不统一，根据《上海长期护理保险服务规程》的附件内容，长期护理保险具体服务内容分为基本生活照料和常用临床护理两类，但是在调查机构的实际服务情况记录表中，却分成了基本生活照料、生命体征检测和居家服务项目三类，共计37项具体服务项目。

2. 一些项目内容和频次设置不符合实际

服务情况记录表中一些项目的内容设置有重叠，还有一些项目频次设计在实际情况中难以达成。例如：服务项目中的洗发、温水擦浴和沐浴三项存在重叠之处；晨间护理和晚间护理对于长期护理保险项目来说，有些不切实际，因为长期护理保险规定的服务时间每天不超过1小时，且护理人员人数有限，所以难以做到晨间护理和晚间护理；协助更衣项目频率设计是一日3-5次，但是在实际生活中过于频繁，一日1-3次会更符合生活常识。

3. 护理人员的服务确认烦琐

根据《上海长期护理保险服务规程》，服务结束后，护理人员要进行记录，并且要由服务对象确认，而在与机构护理人员的访谈中，发现护理人员对于记录表十分不满。

我是最不喜欢写这个表了，烦死了，字又小又密密麻麻。（访谈对象7-4：护理人员）

那个作业表，我天天拿着，有时候风里来雨里去的，弄坏搞丢。（访谈对象7-5：护理人员）

在与护理人员的访谈过程中，研究者了解到护理人员每次服务完，都必须完成一份机构在服务前发放的服务情况记录表，上面除了标有服务人员名称、编号、服务对象、评估等级、老人编号外，还有37项服务内容全部挤在一面纸上，对于年轻人来说该表填写起来都不方便，更何况是上了年纪的老人。

对的，每次服务都要签字的，但是这个表确实不好写，特别是老人。（访谈对象7-6：老人监护人）

而且研究者发现，护理人员提供的服务项目主要是基本生活照料项目里的前几项，如整理床位、头、面部清洁、梳理、手足清洁、指趾甲护理、温水擦浴、沐浴这几项比较基础的项目，其余项目由于护理人员等级不足难以进行，所以大多数收集的记录表在项目记录上都存在空白。此外，记录表作为纸质材料，长时间保存非常不易，更何况护理人员每天要服务多位老人，同时材料一个月才收集一次，所以不仅老人抱怨，护理人员更加对此不满，机构也需要投入大量的人力去手动将这些纸质记录排序后入库。

（四）政府对护理机构的监督考核有待完善

1. 监督停留于形式

在当前长期护理保险实施中，区医保局、区卫健委和区民政局三方组成的巡检小组会定期对护理机构进行监督检查，但是通过访谈发现，巡检小组的检查只是停留于形式，有些检查人员未能真正下基层进行调研，所谓监督形式大于实际意义。

有些机构和相关的政府部门都是认识的，下面来检查的话，当然正规的程序会走，但是说实话了，我们下面这些评分高，他们上面也是作为业绩的，所以都是往高打分。（访谈对象7-1：机构行政人员）

他们说是检查，但是上面的人基本上也就走个过场，根本没有到下面深入去看的，都是搞一些形式主义，所以我说上面政府很多政策在制定的时候是好的，但是实际落实下去就不一样了。（访谈对象7-3：机构管理人员）

而且，检查的巡检小组虽然是由三方构成，但仍有长期护理保险政策实施中的利益相关者，且政策实施的效果也会和这些部门的政绩相关，所以在监督部门的设置上本身就存在不合理之处。

以上是政府对于护理机构的监督检查，而对实际具体的实施情况的监督，根据前文提及的长期护理保险服务流程设计，是由机构组织质量控制小组结合一系列的记录和报告，对护理服务人员用考核的形式进行监督，但是这种方法在实际的应用中仍然存在问题。

2. 考核：绩效成绩整体分布不合理

在政府对护理机构的五大项考核指标中，有一项是服务质量控制，该项指标依据机构内部对其护理人员绩效考核的整体成绩。

通过对机构146名志愿者进行2022年绩效考核打分，考核标准有个人素质、服务质量、专业技能（理论知识、技术操作）、服务记录、出勤情况、满意度、安全意识7个部分，其中个人素质占20分，服务质量占20分，专业技能总分占15分（理论知识和技术操作均占7.5分），服务记录占15分，出勤情况占10分，满意度占10分，安全意识占10分，总分100分。

将所有数据汇总后得到表《2022年护理服务员绩效考核汇总》。

（1）考核成绩等级分布

由表7-4可知，考核成绩优秀（90分及以上）22人，占考核人数15.07%，良好（80-89分）124人，占84.93%，由表7-5可知，其中80-84分13人，85-89分111人，90-94分14人，95分及以上8人。

表7-4　考核成绩等级分布表

成绩等级	优秀	良好
人数	22	124
结构比例	15.07%	84.93%

（2）考核具体成绩分布

表7-5 考核具体成绩分布表

成绩段	成绩≥95分	95分>成绩≥90分	90分>成绩≥85分	85分>成绩≥80分	成绩<80分
人数	8	14	111	13	0
结构比例	5.48%	9.59%	76.03%	8.90%	0.00%

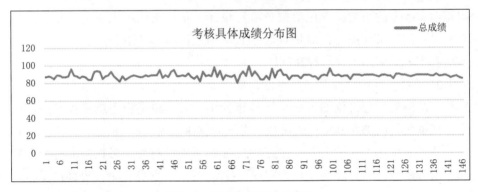

图7-3 考核具体成绩分布图

通过表7-4和表7-5可知，考核成绩整体分布不合理，一般和不及格是0%，良好和优秀占100%，而在优秀与良好分值中，成绩在85-90分值区间所占比例最高，达76.03%，其它依次是90-95分值区间的9.59%和80-85分值区间的8.90%。

这说明各护理人员的绩效考核差异性不大，不能真实反映护理人员的绩效差异，也不能区分护理人员的综合素质，考核没有起到应有的作用。

综上，无论是政府对护理机构的监督检查还是护理机构内部的监督考核，均存在形式主义的问题，而造成这些问题的原因一方面是政府相关部门和护理机构自身都是长期护理保险的利益相关者，所以在监督考核过程中无法客观地发现和反映实际问题；另一方面是对于护理机构来说，如果要对护理人员进行严格的绩效考核，无疑会增加护理机构的成本，所以护理机构对于护理人员的考核只是为了遵守相关规定。

四、对策和建议

（一）明确定位：对护理机构进一步划分

根据公共治理理论，政府充当元治理的角色，承担确立行为准备的责任，对于护理机构的划分属于长期护理保险实施前的准备工作，目前只按照社区服务、养老院服务、医院服务进行的划分是不够的，特别是各个护理机构所提供的护理服务的专业性不尽相同，但是由于目前政府部门对各护理机构缺乏深入了解，以及护理机构自身对于公众公示的信息不足，只将其归为一类，对于有着不同护理需求的服务对象而言，他们在选择护理机构时会产生一定困惑。

而且在实际中，很多机构自身也较难把握服务的定位，所以也就会出现家政服务化的倾向。目前看来，因为护理机构较少，公众的选择也有限，所以没有出现问题，但长期看来，当护理机构的数量增多，护理机构自身的定位问题就会更明显。针对这个问题，研究者建议可以借鉴美国经验，将护理机构分为技术照顾护理型、中级照顾护理型、一般照顾型，这样护理机构对自身能进行明确定位，有助于明确今后的服务发展方向。同时各个机构在取名时，也可以模仿日本的命名风格，将"×××中心""×××养老院"变成"×××之家"，彰显社会对老人的人文主义关怀。

（二）培育队伍：校企联合，返聘离退休专业人员

无论是护理机构的服务的专业化问题，还是护理机构工作和照护压力问题，它们都有同一个原因，那就是缺少护理人员，更缺少专业的护理人员。

我们这边其实护理人员缺口还是蛮大的。（访谈对象7-1：机构行政人员）

我们现在的这批护理人员也不是很专业，所以我一直在说，这个护理不是护理，而是家政。（访谈对象7-3：机构管理人员）

而护理人员的相关待遇低也是事实，对于专业的护理人员，单凭长期护理保险的补贴是远远不够的，护理机构会自掏腰包，聘请几个专业护理人员，但是这些专业的护理人员一般不参与实际的护理服务实施，而是对原有的护理人员队伍进行指导。护理机构本身就负担着极大的经济压力，因此指望护

理机构承担费用、聘请专业的护理人员根本不现实。

我们机构经济压力很大的，你去看账目一直都是负数，说实话，有时候感觉能不能继续开下去都不好说。（访谈对象7-2：机构行政人员）

另一方面，长期护理保险基金本就是从医保基金里面支取的，而医保本身就存在着极大的经济危机，所以这笔支取的钱只能减少。因此依靠长期护理保险基金来提高护理人员待遇目前来说也是不现实的。

我原来就是在医院里面工作的，后来退休了，老板就聘请我来给阿姨爷叔做指导。（访谈对象7-3：机构管理人员）

综上，对于护理人员的身份，最好是不以护理作为正式工作的人群，因为护理服务的待遇肯定远远不能满足工作者的待遇要求的。研究者建议，一方面可以让在校护理专业学生和离退休的专业护理人员按照义工志愿者的形式，建立护理人员队伍；另一方面，根据公共治理理论，积极开展与第三部门之间的合作，如护理机构可以与周边的专业学校开展校企联合活动——护理机构为学生实习提供场所，帮助学生提高护理专业技术，而护理机构的人力成本也相应减少。与此同时，离退休的专业护理人员也能向学生提供宝贵的经验、传授专业知识技能，继续为社会创造价值。

而且长期护理保险护理服务的补贴低也只是相对的，对于在校学生，已经远高于医院的实习津贴；而对于离退休人员而言，因为年龄原因，有些人即使想要继续工作，也无法找到工作机会，所以也给他们提供了一个很好的再就业的机会。

（三）开源、节流、分流：引入商业保险，提高申请标准

单纯通过现有社会医疗保险来支持长期护理保险是不现实的，现有医保体系运行状况本身就不乐观，再将长期护理保险的责任纳入医保，虽在短时间能缓解长期护理保险的资金来源问题，但也会加剧医保本身就存在的危机。

公共治理理论强调有限政府下的市场原则，所以美国引入商业保险的经验是值得我们去借鉴的，在政府的引导下，商业保险的引入会与原有的长期

护理保险基金形成市场良性竞争，促使两者不断优化改进服务。在引入的同时，政府也要对自身角色合理定位，营造一个公平的市场环境。

此外，通过对服务对象的相关资料整理和观察发现，目前有资格享受这一服务的老人中有一部分是子女较多且经济状况较好的，他们已经自请了护工，把长期护理保险提供的服务当作一种可有可无的补充。而机构的很多护理人员阿姨叔叔因为没有参加"医保"，在他们需要护理时可能得不到长期护理保险的服务，他们大多数与护理对象相比经济状况也较差。就这一情况，可以考虑借鉴美国经验，提高长期护理保险服务的申请标准，在对服务对象进行评估时，不仅要对其生理状况进行评估，同时也要对其家庭经济状况设置一个标准。

此外，对于不同家庭经济状况的人群，我们可以有针对性地设置不同的险种或计划，例如参照美国，鼓励中等收入人群参加公私合营的长期护理保险计划；推荐中高收入人群购买商业保险；对企（事）业单位、军警、公务员及参公人员，也建议单位负责人为他们购买商业保险，这样不仅可以节省公共资源，使更多低收入、无稳定工作人群也能够享受到普惠性的护理服务。同时也可以鼓励社会其他的高收入人群购买商业保险，起到节流和分流之效。

综上所述，中国长期护理保险未来的发展完善仅靠一时的医保基金的支持是不行的，还需要去开源——引入商业保险、节流——提高申请标准和分流——设置不同险种。这样看，美国的社会保险和商业保险的混合模式，是值得中国学习借鉴的。

（四）优化顶层设计：根据实际情况实时调整

公共治理理论倡导的管理体系是多元的、上下互动的，一是对于计量单位、服务项目不统一的问题，相关的政府部门应该去重新优化相关文件规定的单位，从而便于护理机构实际的计算；二是对于各护理机构的服务项目要进行审核，确保和《上海办法》中的服务项目内容保持一致；三是政府和护理机构之间要互通有无，多进行信息交换，政府可以根据护理机构的需求，不断完善优化制度设计，护理机构可以向政府反馈建议，进一步去推动长期护理保险的实施。

根据公共治理理论的民主特征，对服务项目设计的不合理之处，建议组织调查小组，收集群众的相关意见，进行优化和完善；对于一些存在重叠的项目，建议进行合并；对于一些与实际不符的频次，建议重新设置。

对于服务确认问题，建议优化服务记录表，每次只需打印当天提供的服务项目即可，不必将所有项目放到一张纸上，这样一张纸就可以包含至少3天的服务记录，而且可以将字体放大，便于护理人员和老人识认和书写，既节约了纸张成本，又方便护理人员和老人进行记录和签字确认。

（五）利用好网络监管体系：大数据监管和第三方监管

公共治理理论倡导网络管理体系，不再是仅仅依靠政府传统的统治权威对公共事务进行单向管理，而是依靠社会各方力量形成合作网络，实现共同治理。所以对于长期护理保险的监管，也需要各方力量和各种手段的参与。

首先，对于原有的区卫健委、区民政局和区医保局三方组成的巡查小组建议暂时保留，虽然他们在实际监管中会因为利益相关不能客观评估和发现实际问题，但是对于长期护理保险的实施过程，由政府各部门组成的巡查小组仍然存在一定的威慑作用，保证护理机构不会去逾越"红线"。

但是对于监督检查的标准，建议借鉴美国的数据化监管经验，重新优化设计：前期需要派出数据采集人员，真正下基层收集大量数据，再形成定量的标准和措施，将原有监管系统中的数据带入新的标准，使其成为之后的参照；中期也要对新标准下产生的数据进行收集，形成数据库；后期就能拥有一个严密、量化的数据库，通过设置的标准进行计算，就能得出各个机构的分数。

此外，可以参照日本经验，引入第三方的监管。第三方监管机构与长期护理保险链条各方无利益关系，故能更加客观地对护理机构进行监管，并且对第三方监管机构的费用给付方式，可以设置一定的绩效指标，激发第三方监管机构对护理机构进行监管、发现问题的积极性和主动性。

综上，有政府威慑作用保障"红线"，通过数据化手段，引入第三方，由此形成的网络化监管体系，可以使长期护理保险在具体实施过程中的监管工作更加客观完善。

长期护理保险制度中的失能认证评估

长期护理保险中对于失能老人的评估认证是长期护理保险政策实施中的重要一环，我国目前长期护理保险正处于全国试点阶段，统一的长期护理评估标准体系尚未建立，所以构建与失能老人实际需求相适应、与养老公共服务能力相匹配的评估体系是当前政策制定的重要一环。失能老人对于家庭照护的需求是大于医疗照护的，由于老年人身体能力退化、虚弱等因素影响自我照顾能力，在为失能老人制定服务计划时应首先考虑保证老年人的日常生活舒适，并在此基础上提供医疗保健精神安慰项目。本部分将对长期护理保险评估系统中的研究对象进行研究，对于评估对象、评估程序将采用实地观察法，前往青浦祥瑞养老服务指导评估中心进行研究，对于评估工具将采用制度导向的分析比较法，将当前上海市采用的失能老人评估方法与中国其他试点城市以及国外失能老人评估方法进行比较，希望通过调查研究，发现上海市当前长期护理保险评估认证中存在的问题，并提出相应建议。

一、研究设计

（一）调查机构：上海市青浦祥瑞养老服务指导评估中心

详见第四章。

（二）调查方法：实地观察＋深度访谈

调查人员在上海市青浦祥瑞养老服务指导评估中心进行了为期一个月的实习，期间参与了机构的日常工作。在工作过程中，研究者既进行了实地观察和记录，又采用了面对面深度访谈法收集资料。

资料收集过程中，调查人员首先在祥瑞养老服务指导评估中心进行评估培训，对上海市的失能认证的评估工具——量表有了一定了解，跟着机构老师学习几天后，调查人员开始跟随评估员进行调查评估，对申请长期护理保险的老人进行失能认证评估，实地到老人家中探访，由于申请老人大多身体行动极为不便，所以都有亲属陪同。本次研究共对十位老人及三位评估员进行了访谈，将老人们以 A 至 J 来表示，有些身患重病的老人换成与其家属进行访谈，评估员用 1 号评估员、2 号评估员、3 号评估员来表示。

（三）调查对象

本次调查对象为长期护理保险评估系统中的被评估对象。护理需求评估系统由一套制度安排组成，用于评估被保险人是否应接受长期护理保险付款以及接受何种类型的长期护理保险付款，包括估值对象、估值设施、估值工具、估值程序、估值结果和其他具体机构标准。

被评估对象为上海市青浦祥瑞养老服务指导中心中接受失能老人评估的老年人群体，评估程序是从需要申请长期护理保险的老人提交申请开始到评估结束将结果公示的一系列流程，是评估系统的重要组成部分，程序的独立性、公正性以及在老人家中进行评估的细节都将影响着评估的最终效果。评估工具是可以反映某一环境下长期护理保险侧重点的评估量表，我国多数长期护理保险试点地区使用的是巴氏量表，巴氏量表有省时简便的特点，但是没有侧重点，对小功能差别非常不敏感，可通过将上海与其他地区的评估工具（量表）相比较来进行分析。

（四）调查对象基本情况

本次调查对象为上海市青浦区的申请长期护理保险认证的老人，调查研究的内容主要有评估老人的基本情况，还有评估程序本身。

先来看一下这十位老人的基本情况。

A 是一位居住在城市地区的八十岁高龄的男性老人，A 的主要症状为卧床不起，视力非常差，距离很近都难以看到，记忆力以及表述能力都是较差，他患有三高这种基本的老年病，可以确定的是其可以自己抬起手腕看手表，说明意识暂时是较为清楚的，老人的家人希望可以为其申请护工服务事项，如帮助老人洗衣服以及换穿衣服。A 老人的家庭生活条件较好，且有子女生活在身边，他们希望长期护理保险可以有效分担他们的日常生活压力。A 可以申请到长期护理保险的照护。

B 是一位居住在城市地区的六十五岁的女性老人，B 的主要症状是腰骨折导致的常年卧床不起，无任何生活自理能力，与其丈夫一起居住，虽然丈夫可以承担一些生活起居，但是其丈夫也患有阿尔兹海默病并也在申请长期护理保险（第一次申请失败，当前提交复核申请），属于失独家庭，无子女照护以及提供保障。从 B 进门开始就发现 B 老人较为不友好，并且说我们评估人员评估十分严格，在检测时对于意识类的问题有很明显的造假嫌疑，比如无法报出当天的年月日，可是这位老人可以熟练地操作智能手机，而且反复提到希望获得尽可能多的长期护理保险服务，在评估中我们还发现，其完全具备生活能力与较好精神状态的丈夫在上一次评估中没有评上后，B 老人通过直接向卫生部门举报的方法安排了复核，接着轻松达到了长期护理保险的标准。从 B 老人的做法可以看出，当前有不少老人认为，只要达到一定年龄，无论生活是否可以自理，均可以享受或者均应该享受长期护理保险。B 可以申请到长期护理保险的照护。

C 是一位居住在城市地区的女性乳腺癌患者，年仅六十二岁，已经是第二次患上癌症，属于癌症复发，无法下床，并伴随较为悲观的生活态度，生活中也很痛苦（指生理上得癌症的疼痛）。得益于居委会的精准宣传以及普及养老政策，C 不仅申请了长期护理保险，同时还申请了上海市的家庭医生制度，签约了家庭医生，体现了多险种互相配合 1+1>2 的原则，让病人得到了更好的照护。C 可以申请到长期护理保险的照护。

D 是一位居住在城市地区的九十三岁高龄的女性老人，是知识分子，不久前刚骨折，虽然身体已经康复，但继续下床已经非常困难。D 老人的情况较为简单，也反映了高龄老人的一个非常普遍的现象——身体已经非常衰弱的情况下，即便并没有什么疾病，稍微的磕磕碰碰都会让高龄老人卧床。高龄老人就像一台运转了超过使用时限的机器，即使一切运转正常，工作环境稍有不慎机械就会出故障，甚至会引起连锁反应。D 可以申请到长期护理保险的照护。

E 是一位居住在城市地区的八十八岁重病女性老人，患有多种老年病，并有脊髓压迫症，无法下床，生活完全不能自理，有自我意识但不能回应。E 其实是一名农村女性，田间劳作几十年的生活让其早就疾病缠身，不过家里子女后来将其接到了城市的房子照顾，如今她的身体每况愈下，吃喝拉撒睡均由家人照顾，家庭养老负担较重，家人希望通过长期护理保险来请护工上门对老人进行换洗衣物等照顾。E 可以申请到长期护理保险的照护。

从 F 开始是五位农村户口的老年人的评估分析。

F 是一位七十多岁的女性老人，腿脚较为不便，此前已经在别的养老评估机构申请评估过一次，但没有通过，此次为第二次申请。F 老人有一位儿子，但两人分居，老人平时一个人居住，所以在询问评估时发现了很大的漏洞，即老人住在二楼，却跟评估人员说自己腿已经完全不能走路，在再三质询后，老人又说自己扶着墙可以走上去。接着老人的邻居走了进来，其邻居是一位长期护理保险照护机构的护工，他表示 F 老人必须评上享受长期护理保险照护的标准，但是鉴于老人当前的身体情况，对照评估量表确实难以达到享受的级别。所以可以发现，照护机构与评估机构之间存在着矛盾，养老照护机构护工的工资是按人头收费，那么护工们肯定想方设法地让老人们评上可以享受的级别，而老人们自己也想，两个利益相关方容易一起对养老评估机构进行施压，一方希望能够多拿工资（或是政府下发的补助），一方希望得到养老照护。

G 是一位七十多岁的患有严重肺部感染的男性农村老人，卧床并靠呼吸机维持生命，无法说话，意识较为模糊。G 的家人虽然也在其身边进行关照治疗，但是由于 G 病情严重，所以需要有一定医疗照护知识的护工来进行照护。其实照此情况发展下去，G 老人最后可能会评到长期护理保险的最高等级，此时将由医院进行介入，因为病症太严重时将无法继续居家养老，而是需要送往医院，此时医保介入。

H 是一位患有很严重的阿尔兹海默病的女性老人，家庭十分悲惨，其几个儿子均已亡故（早逝），因精神打击患病，并同时丧失所有自理能力，大小便失禁，目前由其大儿子（亡故）已经离婚的妻子照顾。H 是目前所评估的所有老人里处境最为困难的一位老人，她当前的智力大概是五岁至六岁的儿童水平，只能在家安心养老，可享受长期护理保险的最高等级。

I 是一位百岁老人，生活能力具备，由女儿照顾，除哮喘外无较大疾病，但由于百岁已属不易且女儿年事已高，将享受政府带来的长期护理保险，评估可以轻松通过。

J 是一位七十多岁的男性老人，患有三高等老年常见病，患有耳朵开洞的病。他在评估过程中较不配合，曾试图组织评估员录制评估视频，有清晰意识却故意欺骗评估员。J 老人最终也将难以达到养老评估标准,因为他有较强的沟通能力,可以接打电话告诉评估人员家庭住址,但是评估人员评估时他却跟评估员说自己并不知道住在几楼甚至是当天的日期和星期几都不知道。

(五) 调查过程

本次实地调查走访了二十多位老人家庭,跟随祥瑞养老服务指导评估中心的一级评估员对赵巷镇进行了调研,期间通过录制视频对调查研究进行记录,并进行评估量表填写,填写后和评估员一起将评估量表录入政府评估系统的量表。由于时间问题,并没有参与最后的结果公示等,不过也相当于走完了评估系统的一整套流程,切身体会了当前上海地区老年人养老现状以及评估体系的现状,意识到这其中还有一些亟待解决的问题。

(六) 深度访谈对象介绍

深度访谈对象主要选择了研究对象的家属,因为申请长期护理保险评估的老人大多是身体有较为严重的疾病或者身体极度衰弱,很难对老人本身进行访谈。

访谈对象 8-1、8-3、8-5、8-6、8-8 均为老人的家属,对象 8-11、8-12、8-13 是长期护理保险评估机构的评估员们,其余为可以进行访谈的老人。

表 8-1　访谈对象基本情况

编码	访谈对象	性别	工作年限	身　份
访谈对象 8-1	吴女士	女	无	老人 A 家属
访谈对象 8-2	徐女士	女	无	老人 B
访谈对象 8-3	吴女士	女	无	老人 C 家属
访谈对象 8-4	李女士	女	无	老人 D
访谈对象 8-5	孙女士	女	无	老人 E 家属
访谈对象 8-6	孙女士	女	无	老人 F 家属
访谈对象 8-7	李先生	男	无	老人 G
访谈对象 8-8	宋女士	女	无	老人 H 家属
访谈对象 8-9	吴女士	女	无	老人 I

编码	访谈对象	性别	工作年限	身 份
访谈对象 8-10	刘先生	女	无	老人 J
访谈对象 8-11	田女士	女	四年	机构负责人
访谈对象 8-12	张女士	女	三年	评估员
访谈对象 8-13	王女士	女	三年	评估员

（七）相关概念界定：长期护理保险评估

长期护理保险评估，全称是长期护理保险需求评估，市人力资源和社会保障局（市医疗保险局）是负责市长护理保险评估机构管理工作的行政局，负责制定健康评估协议的规则、程序及进行相关工作的监管。市医疗保险管理中心（以下简称"市医疗保险中心"）负责长期护理保险定点评估机构（以下简称"定点评估机构"）的管理工作。定点评估机构组织评估人员上门完成评估调查，并如实记录《上海市老年照护统一需求评估调查表》，按照《上海市老年照护统一需求评估标准》确定的分级规则，通过长期护理保险信息系统的评估计分软件，对评估调查记录给予综合计分评级[1]。

二、上海失能认证评估市场的发展

（一）上海失能认证评估市场的发展现状

上海市长期护理保险自 2017 年开始试点，自 2017 年起，申请长期护理保险评估的老人数量呈逐年增加的趋势，截至 2020 年 6 月，上海长期护理保险试点共服务失能老人 39.1 万人，其中社区居家照护的有 32.4 万人、养老机构照护的有 6.7 万人。长期护理保险服务与长期护理保险评估机构都是第三方非政府组织，从中可以看出长期护理保险不仅带来了许多社会福利而且带动了大量的就业机会。

上海现有长期护理保险定点评估机构 34 家，评估人员 0.9 万人，这个数

---

〔1〕 参见《关于印发〈上海市长期护理保险需求评估实施办法（试行）〉的通知》，载 www. jiading. gov. cn/renshe/zcfg/sjwj/content_432698，最后访问日期：2017 年 9 月 6 日。

字目前还在不断地增长。据祥瑞养老服务指导评估中心一级评估员张老师透露，每个月都会有很多学员参加上海市长期护理保险评估员的资格考试。

我目前不仅做评估员工作，也每个星期都会去政府开设的培训班进行评估员授课，目前有很多人都来参加评估员的工作。（访谈对象8-11：机构负责人）

但是长期护理保险短期内快速的发展也带来了一系列问题，例如长期护理保险照护人员专业素质不够硬、入行门槛低导致对老人的照护不恰当不周到、申请评估的老人骗保以及长期护理保险照护机构联合老人骗保等问题。

目前政府也在不断出台政策来遏止这些问题的发生，比如要求长期护理保险评估员必须录下评估全部过程来进行取证与配合后续调查审查所用，而护理站一年要面对两次由区医保局、区卫健委、区民政局三个部门的联合大型检查。检查方式分为现场检查与上门检查。现场检查的检查内容是检查档案合规性与台账的准确性与真实性。（访谈对象8-11：机构负责人）

（二）失能认证评估机构的评估服务流程

1. 区医保局下发评估名单；
2. 系统接收名单分类；
3. 与评估对象提前三天预约，告知评估调查时间，请申请人准备各种有效证件和物品，以及确定到场家属；
4. 评估前从社区民政、卫生院、医保数据收集被评估人的基本情况和疾病的严重程度以及日常生活和社会生活能力；
5. 准备评估所需物品；
6. 按预约时间至老人居所，评估过程需30分钟-40分钟，要评估员亮证、自我介绍、态度真诚和蔼、解释耐心细致、操作规范、娴熟、独立、客观、公正。

三、失能认证评估中存在的问题及原因分析

本次考察了将近三十位申请长期护理保险评估的老人，研究者将选取其

中最具代表性的进行分析，同时与老人、老人家属、评估员进行访谈。

（一）宣传力度与宣传内容不足的问题

部分街道或者居委会对于长期护理保险的评估细则并没有进行细致的宣传。更加细致的宣传可以让老人们更加了解长期护理保险，认识到当前长期护理保险能提供的资源和国情是相匹配的，而不是为每位申请者配备所谓的"保姆"。参加长期护理保险的每位老人每月只需要从医保里扣除几块钱，剩下来由医保统筹基金以及国家财政进行补贴，老人们应当了解和理解长期护理保险的参保范围。

我家老头子现在老年痴呆症，我腿又断了，天天就指望他照顾我，我为什么不能为我家老头子申请呢，上次喊别的评估员评估，就没有通过。（访谈对象8-2：老人B）

然而实际情况是B老人家庭条件较为优越，并且其丈夫的阿尔兹海默症明显处于轻症，完全有自理能力，当前长期护理保险的评估标准是以吃喝拉撒睡等生活中最基本的能力为标准，而B老人明显高估了当前的基金水平所能包含的护理范围。

其实很多人不仅仅是老年人，也包括老年人的家属，都认为申请了长期护理保险之后，被评上是理所应当的，但事实上当然不是这样的，国家的经济实力不足以支撑起发达国家那种高福利性质的服务，只要是可以有最基本活动能力的都是不一定能评上的。（访谈对象8-11：机构负责人）

原因分析：作为基层的居委会在推广长期护理保险的同时，可能还未进行长期护理保险评估等级的推广。当前不论是城市还是农村的老人都希望得到更好的长期护理保险照护，但是长期护理保险服务必然不可能像家政服务以及子女照顾那样细致，这样成本太高，对基金的压力太大，所以笔者认为，今后应当进一步普及长期护理保险，在长期护理保险的文件推广中，明确基层政府的职责，将长期护理保险的观念深入人心，并且在老人们没有评上可以享受长期护理保险的等级后，应给予适当的安慰，做到有温度的宣传。

（二）长期护理保险单一的问题

长期护理保险单一的问题更多表现在职能的单一，即长期护理保险作为一项养老保险，政府没有将其与其他福利政策有效地结合起来，比如这次调研中我发现家庭医生和长期护理保险结合对于患有重病慢性病的老人有非常大的意义。

我们现在的情绪真的很悲观，我的妈妈每天都对生活充满了悲观情绪，也是最近听说了长期护理保险，就立马申请了，主要是自己也离婚了，上班和接送小孩，也是实在忙不过来了，没办法才申请长期护理保险来帮我照顾一下老人，如果真的能申请下来就真的太感谢了。

听说有家庭医生制度，你们有申请吗？

申请了，每周来一次，但是现在因为疫情就经常还是来不了的。不过家庭医生也确实给了我们很多的帮助。（访谈对象8-3：老人C家属）

可以将家庭医生制度的系统与长期护理保险系统进行有效对接，从C老人（癌症）以及G老人（肺部感染）的例子可见，家庭医生系统可以让生病在家的老年人定期接受身体检查、随时和医生沟通病情，而长期护理保险可以让老年人不再特别依赖家人的照顾，可以很大程度上减轻家人的照护负担和经济负担。

已经完全没有自我意识了，现在就每天靠呼吸机呼吸供氧，还得开着电暖器，肺部感染稍微得了一些别的病就会很严重的。（访谈对象8-7：老人G）

原因分析：按照目前长期护理保险评估的标准，很多评级达到照护标准的老人都是重病在身或是有着严重的精神疾病（足以影响到日常生活），所以长期护理保险的照护环节与医疗照护是分不开的，比如肺部感染的老人，一般的照护人员没有足够的资质来照护，所以需要有一定的医学指导来帮助护理站的工作人员实行照护工作。

（三） 对利益相关方缺乏监督问题

你们为什么申请通过不了？我家这位老人已经申请过一遍了，这次都已经是复核了，这老年人每天一个人上上下下楼的，现在腿都走不了路了，怎么还评估不上长期护理保险呢。那我下次还能不能换一家评估机构呢。（访谈对象8-6：老人F家属，老人F的邻居兼长期护理保险机构护工）

在调查中发现，养老照护机构的介入情况较为明显，会干预评估机构的评估行动，甚至会怂恿部分老人通过申请复核以及电话投诉等方式来获取长期护理保险的服务。

他们很明显地想要骗保，这个护工已经一而再再而三地出现在我们评估中了，总是阻挠我们的评估。这名老人F平时一个人在家中，儿子根本不在身边照顾的，怎么可能说是根本腿脚不利索。就是这家长期护理保险照护站，经常怂恿老人评估长期护理保险，其实身体条件是不符合等级的。他们根本不是为了村里的老年人着想，更多的是老人申请通过之后他们就可以直接给老人提供照护了，提供照护的人数越多，他们就能得到越多的钱。（访谈对象8-11：机构负责人）

上海市的长期护理保险评估机构和长期护理保险养老照护机构均为第三方非政府，所以更严格的监督是十分需要的，同时应当对护工集体进行更加严格的培训来提高他们的素质，虽然照护人员当前是持证上岗，但是考试的内容太过简单以及应聘人员的基本素质偏低导致照护人员更多是偏向利己主义，而不是发自内心地愿意去帮助老人，少数人甚至将老人当作自己赚钱的工具。

原因分析：从公共选择理论的角度进行分析，集体利益是个人利益的集合，作为护理站的工作人员，其资格考试的门槛较低，绝大多数是以挣钱为目的来进行这项工作的，护理站的最终目的很可能是争取到足够多的老人可以照顾，这样可以换取到足够多的补贴，这也是公共选择理论中用来解释政府的公共管理开支越来越大的原因，行政人员（包括非营利组织工作人员）更多地从个人利益角度出发，并不会去考虑所谓的"开支"。

（四）　老人在评估中骗保的问题

失能老人想要入住养老机构，需达到中度及以上的评估等级，因此部分老人为入住养老机构，故意隐瞒实际活动能力，从而达到入住标准，但是在入住之后，为减少自己的负担费用，会在二次评估时反映实际的健康状况，降低自己的等级，从而少缴费用。因此，政策的制定者需要充分考虑政策对评估结果可能存在的导向作用。

请问您住在几楼？今天是几月几号星期几？再请问今年是二〇几几年？啊——，不知道，我不清楚啊。那请问您家住在几楼呢？我也不记得了……（访谈对象8-10：老人 J）

其实 J 老人是自己申请的长期护理保险，事先的沟通中也告知了评估人员自己的详细家庭地址，但是上门评估后竟然"忘记"了。J 老人就是属于较为典型的通过装病以及装作意识或是神志不清来骗取长期护理保险评级的老人。

原因分析：原因主要出于当前老年人对于长期护理保险照护的需求远远大于长期护理保险资金池能够提供的照护量，长期护理保险的照护能力是与我国目前经济发展水平相挂钩的，只能缓解养老压力并不能消除养老压力。从马斯洛需求理论的视角来进行分析，我国目前只能在最基本的生理层次上满足达到评级的失能老人，申请长期护理保险的老人很多并不缺少经济实力，更多的是想要得到高质量的照护，然而长期护理保险的缴费是人人均等的，目前并没有多缴费多得的政策，所以渴望达到更高层次需求的老人就容易做出骗保的行为。

（五）　长期护理保险评估队伍的稳定性问题

我国最早的养老评估人才培养可以追溯至 1999 年大连职业技术学院开设老年服务与管理专业，虽然截至 2022 年我国已经有两百多家院校开展了养老服务专业的学习，但是关于失能老人的等级评估，更多是被涵盖在各类课程当中，至今仍未形成一门学科，甚至没有专门开设的课程。

当前上海市开设了公办的失能老人评估课程培训班，在周末由一级评估员进行培训，用专门教材对失能评估的基础知识、老年心理学、老年护理学以及跟老年常见病相关的医学知识进行培训，培训结束后，学员可以报名长期护理保险评估员的考试，通过考试即可上岗成为一名评估员。

但是第三方评估机构的本质决定了其本身就具有较强的不稳定性，经实地调研，祥瑞养老服务指导评估中心常驻人员只有三名，其余评估员均为兼职，通过周末上门评估来赚取额外工资的。从公共选择理论角度来分析，这样会有几率发生和养老照护机构一样性质的事件（例如寻租），双方均为第三方非政府机构，缺乏公众监督，只有政府医疗保险经办部门可以实施对机构的监督，这样其实给予了评估机构一定的"灰色"空间，第三方养老评估机构的评估行为是否正义很大程度上与评估员自身的品质相关。

我们目前评估机构是按片区划分，区里面划给我们祥瑞评估机构赵巷镇这一片，所以我们的评估队伍也并不需要很多常驻评估员，较低的工资也不会吸引人们来评估机构任职，这些评估员们其实都是我们本来有关系啊，相当于是帮扶一下，来做评估员挣点外快钱。（访谈对象8-12：评估员）

（六）上海市失能评估标准欠完善的问题

我国到目前为止仍没有发展出自己独特的失能老人评估工具，大部分试点城市采用了巴氏量表作为评估工具。上海综合考虑了本地实践以及国外的失能等级评估经验，2018年发布《上海市老年照护统一需求评估标准（试行）》，并于2019年发布2.0试行版。

当前上海市的评估标准由自理能力部分和疾病轻重两个维度组成，自理能力部分较为简单，疾病轻重中包含了一些基本的老年常见病，如：慢性阻塞性肺病、肺炎、帕金森病、糖尿病、脑出血、高血压、晚期肿瘤、冠状动脉粥样硬化性心脏病、脑梗、下肢骨折、认知障碍等疾病[1]。

从中可见，新版的评估量表中对于精神心理疾病的关注依然欠缺，其原因主要是由于失能老人的身体状况不佳，居家照料的非正式照顾者、机构的护理人员关注更多的是老人的基本生活照料，在精神慰藉、心理安慰方面缺

---

〔1〕 参见《关于印发〈上海市老年照护统一需求评估标准（试行）2.0版〉的通知》，载 http://wsjkw.sh.gov.cn/gjhztgahz/2019/220/4ee7499b3f2f4fa699a1604880404d93.html，最后访问日期：2019年12月19日。

乏相应支持。而当前失能老人心理疏导的需求量增加，因为他们多数为空巢老人或长时间家中没有人，缺少能沟通交流的对象，这必然会导致老人们的心理出现或多或少的问题。

四、失能认证评估市场规范化的对策与建议

（一）加大居委会层面的长期护理保险宣传

加大居委会的宣传主要有两个方面，首先是对于长期护理保险当前发展阶段的宣传。从马斯洛需求理论角度进行分析，我国当前医疗保险的基金水平只能分出部分资金进行长期护理的照护，且照护人员是十分有限的，但是在缺少子女照顾的情况下，随着老人们经济水平的提高，他们自然希望通过得到长期护理保险的照顾，满足更高层次的自我需求，这是可以理解的，但是居委会也应该让老人们意识到社会上还有大量的更加无助的老人需要照护，甚至其中很大一部分还没有达到最基本的生理需求。

当然除了要加强老人们对评估上的理解，也要加强诚信方面的宣传，可以让居委会的人员一方面表示理解老人们对于得到长期护理保险照护的渴望，另一方面要让参与评估的老人了解到骗保的严重性，即这是违法行为，严重者应当受到相应的处罚。

（二）加大医疗保险、养老保险与长期护理保险的合作

长期护理保险本质上属于医疗保险的一部分，因为其资金来自医疗保险资金池，但又和养老保险密切相关，所以医疗保险、长期护理保险、养老保险之间是不可分割的。

任何一种保险在单独发挥作用的情况下都不能起到较好的效果，比如大部分当前享受长期护理保险的老人其实都是身患重病或是有严重的精神疾病，如果只依靠长期护理保险的护工来照护而没有专业医生的介入很难使老人的生活质量有质的提高，但是短期内又不可能对长期护理保险注入大量资金来引入医生照护，所以在长期护理保险介入的同时，让上海市特色的家庭医生制度与长期护理保险挂钩，除护工每天上门外，可让护工记录下老人（病人）的身体各项指标，为定期上门的家庭医生提供更好的诊断资料，为老人制定出更佳的治疗和呵护方案。

（三） 监督机构加大对各方的监督管理

由于长期护理保险制度基本以"政府购买服务"的形式委托给第三方民营非营利机构来运营，而非政府机构都存在着以公谋私的嫌疑。公共选择理论中，社会选择不过是个人选择的集结，对于长期护理保险照护机构这样一个小集合体，集体利益由于个人利益的汇集就有可能与本该有的公共利益相背离，照护机构的资金近乎百分百来源于政府补贴，即等于存在着极大的利益空间。

所以政府机构应当加强对长期护理保险护理机构以及评估机构的审查，杜绝护工与老人合力骗保的恶劣行为，此外，由于当前通过护工考试较为容易，导致护工的专业素质参差不齐，因此提高护工的专业化建设刻不容缓。

在监督第三方评估机构方面，政府加大对评估机构的审核力度，当前已经有了较为成熟的准入机制，还应进一步探索失能评估机构的"退出"机制，从而更好地调控失能评估机构的服务市场。

1. 加大对失能认证评估队伍建设的投入

加大对长期护理保险评估制度的建设，提高评估队伍人员的整体素质水平，稳定地培养出一批批优秀的评估人才，需要措施的制定作为保障。当前我国的院校基本没有为失能老人认证评估开设专门课程，至今缺乏专业的失能等级评估队伍。

我国可以学习他国的教育理念，注重职业教育的培养，在大专院校、卫校等设置失能等级评估专业，培育大批储备型人才，积极推进失能评估工作的专业化；同时可以推出国家项目，专业研究者、社会科学工作者可以将研究重心放在失能等级评估量表的改进和优化上，促进失能等级评估和评估手段的进步；还可以与上海市的各区定点医院建立长期护理保险联网系统，将5G与互联网技术融入失能等级评估实践中，联网后，各医院能够随时上传老年患者的信息，信息技术的加入还可以减少人工操作审核的失误，便于医疗保障部门的监管，增加失能等级评估的透明度。

2. 同步推进上海市失能评估标准

当前上海市的失能评估等级随着试点时间越来越长也越来越成熟，2019年也继续推出了2.0版本，从目前的趋势来看，进一步细化评估标准，将心理健康的方面也加入失能评估量表中，或者增加老年人心理状态影响的比重是失能评估标准改革的新趋势。

　　当前还需要借鉴其他国家失能评估标准的特点进行改革：美国是较早进入老龄化社会的国家，其 InterRAI 评估量表的优点在于针对不同的人群和医疗场景制定多种评估标准；日本最快推进长期护理保险立法，早在 2000 年，日本已经实施《长期护理保险法》，由《长期护理保险法》规定第三方机构的收费项目及收费对象，经营范围和具体的服务也由其规定；而作为社会保险发展较早的老牌国家德国，跟日本一样，已通过立法确定长期护理保险，同时德国的失能评估量表在制定过程中充分考虑了老年人的心理状况以及自我管控能力，其评估制度要求在接受第一次评估后还需要接受多次的后续评估来审定身体健康状况。

长期护理保险中护理人员的规范化管理

随着我国老龄化的不断加剧，老年群体在养老、医疗等方面的需求越来越大，社会负担不断加重，目前世界各个国家都认为长期护理保险在积极应对老龄化危机方面有着不可替代的作用，我国也已经在全国多个城市开始了试点工作，而护理人员在工作中能否很好地履行职责、提供服务，直接影响甚至决定着长期护理保险能否健康持续发展，所以对护理人员进行规范化管理是必不可少的。本文以全面质量管理为视角，通过深度访谈和实地观察的形式收集长期护理保险护理人员培训过程中存在的问题，就如何规范化管理提出对策与建议。

一、研究设计

（一）调查机构：上海市青浦区佳抚居家养老服务中心

详见第七章。

（二）调查方法：实地观察+深度访谈

调查人员在上海市青浦区佳抚居家养老服务中心进行了为期一个月的实习，期间参与了机构的日常工作。

首先，在日常工作过程中，研究者通过实地观察和记录收集资料，了解了目前上海居家养老服务机构对养老护理人员进行规范化管理的一些主要方式，体验了怎样对养老护理人员进行管理。

随后，研究者还与机构中的工作人员进行了多次面对面深度访谈，了解机构中对于护理人员规范化管理制度运行的有效性和特点，以及一些他们在日常工作中体会到的优点和不足，收集到大量的有效信息。

（三）调查对象

此次深度访谈共访谈 3 人，由于佳抚居家养老服务中心提供的是居家服务，老人的住所十分分散，难以对老人进行访谈，且护理人员很少到服务中心来，因此本次访谈的三人均为管理人员。

表 9-1 访谈对象基本情况

编码	访谈对象	性别	主要工作内容
访谈对象 9-1	陆老师	女	接收、计划、协议、变更长期护理保险；费用结算
访谈对象 9-2	沈老师	女	新进老人建档；老人住院管理
访谈对象 9-3	朱老师	女	人员培训；绩效考核

二、服务机构对护理人员的规范化管理措施

目前可以将上海对长期护理保险中护理人员的规范化管理方式和相关制度分为三个部分：服务前对养老护理人员的规范化管理、服务中对养老护理人员的规范化管理和服务后对养老护理人员的规范化管理。

（一）服务前对养老护理人员的规范化管理

1. 从业资格要求

根据对佳抚居家养老服务中心的调查，目前上海从事长期护理保险居家养老服务的养老护理人员必须具有从业资质，即取得初级及以上等级的《医疗照护证》，为保证从业人员拥有最基本的职业素养，同时为了弥补从业人员缺口、扩大具有从业资质的人员规模，上海有专业的上岗培训机构，并且对培训机构的培训内容做出了明确要求：培训时长至少有 170 个标准课时，脱产面授时间四周左右，20%理论加 80%实操培训。上海于 2018 年推出了养老护理补贴培训政策，获得培训费用的补贴最高可以达到培训费用的 80%，目前已将大约两万八千多名具有资质的护理服务人员纳入了长期护理保险信息库管理。从业资格要求保证了养老护理人员具有基本的职业素养和专业的知识储备，能够在一定程度上保障养老护理人员提供服务的质量。

　　我们对于养老护理人员的基本要求是要有从业资格，就是他们要自己进行培训学习，并且通过考试获得上海市的医疗照护资格证，至少要是初级及以上，还有就是要有责任心、要热情，对老人要有耐心，而且也要会讲上海话，我们目前的养老护理人员都是上海人，年纪也是比较偏大的，所以语言上没有什么障碍，而且工作也是很热情用心的，我们的阿姨都是很好的，很负责任的。（访谈对象9-1：管理员）

　　现在招聘养老护理人员比较简单了，因为现在上海市政府对养老护理人员有严格的要求，而且上海市政府对养老护理人员的培养也很下功夫，我们的要求就是必须要有至少初级的医疗照护资格证，只有这样才有资格应聘养老护理人员。（访谈对象9-2：管理员）

　　2. 养老护理人员定期培训

　　居家养老服务机构会定期对养老护理人员进行培训，以青浦区佳抚居家养老服务中心为例，此中心每季度会对护理人员进行一次培训，培训内容包括理论和实操培训，理论培训指服务机构会向护理人员教授理论知识、相关法律法规、医德医风、心理素质，深刻了解护理人员的岗位职责和基本要求，了解服务行业，提高服务精神，并在结束后当场进行理论知识笔试以检验培训效果；实操培训指服务机构会组织实操比赛，让护理人员比拼专业能力，并对优秀养老护理人员进行嘉奖。定期对护理人员进行培训不仅保障了护理人员的专业知识与时俱进，实操能力不断提高，而且保证了护理人员提供的服务越来越规范，质量越来越稳定。

　　我们也会对阿姨进行培训，我们每季度都会对阿姨进行一场培训，培训内容包括理论和实操培训两部分，理论培训我们服务机构会向护理人员教授理论知识、相关法律法规、心理素质等，让阿姨深刻了解护理人员的岗位职责和基本要求，了解服务行业，提高服务精神，并且在结束后进行现场理论知识笔试，检验培训效果，实操培训服务机构会组织实操比赛，让阿姨们比拼专业能力，并进行嘉奖。（访谈对象9-1：管理员）

　　那我们肯定会对阿姨们进行培训的，培训这一块就是我负责的，所以我很清楚，培训我们是每一季度进行一次，就是准备好材料之后，周老师进行讲座，阿姨们都要参加，我们有记录的，讲座完成之后，现场进行一次考试检验学习效果，阿姨们的文化水平有限，所以考试都是一些选择题或者判断题，然后我们会进行实操比赛，做得好的我们会进行嘉奖，也会请专业人员来进行培训，再有就是现在疫情期间，我们又额外加了一些疫情防护的培训，基本上就这些。（访谈对象9-3：管理员）

（二）服务中对养老护理人员的规范化管理

1. 服务项目和时间管理

在居家养老服务开始之前，会有专业评估人员对老人进行失能评估，确定失能等级，由此确定服务的时长，目前上海规定，失能评估级别为2至6级的，可以享受长期护理保险，2、3级每周3小时服务，4级每周5小时服务，5、6级每天1小时服务，同时，评估人员会为每个老人制定单独的服务计划，养老护理人员必须根据自己服务的老人的等级，按照计划好的服务项目和时间提供服务，不得随意更改服务项目，更不能随意延长或缩短服务时间，以佳抚居家养老服务中心为例，护理人员在进行服务过程中必须随身携带服务情况记录表，这张表上明确记录了护理人员的服务项目和服务时间，并且在当天服务完成后要让老人或老人家属签字，每月向服务机构提交作为服务证明。

每个老人的服务计划和服务项目都不同，老人分为二到六级，二级和三级老人每周三小时的服务时间，四级老人每周五小时的服务时间，五六级老人每天一小时的服务时间，具体的内容每位老人是不一样的，服务项目总共有两大类，一类是基本生活照料服务项目，一共有27项，另外有15项常用临床护理项目。（访谈对象9-3：管理员）

养老护理院的工作内容根据每个老人的情况而定，大的方面就是为老人本身提供服务，小的方面就是每位老人都有自己独一无二的服务计划表，服务项目也是明确规定的，是从上海市规定的27项基本生活照料服务项目和15项常用临床护理中挑选出来的，每个老人是不一样的，阿姨根据自己负责的老人的服务计划表中的服务项目和服务时间进行服务。（访谈人员9-2：管理员1）

2. 建设服务质量监控平台

以我所调查的青浦区佳抚居家养老服务中心为例，这里的每位养老护理人员都需要下载并登录服务中心提供的 APP，养老护理人员每次进行服务时要进行定位打卡和拍照打卡，照片内容必须包括本人以及服务对象家的门牌号，以此证明自己已到达工作地点，养老护理人员的打卡信息可以被服务中心的服务质量监控平台实时查看，一旦发现定位存在偏差或者照片不合格，服务中心能立即通过电话核验，监控平台还可以实时显示有哪些护理人员正在进行服务。同时，服务中心成立了质控小组，每天随机进行质控检查，例如工作人员可以与养老护理人员进行视频通话，要求养老护理人员拍摄老人或是老人的具体部位来检查服务质量、检查养老护理人员是否随身携带工作牌和服务情况记录表等，总之，通过服务质量监控平台，工作人员可以很方便地在护理人员提供服务时对其进行规范管理。

我们会通过服务质量监督平台来进行监督，阿姨们在工作开始前要在手机上签到，我们这个平台能实时看到有哪些阿姨正在进行服务，然后我们可以通过平台与阿姨进行视频通话，这个工作我和朱老师都会进行，我们会随机问阿姨一些问题、要求阿姨拍一下老人的门牌号、看一下老人等来确定阿姨确实在老人家里进行服务，如果阿姨有三次没接的话我们就认定为是旷工，我们会立即通知阿姨来服务中心接受处罚，屡教不改的我们会辞退掉。（访谈对象 9-2：管理员）

3. 实行巡查员巡查制度

为了使养老护理人员的服务更加规范，青浦区佳抚居家养老服务中心实行巡查员巡查制度，巡查员根据养老护理人员对应的服务时间上门巡查，如果发现在服务时间内养老护理人员并没有出现在老人家里，巡查员会做好登记，并在手机 APP 上记录，之后让养老护理人员签字确认，月底会根据考勤情况进行处罚；巡查员还将检查老人卫生及房间、卫生间、窗户等卫生情况，巡查员每月都会做好巡查情况并及时告知养老服务员，以便养老护理人员及时改正服务中的不足。在上门巡查过程中，巡查员如果发现护理人员与服务对象有矛盾，需要耐心了解情况后及时上报，如需调换服务对象会及时告知，并同步在手机 APP 上；如果发现老人对护理人员的服务提出质疑，会及时向服务中心反映。

我们有巡查员进行随机巡查，巡查员根据养老服务员对应的服务时间上门巡查，如果发现在服务时间养老护理人员并没有出现在老人家里，巡查员会做好记录，并在手机操作平台上记录，之后让养老服务员签字确认。（访谈对象9-1：管理员）

我们有巡查员进行随机的巡查，阿姨事先是不知道的，如果发现阿姨们在工作中有不合格的地方，巡查员会立即通知阿姨，然后进行处罚。（访谈对象9-3：管理员）

4. 其他规范措施

为了规范护理人员的居家养老服务，青浦区佳抚居家养老服务中心建立了各项规章制度和管理办法，这些措施有效地规范了护理人员的行为：

（1）护理差错事故防范措施

为了规范护理人员的服务，青浦区佳抚居家养老服务中心出台了一系列措施：要求护理人员每半年学习一次卫生法律法规、医疗规章制度，护理小组不定期开展小组培训会；要求护理人员在护理过程中，必须严格遵守医疗卫生管理法律法规，恪守职业道德；要求质检小组每季度召开一次质量评估会议，每半年组织一次质量研讨会，总结经验，不断提高护理质量，防范护理差错事故发生，建立差错事故登记制度，并按时上报：一般差错一周内上报，一月讨论，严重差错事故及时上报，二十四小时内讨论并提出处理办法及改进措施。

我们有文件明确规定了养老护理人员在发生护理差错事故时应该怎么做，我们建立了完善的各项规章制度和管理办法，我们每个月都会组织一次质量检查，质控小组则每天都会进行质控检查，我们会培训护理人员在发生护理差错事故之后，要冷静处理并及时上报，还有我们建立了差错事故登记制度。（访谈对象9-2：管理员）

护理差错事故防范制度是我们一项很重要的制度，因为你知道来参加长期护理保险的老人年纪都是比较大的了，都是一些七八十岁甚至一些九十多岁的人，所以在服务过程中难免会出现一些意外，那我们制定这一制度，就是为了促进我们阿姨们提供服务时的规范化，减少事故出现的风险，同时让我们的阿姨在面对突发事件时能够冷静做出正确的处理。（访谈对象9-3：管理员）

(2) 服务流程规范

青浦区佳抚居家养老服务中心要求护理人员规范进行居家养老服务。每次上门服务前需要打电话预约，在进入老人家中时要打招呼，首次进门和之后进门的问候语都有严格的规定。在服务正式开始前，需要告知老人本次服务的内容或项目以及告知家属或老人希望他们有什么样的配合、所需用具和材料有哪些，如帮助老人擦身时需要的热水、毛巾、保暖措施。在服务过程中，要观察服务对象的各种情况，如是否患有慢性疾病、身体状况等，保持与老人的交流沟通，及时询问老人是否有不适感，需要家属配合时要告诉家属需要注意的事项，该操作的要领等。还要注意老人安全，不能使老人受到伤害。如果服务项目有配药等项目时，在服务结束时要告知老人家属服药的时间，防止误服。根据服务对象的状况，可以提供个性化服务。最后在本次服务结束时，护理人员要整理好服务使用的各种物品，向老人及其家属告别，并告知下次服务的时间和内容。

我们有完善的服务流程规范，每位护理人员在正式开始工作前，我们都会让他们学习服务流程，做到服务流程规范，让他们做到热情服务，对老人要亲切友好，自己要主动耐心，我们有长期护理保险养老护理服务规范的文件。（访谈对象9-2：管理员）

这一项制度更像是一种工作前的细节培训，也是为了我们大阿姨们能够快速上手进行服务，你能看到这项制度规定得非常详细，来怎么和老人打招呼都规定了，这样能缓解氛围，也能让服务顺利地进行下去，比如阿姨在服务时有时候可能手比较重，但有的老人他就不说，这样就让服务没有发挥有效的作用，所以这也是一种促进服务规范化的方法。（访谈对象9-1：管理员）

(3) 危险因素和突发事件处理预案

在进行居家服务时，由于服务对象是老年人，所以在服务过程中充满着各种危险因素，发生突发事件的可能性也很高，因此，为了确保护理人员服务的规范性，青浦区佳抚居家养老服务中心制定了危险因素和突发事件处理预案，主要包括：要密切观察老人细微的异常表现，如心情忧郁或表情、行为、语言异常等；要考虑到老人是否有自杀倾向，以方便及时采取有效的预防措施，对于一些行为有异常、情绪变化或波动比较大的老人，要及时将相关信息告诉老人家属并且上报给机构，情况特别严重的可以拨打120进行住院救治。为消除危险因素，护理人员在服务过程中要注重加强基础护理，尤其是皮肤护理，有代表性的就是防止褥疮的出现，并指导老人家属在寒冷季节正确地使用热水壶、热水袋等用具，防止烫伤皮肤。最后，机构中心会加强对护理人员的护理安全教育，对于一些"重点护理环节管理内容"不定期进行强化教育和分析讨论，提高护理人员的安全防范意识，在服务过程中重视自身和老人的安全，做到警钟长鸣。

我们制定了危险因素和突发事件处理预案，因为在服务工程中不可避免地可能会出现突发事件，可能会有各种危险因素，我们制定了详细的危险因素和突发事件处理预案，一旦出现了突发事件，养老护理人员能够冷静处理。（访谈对象9-1：管理员）

（4）护理人员与老人沟通制度

正确的沟通可以消除许多问题，使服务过程更加规范，因此机构也制定了护理人员在提供居家养老服务时与老人的沟通规范。首先，就是老年人拥有基本的知情权，护理人员一定要让老人能够明确所有护理计划，坚决做到在服务前告知老人基本的服务内容，详细介绍各种不同护理方案的优缺点及所需费用，尊重老年人的选择权。在老人强烈要求的情况下，可以一定程度上更换护理项目，但是护理人员不能以此为借口，在护理时随意进行服务。其次，每次在进行服务时，养老护理人员都要与老人进行沟通，在发现老人病情变化甚至恶化时要及时向老人家属通知并且向服务中心报告，并及时采取一些必要的措施以解决老人的紧急问题。最后，在面对老年人的特殊护理或易引起纠纷的处理、特殊护理材料的使用以及重要护理事项的沟通问题上，护理人员都必须认真填写《护理确认表》并请老人家属或本人签字，这样一来能保障老人及其家属的知情权、选择权，同时也能使护理人员得到有效保护。

之前呢我们发现阿姨们在进行服务时不会与老人进行沟通，就是一进门就开始进行服务，埋头工作，不跟老人进行交流，这其实是很不好的，因为你要及时得到老人的反馈，比如你要询问老人力度怎么样，今天状态怎么样，刚进门时你要询问一下老人现在方便吗，这些都是很简单的沟通，但是对于服务质量和老人的满意程度就有很大的作用。（访谈对象9-3：管理员）

（三）服务后对养老护理人员的规范化管理

1. 服务中心访护制度

为了能够了解到护理人员真实的服务状况和老人的满意程度，青浦区佳抚居家养老服务中心确立了护理访护制度，即服务中心的负责人每个月都会在不事先通知养老护理人员的情况下直接到老人家里进行访护，向老人及其家属询问有关护理人员提供的居家养老服务的事情，包括养老护理人员是否按照计划向老人提供了服务项目，有没有私自变更服务项目，养老护理人员是否提供了足够的服务时间，有没有存在提前打卡下班的情况，同时会向老人询问养老护理人员的服务态度如何，提供服务过程中有没有存在责备、辱骂老人的情况，最重要的一点是会询问老人认为养老护理人员的服务质量如何，服务是否规范、高效，是否对生活有帮助。

在完成访护工作后，访护人员需要填写服务访护评价报告，对每位养老护理人员进行评价，评价分为护理项目、护理时间、服务态度、服务质量四个评价维度，前两项各二十分，后两项各三十分，总分为一百分，服务项目每缺少一项扣五分，服务时间每缺少五分钟扣五分，服务态度和服务质量分为"很好、好、一般、差、很差"五档计分，很好为三十分，每档相差五分，访护员也会对养老护理人员提出改进意见，最后会将访护报告录入上海市信息系统进行保存。

而且我们也会进行访护，周老师每个月都会在不事先通知阿姨们的情况下直接到老人家里进行访护，向老人及其家属询问有关护理人员提供的居家养老服务的事情，问阿姨是否按规定提供了服务项目，有没有私自变更服务项目，同时会向老人询问阿姨的服务态度如何，提供服务过程中有没有存在责备、辱骂老人的情况，最后也是最重要的是询问老人认为阿姨们的服务质量如何，服务是否规范、高效，养老护理人员的服务是否对你的生活有帮助。在完成访护工作后，访护人员需要填写服务访护评价报告，对每位养老护理人员进行评价，访护员也会对养老护理人员提出改进意见。最后会将访护报告录入进系统进行保存。（访谈对象9-1：管理员）

2. 养老护理人员绩效考核制度

为规范养老护理人员的工作、促进服务中心长期护理保险居家养老护理工作的顺利开展、展现优秀养老护理人员的风采、增强集体荣誉感，达到表彰先进、激励后进之目的，青浦区佳抚居家养老服务中心制定了养老护理人员绩效考核制度。

首先，青浦区佳抚居家养老服务中心制定了严格的考核制度，规定全体养老护理人员不能无故迟到早退、违反规章制度，每位养老护理人员每年有十一天的固定休息日，如遇急事可以调休，但每月最多只可以调休两次，超过的由巡查员找其他养老护理人员代班并扣除小时费，而且调休必须提前一天通知巡查员和老人及其家属，如果一次请假超过三天，则直接由巡查员找人代班，如果养老护理人员不经过巡查员或者老人及其家属同意擅自找人代班或者擅自找代为考勤的，一经发现直接劝退。在服务过程中若发现养老护理人员存在迟到早退现象，第一次给予口头警告，第二次扣除五十元，第三次扣除一百元，屡教不改者一律劝退。另外，在巡查员巡查过程中发现老人家里有明显脏乱、老人或家属反映养老护理人员服务并不到位或者进行电话投诉时，第一次给予口头警告，第二次扣除五十元，第三次扣除一百元，屡教不改者一律劝退。养老护理人员如果违规私自向他人泄漏了老人的个人隐私或相关的资料或情况，散播谣言、挑拨离间、制造老人家庭及养老护理人员之间矛盾的，超过三次者一律直接劝退。

其次，青浦区佳抚居家养老服务中心会对养老护理人员的服务质量进行考核，考核方式是由服务中心派出工作人员去老人家里进行上门访问，填写服务质量测评表，衡量的内涵包括服务人员的服务态度、服务质量和服务范围三个维度，每个项目都有满意、基本满意和不满意三个尺度，根据老人对养老护理人员的评价进行打分，养老护理人员的总分大于等于九十分的为满意、七十分到八十九分为基本满意，小于六十九分为不满意。

最后，青浦区佳抚居家养老服务中心制定了考核奖励制度，每年年底，服务中心工作人员会从个人素质、服务质量、专业技能、服务记录、出勤情况、满意度和安全意识七个方面对养老护理人员进行绩效考核，个人素质主要从仪表行为规范，穿工作服、戴工作牌；爱岗敬业，遵守法规以及机构规章制度；服务机构的工作安排和人员调动，同事之间团结友爱这三个维度考核，共计二十分。服务质量从服务周到，态度和蔼，语言文明，尊重服务对象；按照服务计划表的内容以及服务规范尽心服务，把工作落实到位两个维度考核，共计二十分。专业技能考核专业理论知识和技术操作的熟练掌握，共计十五分。服务记录主要考核养老护理人员在提供服务后，服务记录书写是否完整清晰，共计十五分。出勤情况考核养老护理人员是否按服务时间服务，有无缺勤情况发生，共计十分。满意度主要看是否有服务对象及其家属投诉，总计十分。安全意识要求养老护理人员服务安全意识强，严防服务差错事故发生。总分大于等于九十分为优秀，七十五分到八十九分为良好，六十分到七十四分为合格，六十分以下为不合格。根据考核分数，服务中心最后会评选出"服务能手""优秀护理人员""优秀员工""服务标兵"并进行奖励。

我们会对阿姨进行评估的，每个月都会进行评估的，我们每个月会对阿姨们的工作进行总结，然后会张贴公示出来，做得好的我们会奖励表扬，做得不好的我们处罚结果也会公示出来，然后就是我们每年会对阿姨们进行一次考核，会从个人素质、服务质量、服务记录、出勤情况等七个方面对阿姨进行绩效考核，总分一百分，总分大于等于九十分为优秀，七十五分到八十九分为良好，六十分到七十四分为合格，六十分以下为不合格。根据考核分数，服务中心最后会评选出"服务能手""优秀护理人员""优秀员工""服务标兵"并进行奖励，你比如说今年我们就评选出了三名服务能手、五名优秀护理人员和一些优秀员工。（访谈对象9-1：管理员）

三、对护理人员的规范化管理中存在的不足

（一）员工培训重理论、轻实际操作

员工培训是保证养老护理人员提供规范化服务的重要方式之一，但是我们发现青浦区佳抚居家养老服务中心在对员工进行培训时过于重视对养老护理人员进行理论知识的培训，对于实际操作训练有所轻视，仅提出了各个项目养老护理人员应该做到的标准就让养老护理人员进行实操比赛，没有进一步的规范培训。实际操作是服务质量和服务规范化的重要保证，对于养老护理人员的培训应该做到理论与实操并重。

问题呢也是有的，比如我们每季度都会对阿姨们进行集中培训，但是一般的培训形式是由周老师进行讲座，给阿姨们讲一些理论知识，然后在最后会进行笔试考试，但是对于实际操作训练有些不重视，然后让养老护理人员进行实操比赛，没有进一步的规范培训。（访谈对象9-1：管理员）

还有就是我们阿姨们进行培训都是一些理论上的知识，实操的培训比较少，所以对于阿姨们的技能提升可能做得不够，所以我还是希望将来我们能够尽可能的全面进行监管，然后请更多的专业人员来进行培训，让我们的阿姨越来越优秀。（访谈对象9-3：管理员）

原因分析：首先，来服务中心工作的养老护理人员都是已经取得初级医疗照护资格证的护理人员，他们本身的能力已经满足当下工作的需要，因此养老护理人员和服务中心都没有进一步加强培训的动力。其次，对养老护理人员进行实操培训必须请专业的培训老师，而且必然要进行多次培训，这对服务中心来说是一笔非常大的开销，所以这也使服务中心丧失积极性，而理论培训则相对简单、方便，成本也较低，因此造成了服务中心对员工培训重理论而轻实操的问题。

（二）后期访护存在脱离实际，流于形式的问题

服务中心访护制度本是保证护理人员服务规范化的重要制度安排，是对养老护理人员服务后的一种规范化管理，通过管理人员在养老护理人员提供服务后走访检查养老护理人员的服务质量从而监督他们在提供服务时要专业、认真、规范。可是在实际操作过程中，一方面由于老人的住址都比较远而且很分散，管理人员的访护效率和积极性受到很大影响，另一方面，由于管理人员没有足够重视访护对于规范养老护理人员服务的重要性，因此存在随意打分评价或者未进行实地访护直接凭主观进行评价的情况，这也使得访护制度在一定程度上流于形式，没有发挥出该制度在服务规范化管理方面的作用，既损害了养老护理人员的工作积极性，也损害了老人的利益。

还有就是访护制度的执行存在一些问题，其实访护制度是很重要的管理方式，可是在实际过程中，一方面由于老人的住址都比较远而且很分散，另外呢由于疫情的影响，所以有的时候没有完全地落实，没有发挥出访护制度在养老护理人员提供服务规范化管理方面的作用。（访谈对象9-1：管理员）

目前我觉得管理还是比较完善的，没有什么大的问题，阿姨们的工作也是比较认真的。如果一定说有什么问题的话那就是我们服务中心的人员比较少，只有四位员工，所以很多时候都只能是抽查，比如每天的视频监督，都是随机抽查几位阿姨，还有就是现在疫情期间，巡查员的巡查和管理人员的访护都是比较困难的，有的时候可能会偷懒。(访谈对象9-2：管理员)

原因分析：全面质量管理视角强调以质量为核心，对服务全过程进行管理。访护制度作为服务后对养老护理人员的规范化管理的重要举措，是服务全过程规范化管理的重要组成部分，而管理人员轻视了访护制度对服务质量的重要性，使得访护制度在一定程度上流于形式。

四、对策与建议

(一) 加强员工实际操作培训

全面质量管理要求以质量为中心，目的在于通过顾客满意和本组织所有成员及社会受益而达到长期成功的管理途径。在长期护理保险居家养老服务中，员工的技能熟练程度是服务质量最根本的保证，加强对养老护理人员的技能培训对于养老护理人员本身和老人都是有益的，随着养老护理人员能力的提高，他们的职业生涯有了更好的发展，也能使居家养老服务更加规范化，进而提高长期护理保险的服务质量，让老人享受到更好的居家养老服务，使双方都更加满意。服务中心也应当丰富培训方式，如邀请专业的培训导师对养老护理人员进行培训、开展线下面授培训、利用线上教学视频进行培训等，养老护理人员也可以将自己的实际操作拍视频请导师或相互之间纠正，以提高服务规范化水平。

(二) 鼓励养老护理人员考取更高等级医疗照护资格证

当由更高医疗照护资格证等级的养老护理人员为老人提供服务时，不仅使养老护理人员提供的服务更加规范化，也更有可能超过老人原先对护理服务的预期，让老人对服务中心的工作满意度提升，从而使所有人都受益，促成长期成功。服务机构应当鼓励养老护理人员积极考取更高等级的医疗照护资格证，比如通过服务中心组织培训、补贴养老护理人员在专业培训机构学习费用、制定与医疗照护资格证对应的等级工资制等方式进行鼓励。

（三）落实访护巡查制度

对养老护理人员服务后进行规范化管理的一个重要措施就是访护巡查制度，访护巡查制度通过服务中心工作人员直接去到老人家中进行巡查、监督和采访，对养老护理人员的服务进行一个基本的了解。按照全面质量管理视角的观点，访护巡查制度在服务结束后的规范管理，是实现服务全过程管理的重要方式。因此，在工作过程中，要采取多种措施防止访护工作流于形式，例如，访护巡查员也应当拍照打卡签到以证明自己切实完成了工作；做好访护报告并让老人签字；及时向养老护理人员反馈结果等。

（四）重视对养老护理人员的激励

激励能让养老护理人员以更加积极主动的态度去提供服务，能够有效地推动养老护理人员提供服务的规范化。在对养老护理人员进行激励时，要注意多种激励方式相结合，要正激励与负激励相结合：对于服务中心中做得好的养老护理人员要进行表扬，鼓励他们提供更高质量的服务，作为榜样进行表彰；对于服务质量不尽如人意的或者存在违反服务中心工作制度的护理人员必须及时进行处罚，防止出现破窗效应。要采用按需激励的原则：根据每位养老护理人员的需求不同进行激励，这样不仅能使服务中心的激励成本降低，同时能最大程度让每位养老护理人员都感到满意，实现激励效用的最大化。要物质激励与精神激励相结合：在进行物质奖励的同时，通过精神激励的方式提高养老护理人员的幸福感和被尊重感，让养老护理人员感受到自己的工作是有意义的，从而自觉主动地去规范自己的服务，提高服务质量。

上海长期护理保险中护理人员的培训

自 2018 年上海市全面推动开展长期护理保险工作以来，普遍存在护理人员供给不足以及专业综合素质不高等问题。因此，本部分主要研究长期护理保险护理人员的培训，以访谈法为主、文献研究法为辅，对上海中福会养老院的管理人员和护理人员进行访谈，旨在记录长期护理保险养老护理人员的现状以及发现并尝试解决其在培训方面存在的问题，通过不断改善，加强养老护理人员队伍建设，提高养老护理水平。

一、研究设计

（一）调查机构：上海中福会养老院

上海中福会养老院成立于 2008 年，占地 29 405 平方米，建筑面积近 19 612 平方米，坐落于青浦城区第一景观大道公园东路，东靠向阳河，南面博物馆、科技文化中心，西与中山医院青浦分院紧邻，地理位置优越，2017 年上海复旦大学附属中山医院青浦分院与上海中福会养老院达成战略合作协议，并为养老院开设一条急救绿色通道，缩短了老人从养老院到一所设施齐全的三甲医院的时间和距离，为老人生命安全保驾护航。院内拥有多功能会所 1 幢，不同功能定位的南北连体公寓 3 幢，各栋建筑之间用回廊衔接，方便老人出入；院内视野开阔、绿树成荫、空气清新，户外休闲活动空间大，木制凉亭、曲桥荷塘、亲水平台错落有致，老人可以悠闲散步、结伴钓鱼、动动筋骨、话话家常。

（二）调查方法：实地观察+深度访谈

调查人员在上海中福会养老院进行了为期一个月的实习，期间参与了机构的日常工作。在工作过程中，调查人员既进行实地观察和记录，又采用面对面深度访谈法收集资料，即研究者采用结构访谈的方式，事先拟定访谈提纲，以口头形式向被访者提出问题，从而了解上海市中福会养老院养老护理人员的现状以及在其培训方面存在的问题。

（三）调查对象

此次访谈共4人，其中有管理人员2人、护理人员2人。另外，由于疫情原因，院方表示不方便对院内老人进行访谈，但是研究者通过其他途径遇到了一位享受居家护理服务老人的配偶，对其进行了面对面深度访谈。

表 10-1　访谈对象基本情况

编码	访谈对象	年龄（岁）	身份	机构工作年限
访谈对象 10-1	何女士	36	管理人员	／
访谈对象 10-2	何老师	35	管理人员	8 年
访谈对象 10-3	王阿姨	50	护理人员	8 年
访谈对象 10-4	张文凤	53	护理人员	12 年

二、中福会养老院现状

（一）养老院基本情况

养老院利用中国福利会会内资源，与儿童艺术剧院、少年宫、幼儿园、妇幼保健院等兄弟单位合作互动，如：请少年宫老师来养老院老年大学任教；保健院的医生定期为老人义诊；请剧院出演小品；让老人与幼儿园、托儿所的小朋友联欢。这些互动既能使入住老人享受高品质的医疗保健和老年教育，还能维持老人与社会的联系，使院内老人时刻保持活力。

在访问养老院管理人员何老师后，调查人员得知，上海中福会养老院隶属于宋庆龄先生创办的中国福利会的第八大事业——养老事业，是一家民办非企性质的养老机构，内设一级医疗机构，具有单人房、双人房、大小套房228 套，核定床位数及实际开放床位数均 270 个。养老院拥有一支专业养老护理队伍（现有 57 名护理人员），其中医疗照护 29 人，执业护士 4 人，康复理疗师 4 人，具有大专以上学历共 14 人，中级职业资格证书及以上共 31 人，中级职业资格证书以下21人。住养老人共270位，人均满70周岁，离休干部占23%。本市户籍老人占86%，外籍、外地住养老人占总人数14%。养老院秉承宋庆龄先生创办中国福利会的精神，以"加强科学研究"为办院方针，将"把最宝贵的东西给予老人"作为服务宗旨。

（二）养老院入院流程

1. 中福会养老院面向全社会开放，首要的入住条件是男性年满60周岁，女性年满55周岁；其次，老人无传染病、精神病，以及无其他不适宜养老院住养的疾病；再次，为了入住老人的健康着想，老人和家属不得隐瞒老人的病情；最后，老年人入住需要有人担保，担保人需是上海市常住人口、未满65周岁且能承担入住老人的经济责任。

2. 中福会养老院的入院流程如图10-1，老人健康体检的具体项目有肝、肾功能，空腹血糖，血脂4项，血常规，尿常规，胸片，心电图，B超（肝、胆、胰、脾、肾），脑CT，骨密度，视力、听力（眼底检查、眼压）。其中胸片和肝功能体检报告的有效期是1个月，其他体检项目报告的有效期是3个月。入院需要准备的材料有：《入院申请书》，老人及监护人的身份证及复印件、户口本复印件，原始病历卡、体检报告。另外如果老人近期有住院记录，需要有医院出具的出院小结。

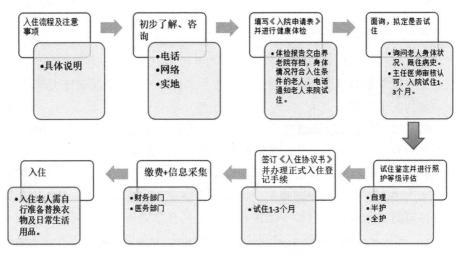

图 10-1　中福会养老院入院流程

（三）养老院收费标准

养老院的收费标准见表10-2客房收费标准和表10-3护理（服务）费膳食等收费标准，住宿收费因房型和楼层而异，一楼的住宿价格略低于其余楼层，房型越高级相对应的费用也越高；护理服务费用按照住养老人所需求的不同照护等级来收取相应费用；膳食费用具有灵活性，按照老人每日的具体吃食来收取相应费用。总体来看，若住养老人的膳食费用按照一天40元的平均标准，那么根据住养老人不同的实际情况，每月费用在5850元–12 660元不等。

1. 客房收费标准

客房收费标准如表10-2所示，收取费用包括配置基本家具、家电，基本水电费，物业管理费及公共娱乐活动场所的使用费。另外，如果住养老人有保姆陪同入住，按27元/天的标准收取保姆住宿费用。

表 10-2　客房收费标准

房型	底楼价格		2、3、4 楼价格	
	元/天	元/30 天	元/天	元/30 天
单人房	145	4350	155	4650
双人房 1 人	207	6210	216	6480
双人房 2 人	230	6900	240	7200
小套房 1 人	270	8100	281	8430
小套房 2 人	300	9000	312	9360

2. 护理（服务）费膳食等收费标准

照护等级由评估小组根据老人在试住期间的身体状况和护理需求来评定，并经担保人签字认可，在正式入住后，照护等级可根据老人需求的变化及时复评变更。

表 10-3　护理（服务）费膳食等收费标准

照护等级	护理服务费（元/天）	膳食费（元/天）
正常	10	根据养老院一周餐食的具体售价为参考
轻度 1	20	
轻度 2	30	
中度	50	
重度 1	70	
重度 2	80	
重度 3	90	

（四）养老院服务团队

1. 管理团队及事业发展部

中福会养老院有一支经验丰富、分工协作、年龄结构合理的高素质、高学历、多专业、多领域的管理团队。管理人员一共有 13 位，他们各自承担养老院不同部门的管理工作，在各自的领域都有丰富的经验。事业发展部旨在各方面进行创新，例如，自养老院建立以来，先后与华东师范大学以及上海政法学院建立了大学生社会实践基地，机构提供专业对口的养老服务培训课程与实习机会。同时，养老院还与中国普天信息技术研究院等海内外机构合作，创设综合性专业助老服务"产学研"的合作平台。另外，在有关护理人员培训方面，养老院推出有关养老服务工作的培训项目。项目引入了前沿的科研成果，结合养老院实务工作经验，开展以小组学习、互动研讨、参与式交流、浸润式体验为主要形式的精英式、小班化培训与行业交流服务，利于护理人员在工作的同时不断巩固和提升自己的专业知识和能力。

2. 保健站——医疗团队

养老院保健站医疗团队一共有 8 人，其中执业护士 4 人，康复理疗 4 人。保健站有三大特色：

针对住养老人的健康管理，从老人入住养老院开始，就建立健康档案，医生通过日常的巡诊来及时对住养老人的身体情况变化进行了解并记录，根据老人的不同情况制定健康管理方案以达到最好的健康效果。另外，医生会对住养老人定期进行血压、血糖、血氧等关键性指标的监测；对一些老年慢性病进行跟踪、分析、预防与控制，通过健康检查及评估，制定健康指导方案，有效进行健康干预。

针对住养老人的康复理疗，根据院内住养老人大多都有慢性病的现状，养老院配备了相关康复设施并专门聘请了有"康复医师"资格证的医生，定期上门为老人提供医疗诊治，为需要康复的老人提供专业的康复指导意见，由康复治疗师和护士、护理人员积极配合，完成对老人的康复治疗计划。通过中西结合的康复治疗方法，为住养老人舒缓筋骨，减轻肌肉、神经等病痛症状，恢复肢体行动功能，提高老人的生活质量。

养老院基于自身特有的地理位置，与隔壁的中山医院青浦分院建立合作。医院为养老院开启绿色通道，为住养老人基础就诊医疗、就近转诊急诊、专家上门会诊等提供多种便利，同时养老院和周边二甲医院——青浦区精神卫生中心也建立了联系，应对老人在精神、心理方面可能出现的疾病。

3. 护理团队

养老院拥有一支专业的养老护理队伍，现有57位护理人员，持有初级及以上职业资格证率达到94%，具备大专学历以上有14人、中级职业资格证书以上的有31人、中级职业资格证书以下有21人；护理人员中，现有7位具有高级养老护理人员职业资格。养老院注重护理人员的培育，坚持开展院外专业研修和院内培训，着力全面提升护理团队的专业综合素质，同时还积极选派护理人员参加各类资质认证、学历培训、行业内技能竞赛和全国性专业研修会议。自2017年上海开放大学设立"养老服务与管理"大专班以来，养老院已经有40%的护理人员报名就读以提升自己的专业水平。

4. 社工团队

养老院的社工团队一共有5人，他们分别负责住养老人的文娱与文化生活；老年大学课程的设计与落实，协调各类课程中出现的问题，反馈住养老人的意见；群体康复活动，为不同程度认知障碍的老人制定各类康复活动及训练来帮助老人；还有专门负责住养老人党员活动的工作者。社工团队旨在开展各种活动，以丰富住养老人的精神文化生活，并使老人们获得归属感、幸福感。

5. 餐饮团队和后勤团队

养老院的餐饮团队本着餐食美味、营养均衡的原则，加之了解到饮食健康与食疗对于老年人十分重要，餐饮团队通过处理不同食材、提供不同餐食来保证处于各阶段、各年龄层老人的营养平衡及吞咽适用性。后勤团队包括水电班组、保安班组和绿化班组，团队人员经验丰富、专业技能过硬，始终坚持遵循"把最宝贵的东西给予老人"的服务理念，坚持"管理为纲，服务为本，开拓创新，注重培训"的工作模式。

三、长期护理保险在中福会的实施情况

（一）长期护理保险的参保情况

2018年上海全面开展长期护理保险后，中福会养老院成为长期护理保险的定点养老机构。2018年5月24日，万序软件在养老院进行长期护理保险服务录入及结算培训。由图10-2可知，目前中福会养老院270位住养老人中有170位老人享受长期护理保险待遇，长期护理保险的参保率达到63%。

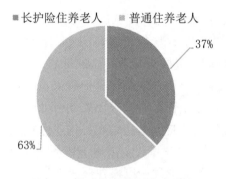

图 10-2　长期护理保险参保情况

长期护理保险试点工作是一项实事政策，对于居住在养老机构中，生活不能自理的住养老人是一大利好。养老院本着"把最宝贵的东西给予老人"的服务理念，不计成本得失，积极配合政府工作，力求将来自社会的温暖传递给每一位住养老人。

（二）参保人员对长期护理保险的评价

在养老院成为长期护理保险试点机构后，养老院为了住养老人能够更好地得到相应的政策服务，开展了一次有关长期护理保险申请等相关事项的辅导活动，旨在帮助住养老人理解长期护理保险政策，尽快享受政府对养老机

构住养老人的福利。

在养老院的老人本就享受着来自养老院非常好的生活照顾，在生活质量方面来说应该相差不大，但是在养老机构的老人，其护理时间和频次是按照入住天数计算服务费用的，那么对一位符合享受长期护理保险的住养老人来说，长期护理保险可以通过帮老人结算一定次数85%的护理费用来帮助他减轻一定的经济负担。

当然，在帮助老人减轻经济负担的同时，有老人表示，将护理过程中拍摄的照片作为落实服务的佐证等行为在一定程度上没有保护老年人的隐私，因此满意度不是很高。

一位长期护理保险享受者的爱人表示，他们选择的方式是社区居家照护，他对于护理服务的意见是，他觉得每天一个小时的时间太少了，家庭的负担依旧不轻，所以希望延长每天长期护理服务的时间。

（三）长期护理保险在实施过程中存在的问题

1. 监管体系不完备，"骗保"行为时有发生

长期护理保险的监管体系不完善，在访谈过程中，研究者了解到，居家护理的机构或人员有"骗保"的行为。在我国，由于之前对护理人员的重视程度不够，导致当前护理人员缺乏，为了能够解决这一问题，机构降低了对护理人员的门槛，也就是说机构对于护理人员的准入机制是不够严格的。从另一方面来说，也可以认为是护理人员的选择不当、培训不足所导致的"骗保"现象的发生。

我从2017年开始接触长期护理保险，因为是刚开始试行，我觉得长期护理保险现在很多区域，包括青浦区、松江区、长宁区、虹口区、徐汇区这几个区域管理的方式以及相关的一些规定都不太一样，各个定点机构都是自行管理的。因为长期护理保险是国家刚开始试行的，各个方面还是不太成熟的。这个长期护理保险现在还是不够正规的，像骗保的现象还是存在的，机构应该说是没有的，这个居家的存在骗保的现象，比如说是没有提供服务，但是上报了。据我了解，参加这个民政局和医保局组织的各项会议，就是说在居家方面做的是不够正规的。（访谈对象10-2：管理人员）

护理人员要在提供服务的过程中填写各种表格，拍照片，因为之前有机

构违法挪用或私设账户就是骗保的一种行为，就是某机构和一个老人提前说好，达成购买服务协议，但是我这个服务实际上是不提供给老人的，但是你和我签了协议，我们双方都填写表格来证明这个服务是提供了的，那么长期护理保险报销的费用双方五五分成。（访谈对象10-1：管理人员）

2. 机构需承担额外管理成本

为了能够抑制"骗保"现象的持续发生，相关部门要求全部的长期护理保险机构在工作时要填写表格，并对相关工作过程拍摄照片。这也就意味着，为加强监管，机构需要有一个专门的人员来填写各种表格并完成上传，那么这对于机构来说，是额外产生的管理费用。而长期护理保险仅对老人有补贴，对机构的管理成本方面是没有补贴的，这就造成机构良性运作的困难。

长期护理保险是不计算管理成本的，长期护理保险的模式是这样子的，它这个护理费用有一笔钱，它打给老人，老人是享受这个保险支付部分的，比如说每个月给老人10块钱，老人就能用这个10块钱来抵消我们这边的护理费，但是长期护理保险中间所有的管理和监督的内容都是叫我们承担的，但其实我们在经手的过程中，不管有没有这个长期护理保险我们都是收一样的钱。另外，长期护理保险有一点像那种强制性的，就是大部分机构都是长期护理保险的定点机构，就是大家都有，所以也没有说是这个机构有长期护理保险就非常了不起这样子，就是均等的一个分配，在这个普惠性的政策情况下，这个机构的话成本政府是没有办法出的，它的要求特别高，而且是要事无巨细的，就是护理人员的每个操作都必须要有记录，每次评估都是要有照片的，然后要传给他们，那么这些打出来的纸啊什么的都是要有记录的，这些记录的成本对于机构来说都是额外的一笔费用。因为长期护理保险我们要应对上面的各种检查，填写各种报表，这个工作至少需要配备一个人来做，那么这个工作人员的人工一年至少8万到10万，那么这个就是额外增加的一个成本，是需要机构自己来承担的，机构需要这样的一个人去把有关长期护理保险的这个事情管好，管不好还被扣钱，总的来说就是机构需要额外承担管理成本。（访谈对象10-1：管理人员）

3. 服务质量下降

造成服务住养老人的质量下降其实是一种为了阻止"骗保"现象发生的

连带反应，因为护理人员要在护理过程中进行拍照，这对老人来说也是很不好的感受，会影响老人享受服务的质量，导致服务满意度下降。

因为之前出过事情，各个地方都有负面新闻，所以就是越管越紧，但是管理方法就是填各种表格，拍照片来证明确实为老人提供了相应的服务，就是很死板的一种方式。拍照片主要的目的就是防止享受居家养老的护理人员他们不去。那么对于我们这种机构养老的老人来说额外也是一种负担，我们的老人天天都是在这里的其实没什么好拍的，而且对于我们这里的一些老人对自己的隐私保护是比较看重的，拍照片也会给老人带来一些困扰，反而会造成服务质量下降，人家老人投诉你。（访谈对象10-1：管理人员）

四、护理人员工作基本情况

（一）工作内容

护理人员分为养老护理人员和养老护理人员（医疗照护），前者工作主要内容是对老人进行基本生活照料，包括环境卫生、个人护理、饮食照料、排泄护理、压疮预防与护理、移动安全保护六个方面。其中，环境卫生包括整理、更换床单；个人护理包括头部清洗梳理、面部清洗、手部清洁、足部清洁、指甲护理、温水擦浴、沐浴、口腔清洁、协助更衣、会阴护理、晨间护理、晚间护理、药物管理、生活自理能力训练；饮食照料包括协助进食/水；排泄护理包括协助排泄、失禁护理、床上使用便器、人工取便术、协助翻身、叩背排痰、留置尿管的护理、人工肛门便袋护理；压疮预防与护理包括压疮预防护理、皮肤外用药涂擦；移动安全保护包括协助床上移动、借助器具移动、安全护理。后者工作的主要内容是对老人进行常用临床护理，包括生命体征监测、导尿、鼻饲、灌肠、吸氧、血糖监测、服药、肌内注射、皮下、皮内注射、血标本采集、物理降温、压疮伤口换药、造口护理和 PICC 导管维护，其中生命体征监测包括测量、记录血压、脉搏、呼吸、体温、皮肤变化、液体进出量以及其他情况，导尿是为女性服务，除上述两项护理外，其他的常用临床护理必须遵照医嘱进行。在采访过程中，研究者发现机构护理人员的工作主要也是围绕老人的基本生活照料展开的。

我们一般是按一个楼层一个楼层分配的，一个楼层 16 个老人分配 2 个护理人员。一个老人我们给他洗会阴啊什么的最起码要 20 分钟。根据不同老人的需求最起码 20 分钟。护理他们的吃啊，什么的都要弄的。主要是洗漱，刷牙、洗脸、漱口、擦鼻屎、换纸尿裤、接尿什么的都要做的，反正就是从头到脚都要弄的。包括会阴护理也都习惯了，在护理的时候我们一般都会把门关起来，保护隐私也都是要的。反正就是基本的生活照料全部都是有的。（访谈对象 10-3：护理人员）

我们都是不分开的都是一起做的，比如今天我们五个人一起上班来服务所有老人，每个人分五到六个房间，比如有的老人体重比较重一个人弄不动就一起帮忙弄一下，还有就是比如有的人去忙别的了那么这个老人正好有事了就我去了。时间上要看老人的，有的老人比如他早上九点钟要吃水果，要帮他打碎制作成水果汁，几点要帮老人换尿布什么的都是有时间规定的，否则，他们有可能饭前刚好吃了水果那么中饭可能就吃不下了。（访谈对象 10-4：护理人员）

（二）职业选择

在访谈中，研究者发现护理人员的年龄普遍都比较高并且文化水平不高，在选择护理行业的时候她们已经 40 多岁，是面临职业第二春的年龄，在此之前她们也没有接触过相应工作，这可能会导致他们对于培训的内容接受较慢，如进行实操培训时，她们可能需要多次练习操作以掌握技巧。

在这里工作 8 年了，先开始抱着试一试的心态，后来就慢慢选择了这个，因为毕竟我们也没有什么文化程度。（访谈对象 10-3：护理人员）

2009 年开始在这里工作，说实话以前在工厂上班的房子呢也买下来了，这里我想说近一点，来这里家人那个时候也都是反对的，也就是那个时候找不到工作在工厂那边去找了也是 12 小时太累了就到这里来了，这里来试试看，就一直做下来了。（访谈对象 10-4：护理人员）

（三）工作强度和薪资状况

护理人员的工作强度很高，而且在工作过程中，老人的不定因素较多，所以会时常出现加班加点的现象，当然，加班加点也是有工资补助的。总的来说，护理人员对于自己的工作强度和薪资状况还是可以接受和满意的。

可以接受的，满意的。（访谈对象 10-3：护理人员）

工作强度如果不出意外就是和平时一样的，还是比较忙的，还有的老人他精神可能不太稳定，有时候不愿意配合，比如我今天打算好帮老人怎么样弄了结果他今天就是不愿意配合你那么你也要想办法来安抚他最终达到你要服务项目这样子的话就多出来一些时间，就要打乱你的计划了。实际工作需要根据老人们的实际情况进行及时的调整，有几个比如卧床的老人（大小便都失禁的）你按平时的工作正常做结果他拉了一床了，那没办法这些都需要你去做的。工作正常就是基本工资那么多出来的就是加班加的有时候时间会比较长，不管在什么情况下，只要是老人打铃了我们都要及时赶过去。（访谈对象 10-4：护理人员）

（四）挑战及解决方式

任何工作都是会遇到困难的，在遇到挑战后需要有解决的方法，在护理人员的工作中，每天面对的就是需要照顾的老年人。通过采访研究者发现，护理人员在工作中遇到的最大的困难就是一些老人会产生抵触心理，不愿意配合工作，在这样的情况下就需要护理人员用耐心和爱心来帮助老人缓解情绪从而完成照料。

这个我也说不清，反正有时候老人嘛有一点抗拒的心理，有时候沟通也是比较困难的。有时候就是不愿意配合你。遇到这种问题我们就是哄他，想尽一切办法，等他心情好了的时候，跟他聊一聊家常什么的想办法让他心情变好，过了这一段时间后也会接受的。（访谈对象 10-3：护理人员）

最大就是老人不配合呀，有的老人他精神不太稳定就要找一找麻烦的，像我倒还可以因为我毕竟年纪大了做了这么多年了，倒也没什么的，有的新来的老人就会盯着你，说你不好就会一直说你不好，一般正常的老人他很好的很配合的，就是个别老人精神可能不太稳定你跟他说他也不知道的呀，说了也是白说他不听你的话，比如说现在是吃饭时间，食堂里的人都在吃饭我们正在喂饭，那他可能就是不愿意配合你，你喂饭他就是不吃呀，我不吃你就是放着等他自己吃，那你等哪怕十分钟二十分钟，他就是不吃的，等到最后还是要你去喂的，其实他不会吃他又不让你喂，这些就是困难。遇到这种情况我们一般就是等他心情好了在微波炉里加热再喂给他吃，不吃是不行的，那他一直不吃总不能一直不给他吃饭吧。（访谈对象10-4：护理人员）

五、机构为护理人员提供的培训服务

（一）机构为护理人员提供的培训服务内容

养老院护理部一直致力于改善护理服务质量和服务水平，不断完善护理服务的流程和细节，所以养老院根据自身特点形成一套内部培训体系，开展"护理技能竞赛"、"月度培训"、"楼组学习"和"读书分享会"等多项独具特色的培训项目。护理技能竞赛弘扬工匠精神，强化基础技能；月度培训紧扣养老院标准化建设的落实和老年学各学科前沿理念；楼组学习聚焦不同楼层实际工作中遇到的问题，群策群力，汇聚所长；读书分享会发挥高级护理人员作用，学习和吸收国内外先进的养老理念，并将之运用到中国养老实践中。

养老院对护理人员的培训是非常充分且独具特色的，据了解，养老院除了通过坚持开展院外专业研修来全面提升护理团队专业素养外，每月还会对护理人员进行培训，称为"月度培训"。月度培训的内容主要偏向于提升护理人员的业务能力，具体包括对老人饮食照料方面的培训，细化到为老人滴眼药水的方法、失禁性皮炎和压疮等方面。除此之外，培训还包括学习交流分享会、规范护理行为等。

护理人员培训是极其重要的部分，这事关老人是否可以得到满意的生活照料。机构在这方面做的是到位的，在采访中，研究者了解到，机构在工作中也会穿插培训，做到培训内容精细化的同时加入相应考核，使护理人员能充分掌握要领和技巧，在实际应用中也能得心应手。

对这个护理人员的培训工作是每个月都会有带教培训的，而且对护理人员每个月都会进行考核，机构相关培训是每年都会有的。这个带教培训我们每个月培训的内容是不一样的，有关于这个操作的、护理知识、相关的专业

知识、安全的等。（访谈对象 10-2：管理人员）

　　培训都是有的，上岗前有培训，工作中也一直是有培训的。好多同时还报名了上海开放大学的相关学习培训。上岗前培训时间是很长的，在平时工作的过程中也一直是在接受培训的，在工作时间外进行学习和培训。有专门的机构和人员对我们进行培训。我们培训的都是养老护理方面的培训。我现在有初级、中级、高级养老护理资格证书。（访谈对象 10-3：护理人员）

　　培训内容都是有的我们是喂食，坐喂的、卧喂的；还有洗脸、洗手、口腔护理、穿脱衣、换纸尿裤、帮老人吸氧，给老人服务的内容都要培训的。比如说有的老人需要鼻饲的，那么你要怎么给老人喂，喂鼻饲，我们首先要把床头摇起来，摇到 30 度，一定要高否则不行的要吐出来的，先要用水把管子冲一冲。（访谈对象 10-4：护理人员）

（二）护理人员对培训服务的满意度

　　大部分护理人员对于机构提供的培训服务是满意的，并且表示机构提供的培训内容的实用性是特别高的，培训的一些技巧在一定程度上可以减轻工作负担。但是，机构对培训内容进行考核需要背一些文字性内容的时候，护理人员表示时间不够用，加之自身接受程度低等现实情况，因此对机构存在一定意见。

　　培训的内容在实际中肯定是实用的，因为我们培训也主要是实操方面的，都是实用的。（访谈对象 10-3：护理人员）

　　培训是实际操作是很管用的，比如说翻身，有时候你光靠用力是把老人翻不过去的，老师教你怎么给老人翻身，有窍门的，一个手一推另一只手一拉就翻过去了就很实用的。自己力气不够用可以借力，反正培训内容一直是在改进的，比如说哪里不好了就一直在改进，选取好多方法教给我们。（访谈对象 10-2：管理人员）

　　现在我们这里的护理人员就是存在背不出来的问题，对养老院在这方面的意见还是蛮大的，也不说不接受背，就是背不出来呀，因为工作时间本来也很长加班加点用掉好多时间，回家也还有一个家的呀，你家里也要照顾到的，睡觉的时间都没有，没时间背，这方面也是对我们要求比较严格。（访谈对象 10-4：护理人员）

（三）护理人员期望提供的培训服务

由于机构护理人员自身存在对理论知识接受能力低的特点，护理人员表示对机构提供的培训希望是更加直观的和实用的，如对实操技能进行培训。

我们培训的都是大体的，反正就是老人是不一样的，在我们实际操作过程中各个人是不一样，各个人的性格是不一样的，所以在实际操作过程中需要有不同的应对方法。（访谈对象10-3：护理人员）

（四）机构期望为护理人员增加的培训服务

机构对护理人员的培训要从住养老人对于服务的满意度和护理人员的实际情况多方面进行考虑，机构认为目前护理人员培训理论知识太多，希望对护理人员增加一些直观的、实际操作的、护理人员易于理解的培训服务。

培训方面的话就是理论东西的太多，第一就是护理人员团队整体的年龄是比较高的；第二，她们的接受能力、知识层面都不是太高，基础也不是很好。建议是多一些比较是直观的、实际操作、易于理解的。（访谈对象10-2：管理人员）

六、护理人员培训过程中存在的问题

（一）理论培训内容接受度低

护理人员的年龄普遍都是偏高的，而且自身的学历水平也不高，研究者在访谈过程中发现，相关工作人员普遍反映护理人员对理论培训的内容接受程度低，学习起来是存在困难的，加之平时工作忙，所以护理人员对于理论培训的积极性也不是很高。

护理人员她们的接受能力、知识层面都不是太高，基础也不是很好。（访谈对象10-2：管理人员）

理论部分的学习说实话毕竟年纪大了学习起来是有困难的，实操部分的培训因为一直在从事相关的工作所以学习起来还是容易的。（访谈对象10-3：

护理人员）

　　学习起来困难的方面就是要我们背书我们背不出来，就是背一些你怎么帮老人护理的步骤流程要背下来那我们其实也记不住，你照书上一个字一个字搬下来我们也是记不住的，我就是说按照做的流程怎么做就怎么说就还好一点。（访谈对象10-4：护理人员）

　　（二）　不够重视理论培训内容

　　由于理论培训知识在现有水平的护理工作中的实用性相较实操培训较差，另外，护理人员又对理论培训内容的接受程度低，所以在采访中研究者发现，不仅是护理人员，机构的管理人员对于护理人员的理论知识培训也不够重视。但是研究者认为，理论内容的培训也是比较重要的，能够帮助养老护理人员了解职业道德及规范、老年人权益保障、养老护理内容及要求以及养老护理基础知识（医学常识、心理护理、紧急救护常识、老人安全知识）。如果老人有突发状况时，护理人员对于医学常识、紧急救护常识不了解，有可能导致严重后果，所以理论培训内容也需要重视。

　　在我们护理人员的培训中其实更强调的是实务的一些内容，所以就是实操性的培训多一点，理论的话其实面对的培训对象不一样，因为护理人员的话主要是年龄在40岁左右的，职业第二春的人群，那你如果过多的讲理论的内容的话她们也用不上，可能还是在实务的基础上稍微点一点这个方法比较好一点，你如果光讲理论也没有很大的用处，因为在现实情况中还是实操的内容更加适用一些。（访谈对象10-1：管理人员）

　　（三）　评估工作缺乏专业护理人员角度

　　长期护理保险的评估工作是由第三方机构来做的，在访谈中研究者发现，第三方评估工作是不够专业的，例如老年人的情况是多变的，评估人员在短时间内的观察可能是不准确的，而且评估工作的人员也不了解具体的护理过程，没有办法给出来自专业护理人员角度的建议，所以研究者认为，评估工作中专业的护理人员也应该参与进来，给出在今后护理计划中专业的指导意见。

长期护理保险的第三方评估工作是存在问题的，第三方的一个专业的水平存在问题，比如说第三方的评估理论上来说其实是要持续评估的，但是实际可能就只是来一次，或者说可能就是评估工作的工作量也是蛮大的第三方评估机构的人员配备不足导致在时间上是来不及的，另外在评估工作有些内容还是在日常生活常态的观察会准一点，因为你第三方机构来评估的话，比如你今天来评估平时老人有认知障碍那么今天突然好了你也是看不出来的，肯定就是我们机构的工作人员天天接触他对于他有问题的项目会识别得更加多一点，除此之外，第三方评估机构在评估的时候也是不够专业的，首先是评估的人员可能不够专业，其次是这个评估的量表也是在不断升级的一个过程，就比如是侧重老人的行为能力，轻认知能力。（访谈对象10-1：管理人员）

七、对策与建议

本次调查发现，长期护理保险确实很大程度上解决了老年人的照护问题，确保了老人晚年的生活质量。但是，长期护理保险在我国处于初步探索阶段，虽然其他个别国家在这方面相对成熟，有一定的参考意义，但是我们要依据我国的具体情况来确定符合我国的长期护理保险的模式。本部分基于社会治理理论对长期护理保险实施过程中以及关于护理人员培训过程中存在的问题提出相关建议，旨在促进长期护理保险在我国的发展。

（一）加强长期护理保险护理人员的培训工作

长期护理保险护理人员的培训由符合资格的社会机构对人员进行培训，在考核通过后由政府相关部门颁发资质证书。当然，护理人员的培训工作机构为了能够为老人提供更好的服务，也会为护理人员实施特色培训服务。长期护理保险护理人员的培训工作需要来自社会各方的共同支持。目前，长期护理保险的护理人员供给是不足的，所以需要不断增加护理人员的数量，当然不管是从数量还是综合素质来说都要兼顾到，不要在追求护理人员数量的同时丢失了护理人员的综合素质的提升，如此一来，对于老人来说生活质量会由于护理人员的专业程度和综合素质不高而降低，以至于老人对于长期护理保险的护理服务满意程度不高。如今为加强护理人员队伍建设，各方也在不断努力，政府提出加强人才培育，构建统一的教育培训体系；落实激励保障，构建统一的薪酬等级体系；实施稳岗扩容，构建统一的政策扶持体系；促进管理提升，构建统一的质量监管体系，另外还有保障措施，需要加强组织领导、实施工作督导、落实经费保障、营造良好氛围。

为了能够增加养老护理人员人才就业，对参加养老服务技能培训或创业培训且培训合格的劳动者，按规定给予培训补贴；推动普通高校和职业院校开发养老服务和老年教育课程，为社区、老年教育机构及养老服务机构等提供教学资源及服务；完善职业技能等级与养老服务人员薪酬待遇挂钩机制；建立养老服务行业从业人员奖惩机制，提升养老护理队伍职业道德素养。例如，上海开放大学就开设了"养老服务与管理"大专班。

另外，有关养老护理人员的理论培训要求是通过培训项目专业理论知识，使培训对象能够了解养老护理人员的职业道德及规范、老年人权益保障、养老护理内容及要求；初步了解养老护理基础知识（医学常识、心理护理、紧急救护常识、老人安全知识）。但在考核中这些内容以判断题的形式考核并且考核内容偏少，研究者认为应该加强理论内容的培训及考核比例，要使护理人员在照护老人突发紧急情况下，能够第一时间采取有效措施，为老人赢得黄金时间。

（二）长期护理保险评估工作介入专业护理人员

需要对相关护理人员进行评估资质的培训并在取得考核合格之后同其他的专业评估人员进行工作协同，对老人进行一个来自护理服务角度的专业等级评估，最终在确定等级后对老人的护理服务进行一个专业的指导，使老人有一个较高的生活质量体验。

另外，对长期护理保险的评估工作也要进行严格的监管，旨在使第三方机构做到对老人合理的等级评估。由于老人的状态存在不稳定的现象，因此对老人次数少且短时间的评估可能存在偏差性，所以建议增加机构对老人等级评估的次数以及时间，旨在对老年人的失能等级评估工作做到更加精准。

（三）建设相关法津法规，完善长期护理保险监管体系

长期护理保险的监管体系需要从政府、社会组织、机构、个人等多方面同时加强，共同监管。由于长期护理保险的监管不足，出现了"骗保"现象并产生了一系列的连锁反应，所以相关部门需要明确长期护理保险违规的相关法律法规，并将其纳入养老护理人员培训课程中，使护理人员明确在做出

不当行为后需承担相应的法律责任。同时在社区、养老院等地也进行宣传，产生公民监督的效果。另外，长期护理保险的监管体系可以利用"互联网+"来进行监管，提高监管效率及有效性。尽量不给机构及相关人员造成额外的成本，形成不良循环。当然，政府相关部门应该对实施长期护理保险的机构进行一定的补贴，来减轻机构的管理成本负担，有利于长期护理保险的良性运作，促进长期护理保险各方面发展并在我国取得显著成果。

上海长期护理保险中护理人员队伍建设

2023 年度，上海市享受长期护理保险待遇的老年人达 44.05 万人，养老护理员 6.04 万人[1]。研究者选择上海长期护理保险护理人员队伍建设研究——以青浦区佳抚居家养老服务中心为例，是为了研究目前的护理人员的年龄、来源、提供的护理服务、人员培训等，重点关注于护理人员队伍的可持续性发展，即未来上海长期护理保险如何合理建设护理人员队伍，比如政府补贴、提高待遇，利用所学专业知识、加强相关专业建议，规范化培训等。基于上述情况，本部分将对上海长期护理保险的人力方面进行深入调查，挖掘相关护理人员队伍中存在的问题，在理论层面上推动社会保障学科的发展，在现实层面上为后续长护保制度的护理人员的建设与推进进行一定程度的意见或建议。

一、研究设计

（一）调查机构：上海市青浦区佳抚居家养老服务中心

详见第九章。

（二）调查方法：实地观察+深度访谈+问卷调查

调查人员在机构进行了为期一个月的实习，期间参与了机构的护理人员

---

[1] 参见《2023 年上海市老年人口、老龄事业和养老服务工作综合统计信息发布!》，载 https://mzj. sh. gov. cn/2024bsmz/20240706/73924c349f4d475a9d46b6019f1a396b. html，最后访问日期：2024 年 7 月 6 日。

队伍建设工作。在参与机构工作的过程中，研究者对护理人员队伍建设进行仔细的实地观察和记录；对机构的工作人员进行了多次面对面深度访谈；对机构的护理人员进行了问卷调查。

（三）调查对象

1. 深度访谈

面对面深度访谈的对象主要是上海市青浦区佳抚居家养老服务中心的工作人员，主要访谈了 3 位。

表 11-1　访谈对象基本情况

编码	访谈对象	性别	身份	工作内容
访谈对象 11-1	朱女士	女	工作人员	管理护理人员
访谈对象 11-2	陆女士	女	工作人员	管理护理人员
访谈对象 11-3	谢女士	女	工作人员	管理护理人员

2. 问卷调查

问卷调查的调查对象是机构中的护理人员，共回收有效问卷 55 份。

由表 11-2 可知，在回收的 55 份有效样本中，男性样本占比 3.6%，女性样本占比 96.4%，主要集中在 55 至 60 岁的护理人员人群。56-60 岁的护理人员占 58.2%；51-55 岁的护理人员占 18.2%；61-65 岁的护理人员占 16.3%；50 岁及以下的护理人员占 7.2%。

表 11-2　调查对象分布情况

		年龄段					总计
		31-40 岁	41-50 岁	51-55 岁	56-60 岁	61-65 岁	
性别	女 计数	2	2	10	31	8	53
	女 占比	3.6%	3.6%	18.2%	56.4%	14.5%	96.4%
	男 计数	0	0	0	1	1	2
	男 占比	0.0%	0.0%	0.0%	1.8%	1.8%	3.6%
总计	计数	2	2	10	32	9	55

二、护理人员队伍的现状

（一）青浦区长期护理保险工作基本情况：深化工作、落实细则

自从长期护理保险试点工作开展以来，尤其是《青浦区加强长期护理保险试点工作实施方案》发布以后，佳抚居家养老服务中心通过强化内部管理、加强人员培训、严把服务质量标准等措施，不断提升自身的护理服务质量，为青浦区长期护理保险试点工作规范有序发展做出了贡献，但是护理人员队伍整体素质不高，以简单的家政服务代替长期护理保险服务的现象依然存在。护理服务机构要通过业务培训、人才引进等措施提升护理人员队伍的服务水平和服务能力；要根据失能老人的实际情况和需求，特别是要为重度失能老人提供更多常用临床护理，不断提升老人的获得感和满意度；要综合运用信息化、大数据等管理手段，持续规范护理人员的护理服务行为，让失能老人享受到实实在在的长期护理保险护理服务，为群众切实减轻照护压力。

青浦区为持续深化长期护理保险试点工作，贯彻落实新修订的《上海市老年照护统一需求评估及服务管理办法》（沪府办规〔2022〕17号），优化完善本区长期护理保险评估工作，开展长期护理保险服务关心关爱行动，对失能老人优先提供评估和护理服务，深化定点护理服务机构信用分级管理工作，推动护理服务行业连锁化、品牌化经营，提升全区长期护理保险护理服务能力水平。充分发挥街镇、村居的积极性和主动性，推动街镇、村居共同做好政策宣传、社会维稳等各项工作。

（二）佳抚居家养老服务中心的队伍建设：因地制宜、因人制宜

截至2023年1月，上海市青浦区佳抚居家养老服务中心的老人总数为600人，其中参加长期护理保险的430人中，在失能评定中评定为2、3、4、5、6级的人数分别为215人，139人，42人，29人，5人。其余170人享受民政部门提供的待遇支付服务。中心护理人员处于饱和状态，共计148人，针对2、3级失能对象需达到每月13小时的护理时长，针对4级失能对象需达到每月22小时的护理时长，针对5、6级失能对象需达到每月30小时的护理时长。

表 11-3　佳抚居家养老服务中心服务老人的基本情况

	老人总人数	1 级（民政）	2 级	3 级	4 级	5 级	6 级
截至 2023年 1 月	430（长期护理保险）+170（民政）	151	215（长期护理保险）+9（民政）	139（长期护理保险）+7（民政）	42（长期护理保险）+2（民政）	29（长期护理保险）+1（民政）	5（长期护理保险）
总计（人）	600	151	224	146	44	30	5
长期护理保险护理时间		0	13 小时/月	13 小时/月	22 小时/月	30 小时/月	30 小时/月

在针对护理人员队伍的建设方面，该机构适应老龄化进程，延长人员工作年限，拓展多元化产业链，在人员管理与建设方面积极响应市与区所布置的指标与要求，制定了针对护理人员队伍建设的考核，其中包括了护理人员考核指标、护理人员奖惩制度以及服务对象满意率测评制度。

1. 适应老龄化进程，延长劳动力时限

佳抚居家养老服务中心在建立之前，为适应老龄化进程，创始人在面对不景气的实体经济时选择了创新发展，拓展多元产业，积极响应上海成为长期护理保险试点城市的相关国家政策，顺应年龄较大且受教育程度不高的人员比当代青年更具艰苦奋斗的精神、更适应吃苦耐劳的工作这一工作特征，有效解决了他们就业难的问题。创始人在此过程之中招募到足额的护理人员数量，满足护理人员队伍建设的基础条件，又陪同一起开展培训学习，扩大护理人员队伍的可实践性。

本来周总是做实体的搞服装厂，那里工人大部分都是女同志，后来实体企业也不景气了，她也看到这些姐妹一下子在家里那个时候都四十几岁五十几岁的多一点，一下子没有了经济收入的来源，所以他又直接弄这么一个平台，把这些姐妹们又招募到一起去考那个证，考了以后他就做这一块长期护理保险。（访谈对象 11-3：工作人员）

2. 细化考核准则，提升护理知识储备

佳抚居家养老服务中心在护理人员考核指标制度中，根据各个岗位制定了相应的考核评分标准，并细化成表格，方便考核人员使用。考核人员根据护理人员的工作表现、工作业绩，对照考核标准，每半年对护理人员进行一次考核测评并记录。

他的考核指标就是要求我们能达到30%这一块，我们一般总共会超过这一个数字。（访谈对象11-1：工作人员）

考核频率为每年一次的总评，汇总时多采用上级评、互评相结合的方法，使评价结果更具参考性、有效性和可靠性，护理质控组负责人每年承担业务讲课，不断提升和更新老年护理的相关知识，在岗护理人员必须每年完成市、区级培训要求。对考核结果不合格者，进行批评、教育、指导和培训，考核分可作为评奖、记奖的参考依据。

对护理人员有一些要求，或者业务上面就是说让他接受一些我们区医保局区妇联之类组织的那种，也不是说职业素养，就是说一些常规的业务培训，去年好像疫情结束以后，区妇联跟区医保局也组织了一次针对护理人员的一个培训。根据区和市里面文件要求，对我们护理人员进行继续教育，理论培训或者实操都是我们依照我们考核的要求在做。像提出要求，就像我们的护理人员每年都要接受一次理论的测试和实际能力操作的考试。它上面的要求也不是我们每一个护理人员都要达到这一次，当然他的考核指标就是要求我们能达到30%这一块，我们一般总共会超过这一个数字。（访谈对象11-1：工作人员）

3. 确立奖惩制度，刺激自我实现价值

在佳抚居家养老服务中心护理人员奖惩制度中，奖励方面，机构对于工作责任心强、及时发现并阻止他人不良事件或事故发生者，奖励50-100元；对于爱岗敬业、工作成绩突出者、被评选为优秀护理人员者，予以300元以上的奖励；对在年度质量考核汇总中名列第一的护理人员，予以500元以上的奖励；另外在服务对象满意度测评中，年度表扬票数最多者，予以300元以上的奖励。

所以我们这支队伍怎么样管理，你保证这支队伍人员不流失，加上这些护理人员阿姨基本都是处于农村地区，你没有这种奖励啊，激励啊之类的刺激他们其实现在干这些活都是积极性比较低的，要不然就是家庭收入状况不太好的，才会做更多的工作。（访谈对象11-1：工作人员）

现在护理人员他们都不太愿意干，1个护理人员至少可以做5个，或者你评到两三级的，他一天隔一天的上班的，再加上他自己岁数也一点点的大了，经济上也没有那么迫切的需求用这个收入来支持我的家庭生活，所以也就意味着本来5个的，现在变成1个2个，也就是护理人员他服务的对象就减少了。（访谈对象11-3：工作人员）

惩罚方面，机构对于现场服务时未着工作服，未挂牌、疫情期间未戴口罩的护理人员，每发现一处不符，扣10元；针对态度差、受到评估对象或者家属等投诉，经核实情况属实者，扣个人20元-30元；针对服务对象满意度测评不合格者（合格分为90分），扣100元；在护理服务中出现违规行为的，按服务违规处罚单执行；在护理过程中由于护理人员个人行为给护理对象造成不良后果的，视情节轻重处置，对隐瞒不良事件的，加倍扣款。

4. 设定满意率测评，及时核查整改

佳抚居家养老服务中心在服务对象满意率测评制度方面，满意率达标要求是服务对象满意率需大于或等于95%。机构采用多种方法（微信网上调查、上门调查、不定时视频抽查等方式），定期开展服务对象满意度调查。机构对回收的满意度调查表及时统计分析，对所反映的问题及时调查核实，认真分析原因，提出整改措施，并与奖惩挂钩。该机构还建立定期回访制度。机构指定质控员对服务对象进行回访，其中回访内容包括但不限于，护理人员是否按工作流程上门服务？是否进行了亮证服务？服务对象是否详细了解服务确认单内容，机构护理人员是否按照服务单进行了相应的服务？护理人员是否耐心听取服务对象和家属的反映？服务对象以及家属是否对护理人员的工作内容、时长以及态度满意？

当天接到投诉说我们护理人员没有去服务，后来我们中心也是很重视这件事儿的，及时处理了这样的投诉和反馈，然后发现是服务对象这段时间到儿子家里去了，但是我们联网的打卡定位在服务对象自己家里，护理人员也

是需要我们工作人员电脑里重新设置以后，才能到她儿子那个地方去打卡，属于地点变更了。（访谈对象11-3：工作人员）

总而言之，青浦区佳抚居家养老服务中心在护理人员队伍的建设发展中主动创新，在市、区级的要求基础之上，实施因地制宜、因人制宜的制度，在生理性、安全性需求方面强制性提升护理人员的职业素养与专业技能，使护理人员能独当一面。在首次配对服务对象时，由指定的工作人员进行预先的引导与带领，在一定程度上减少了护理人员老龄化使得出行困难的问题；同时合理地利用软件与微信视频功能对其服务内容与时长进行抽查，较为有效地对护理人员行为进行监督管理。在自我实现需求方面，通过机构自身盈利设定奖惩制度，激发护理人员工作积极性，对于服务内容与行为建立合理的刺激机制，在年终时发放相关的奖状，激发护理人员对该行业的归属感与自我实现的满意感；最后在尊重层面上设定专访人员定期实地走访，与服务对象以及家属进行及时的沟通与反馈，对护理人员的工作内容给予肯定，同时及时与服务对象与家属沟通，保障护理人员在工作过程中得到尊重。

三、护理人员队伍发展面临的问题

研究者在青浦区佳抚居家养老服务中心进行社会实践，与相关人员进行深度访谈，并跟随抽查人员实地走访调查，在此过程中与服务对象与其家属进行沟通交流，逐步明晰如今长期护理保险的基本情况，深度了解试点要求与机构的考核标准指标，发现针对长期护理保险人员建设，现存在以下问题。

（一）护理人员专业水平有所欠缺

在实地跟随中心职工进行抽查之后，研究者了解到大部分的服务对象以及其监护人对于护理人员的专业水平是比较满意的，通过护理人员的工作内容与工作形式，不单单满足了服务对象的生理需求，还解决了一些监护人无法完全处理的专业性护理问题，但是护理人员在工作内容上仍需要针对不同级别的服务对象考量其身体上的需求，引导其进行正常的生活。由调查数据可知，目前拥有养老护理证的护理人员数量高达69.09%，而持有养老护理人员中级证的护理人员仅仅只有7.27%，护理人员的专业素养水平是判断其能力的基础，加之该行业目前对护理人员的专业水平要求不断提升，服务对象

与其家属对护理人员的工作内容要求也不断提高标准，由调查数据可知，有
43.64%的护理人员认为对其专业性的要求是较高的，有36.36%的护理人员
认为专业性水平是要求高的，有16.36%的护理人员认为专业性水平要求适
中，仅有3.64%的护理人员认为对其的专业性要求低。

我们大多数的老人基本上还处于两三级，护理人员也不单纯就给他服务，
我们还是引导他在生活上能够一点一点的生活能力自理的那一个引导，试着
让他自己能恢复一点功能，因为两级三级一般性也就是生了大病或者怎么样，
那么去真正要评到五六级的话，按照这个标准的话，他五六级他这个人应该
都是在床上的。（访谈对象11-1：工作人员）

（二）护理人员队伍建设高龄化

通过问卷与访谈，研究者了解到中心的护理人员队伍受教育程度较低，
由表11-4可知，有58.2%的护理人员正处于55岁至60岁，51岁及以上的护
理人员占比92.8%，年龄处于31岁至50岁的仅仅只占7.2%。

年龄大概50岁以上，学历基本都是初中。（访谈对象11-1：工作人员）

表11-4　护理人员年龄段

护理人员年龄段	频数	个案百分比（%）
31岁至40岁	2	3.6
41岁至50岁	2	3.6
51岁至55岁	10	18.2
55岁至60岁	32	58.2
60岁至65岁	9	16.4
总计	55	100.0

从安全需求方面来说，护理人员多数为女性，自身年纪偏大，基本处于
已退休状态，身体状况也并不如年轻人，在面对未知地点的时候，出行将是
一个较为困难的问题，并且其出行也容易发生碰撞。虽然该年龄段的护理人
员较为容易与服务对象产生一定的共同话题，减少了沟通方面与共识方面的

障碍，但是该年龄段的护理人员由于自身受教育程度较低，也易陷入数据鸿沟之中，无法快速接受时代的更迭、信息化的监管，需要特定人员对其进行教学。

　　像我们现在这个护理人员，自从我接触了以后，发现都是我们60年代这样的人来提供这一块服务，你说10年以后，这些阿姨如果真的65岁退了以后，根本就没有人再愿意，你想70年代80年代的本地人，他没有人愿意接受这一部分。（访谈对象11-1：工作人员）

　　在访谈中，研究者也了解到，由于前期护理人员队伍过于匮乏，引起政策的大力倾斜，考试人员激增，同时门槛降低，由调查数据可知，拥有养老护理证的人群高达69.09%，而有养老护理人员中级证的护理人员仅仅只有7.27%，进而导致如今青浦区内各个机构与中心的护理人员都处于完全饱和的状态，内部的竞争性与压力也都相对较大，加之多数护理人员年龄较大，面对竞争性较大的行业现状，基本失去了自我提升的积极性，另外由于其受教育程度低，对于一些专业培训的接受能力差，所消耗的时间成本也过高。

　　条件虽然非常苦，一个没有时间，一个年龄大了，本来的文化层次也不算高，对这一块的学习好多要背，他们也好像自己岁数都大了，不想学。（访谈对象11-1：工作人员）

（三）护理人员监管力度尚未到位

　　在这其中五、六级的服务对象基本都处于卧床阶段，在神智方面不是很清楚，开口讲话较难，从而导致中心与服务对象的沟通存在一定的滞待期。同时在实地走访的过程中，研究者也发现存在少部分的服务对象对于个别护理人员产生了不满的情绪，通过访谈研究者知晓该情况大多是由于护理人员在工作过程中的工作效率较低，对于工作内容的完成度也较低，在指定的工作时间中不勤快、动作慢、态度较差、虚假打卡导致工作时间不足所引起的，服务对象无法及时跟监护人或者中心管理人员反馈，从而导致护理人员本身工作时长存在虚报的问题，以及工作内容存在一定的争议。

（四） 护理人员激励机制缺乏成本维护

在中心机构方面，成本较高，运营产生困难。研究者在青浦区佳抚居家养老服务中心实践的过程中，对职工进行了深度的访谈，了解到政府在基于每年的测评之后，对于表现优良的机构给予政策上的支持，反之则对其进行闭停的告示。但即使政府对于长期护理保险的机构会有一定的政策倾斜以及实际补贴，相比维持机构本身的人工成本来说，依旧有一定距离，青浦区佳抚居家养老服务中心负责人称是以其他企业的盈利来补给该机构实体运营。

（五） 护理人员职业技能考核积极性低

中心积极响应国家政策，鼓励护理人员参加职业考证，但是由于政府对护理人员的激励政策较少，力度较小，甚至没有，不同证书的护理人员无任何差别对待，故中心的负责人为弥补以上缺陷、激发护理队伍的积极性、建设更具专业性的护理人员队伍，会自主举办相关活动、颁发有关证书以及组织系列考试。

在护理人员队伍建设方面，中心与机构紧跟政策的要求，根据问卷调查我们可知，中心与机构以职业技能培训考试参与度、工作时长、工作内容以及工作态度作为主要考评内容，注重护理人员的职业技能水平与素养，安排相关人员实施视频抽查、实地考察，针对服务对象进行电话回访，了解实际情况，对其工作内容进行考评，对护理人员定期开会，开展相关的职业性理论培训，并针对其工作表现、业绩进行考核，在岗护理人员也必须完成市、区级培训要求，并加以奖惩机制来激发护理人员的积极性。

根据我们区跟市里面文件要求，对我们护理人员进行继续教育，那么理论培训或者实操都是我们依照我们考核的要求我们在做。我们的护理人员每年都要接受一次理论的测试和实际能力操作的考试。（访谈对象11-1：工作人员）

（六） 护理人员职业认同感较低

在护理人员方面，职业认同感有待提高。研究者在中心实践的过程中了解到，首先从薪资待遇方面来说，护理人员的薪资水平较低，也并不缴纳五险一金，仅能维持自身家庭的日常开销，待遇相较于其他职业而言较低。

1. 爱与归属需求方面

少数护理人员在护理对象家中工作时会遭到护理对象监护人以及护理对象本人的差别对待，更有甚者是语言上的攻击，逐渐降低护理人员工作的积极性与热情。

2. 尊重需求方面

即使政府有意在院校开展护理专业，同时也加大对护理行业的正确引导，宣传其在社会中的重要性与必要性，但其社会地位仍旧较低，社会认同度较差，社会对护理行业与该职业本身的尊重也较为缺乏。

阿姨们也会跟我们说，天热的时候他们还会把电风扇关掉，你做的大汗淋漓的，他们也没有最基本的尊重，农村地区跟城市说不定说由于文化层次的差异，对我们护理人员的偏见，越是农村地区的，我们觉得他们应该都是像同龄人一样，也可以说是同阶层的人，但是他到这个时候他也没有给他应有的尊重。（访谈对象11-3：工作人员）

3. 自我实现需求方面

护理人员要与传统的家政人员区分开，护理人员有其专业性与适配性，有职业证书评级等专业化分类，长期护理保险护理人员一共分为三个等级，分别是养老护理证、医疗照护证以及养老护理人员中级证，但从该中心的情况可知，即使护理人员有更高级别的证书，在薪资方面也没有任何差别，未来有可能有政策变动，实施区别化对待，但目前仍未有正向的反馈，大幅降低了护理人员的主观能动性，这也就导致护理人员缺乏自我实现的需求。

考出来的时候，他们第一个要问的，我们考出来了以后，我们有什么就是说比别人拿得更多一点的地方吗，但是我们问医保局的领导实际上也是没有，他没有体现出来说因为你是中级职称，你有什么津贴高一点的。（访谈对象11-1：工作人员）

（七）护理人员薪资水平难以保障

本次调查所收集的55份有效问卷显示，37位护理人员在从业生涯中碰到了收入较低，生活缺少保障的问题。针对该现象研究者将对不同年龄的满意度差异进行单因素方差分析，结果如下表所示。

表 11-5　护理人员行业收入较低，缺少保障的频数

从事护理人员行业碰到的问题（收入较低，缺少保障）	频数	个案百分比（%）
未选中	18	32.7
选中	37	67.3
总计	55	100.0

表 11-6　年龄方差分析表

变异来源	Ⅲ类平方和	自由度	均方	F	P 值
年龄	5.118	4	1.279	2.017	0.106
误差	31.719	50	0.634		
总计	581.000	55			

由表 11-6 可知，不同年龄段护理人员的满意度不存在显著差（F = 2.017，p = 0.106>0.05）。这也就意味着各个年龄段的护理人员对于薪资都处于不满意的状态，所以在保障护理人员正常需求方面应首先提高薪资水平，激发其工作积极性。

对不同薪资段护理人员的满意度差异进行单因素方差分析，结果如下表所示。

表 11-7　薪资方差分析表

变异来源	Ⅲ类平方和	自由度	均方	F	P 值
薪资	8.801	5	1.760	3.487	0.009
误差	23.727	47	0.505		
总计	540.000	53			

由表 11-7 可知，不同薪资段护理人员的满意度存在显著差异（F = 3.487，p = 0.009<0.01）。为探究不同薪资护理人员满意度具体差异，进行事后检验，结果如下表所示。

表 11-8　薪资事后检验表

（I）薪资	（J）薪资	平均值差值（I-J）	标准误差	P 值
2000 元及以下	2001 元至 2500 元	0.00	0.550	1.000
	2501 元至 3000 元	-.50	0.527	0.348
	3001 元至 3500 元	-.95	0.546	0.087
	3501 元至 4000 元	-.90	0.594	0.137
	4001 元至 4500 元	-1.30*	0.594	0.034
2001 元至 2500 元	2501 元至 3000 元	-.50	0.275	0.076
	3001 元至 3500 元	-.95*	0.310	0.004
	3501 元至 4000 元	-.90*	0.389	0.025
	4001 元至 4500 元	-1.30*	0.389	0.002
2501 元至 3000 元	3001 元至 3500 元	-.45	0.267	0.095
	3501 元至 4000 元	-.40	0.355	0.266
	4001 元至 4500 元	-.80*	0.355	0.029
3001 元至 3500 元	3501 元至 4000 元	.05	0.383	0.887
	4001 元至 4500 元	-.35	0.383	0.372
3501 元至 4000 元	4001 元至 4500 元	-.40	0.449	0.378

由表 11-8 可知，薪资在 2000 元及以下的护理人员满意度显著低于薪资在 4001 元至 4500 元的护理人员；薪资在 2001 至 2500 元的护理人员满意度显著低于薪资在 3001 元至 3500 元、3501 元至 4000 元、4001 至 4500 元的护理人员；薪资在 2501 元至 3000 元的护理人员满意度显著低于薪资在 4001 元至 4500 元的护理人员；其余薪资人员之间无显著差异。

（八）护理人员工作安排合理化程度低

为了深究护理人员不满意原因的影响因素，研究者再以年龄、薪资为变量进行卡方检验，结果如表 11-9 所示。

表 11-9　年龄与不满意原因卡方检验表

年龄	不满意原因				总计	χ^2	P 值
	不被尊重	工作内容太繁重	工作时间太长	薪资太低			
31 岁至 40 岁	1	0	0	1	2	10.533	0.569
41 岁至 50 岁	1	2	1	0	4		
51 岁至 55 岁	4	8	7	1	20		
55 岁至 60 岁	16	22	22	23	83		
60 岁至 65 岁	3	7	6	8	24		
总计	25	39	36	33	133		

由表 11-9 可知，不同年龄段护理人员的不满意原因不存在显著差异（χ^2 = 10.533，p = 0.569 > 0.05）。

研究者针对不同薪资护理人员不满意原因差异进行卡方检验，结果如下表所示。

表 11-10　薪资与不满意原因卡方检验表

薪资	不满意原因				总计	χ^2	P 值
	不被尊重	工作内容太繁重	工作时间太长	薪资太低			
2000 元及以下	0	1	1	2	4	15.569	0.793
2001 元至 2500 元	5	6	5	9	25		
2501 元至 3000 元	11	14	16	12	53		
3001 元至 3500 元	6	9	4	7	26		
3501 元至 4000 元	0	4	4	1	9		
4001 元至 4500 元	2	3	5	2	12		
4501 元至 5000 元	0	1	1	0	2		
5001 元及以上	1	1	0	0	2		
总计	25	39	36	33	133		

由表 11-10 可知，不同薪资段护理人员的不满意原因不存在显著差异（$\chi^2 =$ 15.569，$p = 0.793 > 0.05$）。

根据以上结果，研究者认为不同薪资与不同年龄段的护理人员对护理工作产生不满意的原因均包括不被尊重、工作内容太繁重、工作时间太长以及薪资太低。其中，工作内容太繁重与工作时间太长大多是由于中心未合理安排护理人员的服务对象而导致的，针对这一问题，机构应根据护理人员自身需求，定制化服务对象，考虑其出行时间与难易程度、自身空闲时间以及职业素养水平。

四、优化护理人员队伍的对策与建议

基于上述上海市长期护理保险护理人员队伍建设所面临的问题，研究者提出以下的建议与意见。

（一）政府发挥引导作用，出台政策保障

对于政府而言，首先要尽可能提供更多、更有效的政策保障以促进养老护理行业发展，正确引导社会树立对护理行业的尊重与认可，宣传护理行业的重要性与不可或缺性，肯定养老护理人员的职业价值，营造良好的职业氛围，切实提高养老护理人员社会地位和薪酬水平，使他们的自我实现需求得到满足，提升职业认同感，同时，政府应出台相关区别化对待政策激发护理人员的工作积极性，利用减税降费等合理化的政策鼓励开设更优化的机构与中心，降低机构与中心的运营成本；其次加大护理人员的职业化培养，构建梯次分明、结构合理的专业护理人员队伍，支持和鼓励职业高校和社会定向培养养老护理行业人才，并针对社会人士提供继续教育培训的机会，为护理保险行业输送更多更年轻更专业化的血液；最后是规范养老行业发展，提高护理行业的门槛，开展养老机构或养老行业协会护理队伍专业技能的培训，建立科学的人才激励机制，推动护理行业高质量前进。

（二）机构与中心完善制度，打造专业团队

对于机构与中心而言，首先实施护理人员上岗考核备案制度，规范护理人员的工作内容，提高护理人员的工作水平，定时组织按批次的护理人员专业技能与理论考试，开展护理人员队伍的继续教育培训，另外在考核过程中

再优选具备更高专业性资质的护理人员进行职业资格培训，在原先养老护理证的基础之上，稳步实现护理人员医疗照护证以及养老护理人员中级证职业资格的全覆盖；其次是建议中心与机构建立自主性的星级评定，结合护理人员的职业素养、服务表现、专业技能等情况开展星级评定，针对不同星级的护理人员，在工资待遇、派单权益、技能培训、职级晋升等方面进行差别化的设置和管理，以此加快优化护理人员年龄和专业结构；再次是在服务监管方面，通过"大数据+铁脚板+稽核手册"的全过程监管模式，全面促进长期护理保险居家服务提质增效：一方面充分利用大数据监管系统，结合动态数据分析、手机 APP 校核、水印相机随访等进行实时在线监管，另一方面依托局医保基金监管、照护服务中心稽核岗等多条线力量，打造专业化居家服务现场稽核队伍，常态化开展长期护理保险居家服务现场稽核回访；最后对于护理人员的尊重需求与自我实现需求，中心应当对其进行全方位的暖心关怀，在充分保障长期护理保险护理人员基本工资和社会保险全覆盖的基础上，做有温度的医保、有人文关怀的照护，持续扩大照护行业的社会影响力，积极培育护理人员的职业荣誉感与归属感。

长期护理保险在机构养老中的实践

长期护理保险在上海已经试点多年，取得了较多成绩，上海享受长期护理保险的老年人数量超过 40 万。但是也面临着一些亟待解决的问题。本部分通过长期护理保险在上海市各个机构的实施情况，寻找实施过程中的亮点，剖析存在的问题，提出一些解决问题的对策与建议。

第一节　长期护理保险在宝山沣德养老院的实践

一、研究设计

（一）调查机构：上海宝山沣德养老院

上海宝山沣德养老院成立于 2018 年，位于上海市宝山区湄星路 1818 号，建筑面积 11 000 平方米，养护床位 313 张，集医疗、护理、康复于一体，设有内科、外科、中医科、康复医学科、医学影像科、检验科、理疗科、中西药房等科室，病区分为内分心脑血管护理病区、神经系统疾病护理病区、肿瘤康复病区、中风康复病区等。院内设有独立的卫生设施，生活设施齐全，有电梯、消防报警装置、救助铃、医用床等，有棋牌室、活动室、多种房型等以满足不同老人的需求。房间均设有独立卫生间（24 小时供应热水），老人呼叫服务系统（24 小时服务），并统一配置了冷暖空调、有线液晶电视、无线宽带、电风扇和淋浴设备等。

（二）调查方法：实地观察+深度访谈

调查人员在上海宝山沣德养老院进行了为期一个月的实习，期间参与了机构的日常工作。首先，在日常工作过程中进行实地观察和记录，收集资料。然后，在工作过程中，主要采用面对面深度访谈法收集资料，了解长期护理保险在上海宝山沣德养老院的实施情况。

（三）调查对象

共深度访谈7人，其中的管理人员1人、护理人员1人，入院老人1人，入院老人家属4人。

表 12-1-1　访谈对象基本情况

编码	访谈对象	年龄（岁）	性别	机构工作年限	身份
访谈对象 12-1-1	王女士	30	女	2年	管理人员
访谈对象 12-1-2	陈女士	45	女	8年	护理人员
访谈对象 12-1-3	张老伯	65	男	6年	入院老人
访谈对象 12-1-4	孙先生	45	男	/	入院老人家属
访谈对象 12-1-5	张先生	35	男	/	入院老人家属
访谈对象 12-1-6	钱女士	42	女	/	入院老人家属
访谈对象 12-1-7	吴女士	51	女	/	入院老人家属

二、上海宝山沣德养老院基本情况

（一）养老院基本情况

上海宝山沣德养老院是上海宝山区中高端医养结合养老院，直属宝山区民政管辖，是目前上海初具规模的集医疗、康复、健康养生、休闲养老为一体的中高端及具有改善性、医护性的养老院。养老院以集中的公寓楼式设计、酒店式的贴心服务，为入住的老年人提供了舒适的居住环境和康复条件，并建有室外室内休闲活动区域，院内还设有阅览室、多媒体室、康复室、棋牌室、阅读室、观影室等娱乐活动设施，聘请专业社工为老人们量身定制日常的文娱活动，让老人老有所养，老有所乐。沣德养老院设有单人间、双人间、三人间、四人间、多人间，均配套有独立卫生间，空调有制冷、供暖、供热三位一体化中控，有适老化家居等，秉持"健康简约，自由随心"的生活理念，给居住老年人提供一个弥足珍贵的温馨之家。

养老院内设有一级门诊，配有内科、全科医疗科、中医科等科室，能满足各类人群的各种康复需求。收治对象为失能、半失能、老年慢性病患者、脑中风偏瘫患者、术后康复患者、肢体残障患者、认知症障碍老人等。养老院从老人的角度出发，为老人创造一个温馨的港湾，让老人感受美好，感受爱，让老人住上舒适的家，通过打造专业、温馨、舒适、高品质的空间，为老年人提供全方位的医疗护理和康复服务，让老年人在温馨的家的氛围中享受全天候的全方位护理和保障。

养老院以"弘扬中国孝道文化，共建和谐美好家园"为企业愿景；以"替天下儿女尽孝，为党和政府分忧"为己任；以"亲情、和谐"的家文化为依托，致力于打造集托养、养老、医疗、护理、康复为一体的中国养老品牌企业。

（二）养老院收费标准

该养老院收费项目包括床位费、护理费、伙食费、保证金。

1. 床位费

每个房间都配备卫浴间及空调、浴霸、电视、无线呼叫器，床位费包含了设备使用费用及公共设备产生的物业费、管理费等。如果一次性付一年的话，费用会有优惠。

表 12-1-2　床位收费标准

房型	价格			
	房间面积	元/30 天	元/天	元/30 天（一次性付一年）
单人房	50 平方米	5220	174	5000
双人房 1 人	50 平方米	2700	90	2500
三人房 1 人	50 平方米	1980	66	1780
四人房 1 人	60 平方米	1600	54	1399

房型	价格			
	房间面积	元/30 天	元/天	元/30 天（一次性付一年）
多人房 1 人	100 平方米	900	30	700

2. 护理费

机构中的老人，在经过上海市长期护理保险评估后，每月享受 510 元-760 元不等的现金补贴。

表 12-1-3　护理费

照护等级	护理费用（元/月）
轻度护理	1200-1500
中度护理	一级 1800　二级 2200
重度护理	一级 2500　二级 3000
特需专护	3000-6000 不等，视老人情况而定

3. 伙食费

养老院伙食费统一收取 750 元/月，每日三餐，如需加餐，将收取额外的费用。

4. 保证金

入住时，机构统一收取 1000 元保证金，离院时退还。

（三）入院流程

上海宝山沣德养老院是保基本养老机构（上海保基本养老机构是指在本市行政区域内，经依法登记，为符合条件的老年人提供养老基本公共服务的养老机构），提供保基本床位，需要申请老年照护统一需求评估，本街镇或本区户籍或者照护等级 4 级以上优先入住。

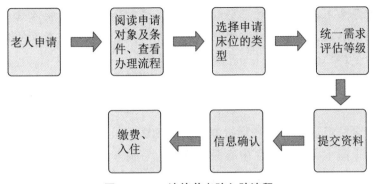

图 12-1-1　沣德养老院入院流程

三、上海宝山沣德养老院的服务特色

（一）环境舒适

工作人员介绍，该养老院参照星级宾馆标准和《老年人建筑规范》进行设计和建设，布局合理，建筑走廊宽敞明亮，主打的亮点是其集中的公寓楼式设计和酒店式的贴心服务，并配备了宽大的医用电梯及无障碍设施，为入住的老年人提供舒适的居住环境和康复条件。室内设施齐全，配有卫浴间及空调、浴霸、电视、无线呼叫器。有一室房、二人房、三人房、四人房及多人专护房，供不同需求的入住老人选择。院内设有康复室、影视区、阅览区、棋牌室等。配备了职业化、专业化和业务水平高、经验丰富的管理人员、医务人员、护理人员、厨师等。院内绿化率达到占地面积的30%，设有纳凉的凉亭、健康走道。

养老院刚刚开业，环境都非常优秀，房间很大，家附近的养老院，看了几家，在宝山来说算顶级的养老院了，给老爷子订了个单人包间，老头喜欢安静，价格也比较合适。老人在这里住得开心我们也放心，价格也比别的养老院要划算很多，而且这边老人多还可以做伴，每天有很多活动饭菜也很合胃口，我们住的地方也离得不远开车过来十五分钟就能到好像门口还有公交车。（访谈对象12-1-5：入院老人家属）

新建不久的养老院，房间层高、宽敞、明亮，生活设施齐全，可使用长期护理保险，价格合理，适合不同的需求。由于老母亲年事已高，身体欠佳，一个人在家又不放心，通过了解毅然选择了这家养老院，目前入住已经半年了，她非常喜欢，心情也非常愉悦，饭菜可口，工作人员与老人的互动交流非常融洽。（访谈对象12-1-6：入院老人家属）

（二）定点帮扶政策

该养老院经过宝山民政局批复后，于2022年正式开放养老院认知症专层，毗邻上海宝山精神卫生中心医疗资源，与院方合作，定期可为认知老人诊疗相关方面疾病，认知症专层内统一配备色彩鲜明的装修风格、老上海特色的软装装饰，为认知老人提供一个家庭般的环境。认知症专层区设置了认知康复室，系统为老人提供非药物康复方案，帮助老人锻炼思维定向能力，由专业社工制定每日活动方案，给老人们的生活增添了多样的趣味。

（三）"健康简约、自由随心"的经营理念

机构有着自己的独特经营宗旨，用心贯彻"健康简约、自由随心"的经营理念。

老人生病，家里人都要上班，无法照顾，之前去了杨浦区某一个福利院，去的时间不长，老人就吵着要换，因为老人不方便说话，表达出来就是护工阿姨欺负他，后来通过朋友介绍，来到沣德养老院，第一天去的时候正好是中饭时间，护工阿姨就问老人吃饱了吗？没有吃饱再盛点饭，这点让我感觉到这个养老院是不错的，能够关心老人，社工、院领导都不错会帮老人弄弄手机，买买东西，让我们家人很放心把老人放在那里，真心感谢沣德养老院的领导、社工、护工，谢谢你们把老人照顾得很好，各方面都人性化，想得很周到，让我们家人很放心，谢谢。（访谈对象12-1-6：入院老人家属）

（四）医养结合

沣德养老院具有一支具备专业性和综合性的队伍，在基本的养老服务上，更是具备医疗护理、康复治疗等条件，相应的专业人才也一应俱全，有内科、外科、中医科、康复医学科、医学影像科、检验科、理疗科、中西药房等，病区分为内分心脑血管护理病区、神经系统疾病护理病区、肿瘤康复病区、中风康复病区等。甚至还配备了中医保健方面的专家。

（五）独特健康的膳食搭配

该养老院以独特健康的膳食搭配而闻名。该院每日膳食标准为一日三餐，每餐两肉两菜一汤，是专门贴合老年人的健康需求所制定的菜单，且为肾病和高血压等慢性疾病的老年人准备了专属菜单，还有低钠饮食等菜单。牛奶、鸡蛋、水果、点心也每天提供两次。每天少吃多餐，吃五顿。健康餐每月2次，每周数十种料理由营养师特别调配，花样多，有厚度，营养均衡。

养老院的环境很干净房间空气也很流通。老人住了几个月了护工叔叔阿姨对老人很好每天伙食搭配的也不错。老人住在这里我们很放心。（访谈对象12-1-6：入院老人家属）

四、长期护理保险在宝山沣德养老院的实施情况

（一）长期护理保险的参保情况

上海宝山沣德养老院自2018年成立以来，成为上海市长期护理保险的定点机构。截至2022年年底，该院313张床位全部住满。该院总共住养313位老人，其中190位老人享受长期护理保险待遇，参保率达60%。

（二）长期护理保险宣传途径

通过访谈得知，参保对象了解长期护理保险，大多是通过已享受长期护理保险的家庭口口相传，或养老照护机构宣传，才知晓长期护理保险定点机构的存在。长期护理保险作为时代进步的新兴产物，目前来说，普及率偏低，大众对长期护理保险的了解也非常有限。除家中确有需要照顾的失能老人外，对其他人来说，长期护理保险不可谓不是一个新鲜事物，甚至是完全陌生的领域。

长期护理保险是因为我们一个朋友的父亲在享受长期护理保险，我妈那时候失能，我朋友说像我们家这种情况可以申请长期护理保险，我就自己去保险公司咨询了一下。（访谈对象12-1-4：入院老人家属）

我是听到小区人聊天时候说起的，我爸是失智，当时是在另一个养老院，那时候说失能的纳入试点，当时养老院告诉我们说有可能失智的后面也会纳入试点，我就关注了一下。（访谈对象12-1-7：入院老人家属）

（三）长期护理保险的收费体系

上海市是人力资源和社会保障部规定的首批试点城市，上海市长期护理保险的参保人员主要分为两类，分别是参加职工医保的人员以及参加城乡居民医保 60 岁及以上人员，经办机构一般是市级统筹，由市区两级医保中心来经办，资金来源则一般是通过医保基金和财政补贴的方式，提供的服务形式则主要有居家护理、养老机构护理以及住院医疗护理。上海市评估等级 5-6 级的照护费用标准是 30 元/天，按实际在机构入住的天数计算，由长期护理保险保险基金支付 85%，个人支付 15%。

至于上海宝山沣德养老院长期护理保险的保障标准，以上海宝山沣德养老院的张老伯为例，享受长期护理保险之后，整体报销了 85%，大大降低了护理支出。

在 2020 年八月中旬完成了一项长期护理保险的评定，我在八月十七日到三十日这十多天之内总共花费了 1668 元，超过限额部分的有 338 元，剩余 332.5 元是我个人负担，因为长期护理保险个人负担是按 15% 来计算的嘛，长期护理保险基金报 85%，帮我交了 990 多块。现在我在养老院里，享受长期护理保险之前，每个月交的床位费与护理费大约是 1200 多，享受长期护理保险之后，我个人支付减少了一大半，长期护理保险还是非常好的。（访谈对象 12-1-3：入院老人）

（四）失能认证过程

长期护理险的申请评定过程需要失能失智老人本人在场，但是因为失能失智老人行动力、智力下降，行为障碍，或因病情影响，失能失智老人的评估过程比较麻烦。

我们多跑几次倒是无所谓，主要是我的母亲失智的，要带着她跑几次，一次去医院开病情证明，一次去评定机构，很麻烦的，每次都要三四个人才能带她去，我要开车的，一转眼我母亲就要跑，上一次还是拜托了机构的护工帮忙才勉强完成的，对我们日常的生活还是会有一点影响。希望评定人员能够到机构去评估，把痴呆的老年人带出来真的太麻烦了。（访谈对象 12-1-

5：入院老人家属）

　　失能家庭参保体验相对较好。因年老、疾病、伤残等原因，失能状态持续 6 个月以上的失能老人，可由本人或其委托代理人通过手机 APP、微信小程序等向获得政府批准的经办机构提出申请；也可持有效身份证到居住地经办机构受理点提出申请，经申请通过评估认定的失能人员，可按规定享受长期护理保险待遇。失能老人的认证过程相对失智老人的认证过程较为简单。失能老人提交申请，评估人员可上门进行评估认定。

　　还是比较方便，提交了申请，就有人跟我们联系，约定时间就有评估老师和保险公司的人来家里面评估，不用把老年人搬出去，他现在不能自己动，我们一两个人还搬不起。（访谈对象 12-1-4：入院老人家属）

五、长期护理保险制度在实施过程中存在的问题

（一）知晓长期护理保险途径单一

　　通过对享受长期护理保险家庭人员的访谈，发现知晓长期护理保险途径单一，大多通过已享受长期护理保险的家庭口口相传，或养老照护机构宣传。可见，存在政策宣传不到位的现象。

（二）失能认定评估时间长，结果具有主观性

　　在长期护理保险中，失能的认定需要经历六个阶段，申请、机构初审、实地评定、结果公示、通知和复审。但是由机构初审到实地评定过程的完成需要 30 天到 40 天的等待期，并且失能评估标准都是按照《日常生活活动能力评定表》进行评定，评定指标比较简单，主要通过老人的自理能力进行判断。涉及机构和评估人对参保人进行评估，不同机构的评定标准也有差距，会对评估结果的公平产生影响。容易产生重症轻判或者轻症重判等失误，对于失能老人来说，护理时间也是十分宝贵的，减少评估时间，他们就能尽早得到更好的照护。

（三）长期护理机构覆盖面狭窄

　　上海宝山沣德养老院目前设立了 313 个床位，其中有 170 个床位是作为

长护定点床位存在的，床位收满之后，失能老人只能选择其他的长护定点机构，如此便会导致地区性的长期照护和护理服务不平衡，上海宝山沣德养老院在发展的过程中，需要进一步扩大旗下长护定点床位的数量和覆盖范围。

（四）服务内容较为单一

上海市社保局对于社区居家照护和养老机构照护规定了40余项具体服务项目，分为基本生活照料和常用临床护理两大类，如头面部清洁梳理、沐浴、协助进食/水、排泄和失禁的护理、生活自理能力训练、鼻饲、造口护理等。

上海宝山沣德养老院缺乏对失能老人群体提供针对性的照护服务。接受长期护理保险服务的老人多为疾病缠身的病人，宝山沣德养老院提供包含饮食提供、帮助老人洗澡、理发、清洗被子、清洗衣物、陪同就医、翻身擦身、喂饭喂药、代购生活用品、代缴各类费用等日常生活的护理，但对于老年人病情病况定点复查等方面有待加强与完善。

（五）长期护理人力资源和服务能力弱

就现阶段的试点情况来看，上海市的长期护理保险试点在护理这方面的专业人才仍存在着巨大的缺口。调查发现，当前多数专业的养老护理人员存在着年龄偏大、学历偏低的情况，实际所需的专业型的护理人员远远超出了现在所有的数量，随着护理机构数量的增多，专业的护理人员也会跟着变得紧缺。特别是在长期护理这个方面的相关人才，比如老年科的医生、长期护理护士、针对康复训练的康复师、营养师等，少之又少。就长期护理的照护护士来说，我国目前较少有设立专门养老护理专业的学校来专门培养长期照护护士，当前大部分护校都仅限于培养医院护士。

六、对策与建议

（一）加大宣传力度和广度

针对长期护理保险宣传渠道单一，普及面不广的问题，可进行多方联动，加大宣传力度和广度，通过社区、医院、养老照护机构等传统媒介，也可考虑微信公众号、抖音等新媒体的方式加大宣传。

（二）优化长期护理人员的培训机制

由于上海市目前长期护理人员相对来说较为匮乏，所以必须加强对长期护理人才的培养和培训，结合日本长期护理保险改革的经验，采取绩效奖励等方式，以提升专业化护理人员的待遇，激励专业化护理人员提高工作水平，促进专业化护理人才的发展。而且对于上海来说，是许多高校的聚集地，可以由政府部门促进，在职高、大专、本科等各个层次设立长期护理人员的培养和管理，在各大高校率先增设养老护理专业的名额，设置关于养老护理专业的资格证考试，并需要完成护理保险相关专业的学习，在两种资格都具备的条件下，才能予以从事护理工作的资格，对从事的人员进行资格筛选，提高参与护理人员的专业性和服务能力。

（三）扩大长期护理保险覆盖范围，完善保障制度

"多层次、保基本、全覆盖、可持续"这一发展趋势，是我国社会保险的发展趋势，也是我国长期护理保险应该秉承的宗旨。在发展中需要不断地扩大该制度的覆盖范围，不仅是从地域上，也要延伸到保障的内容上，尽量做到实现全面覆盖和全民覆盖。针对失能患者来添加心理调节和康复项目等保障范围，扩充护理保障的内容和层次。不断完善长期护理保险相关的政治制度和经济制度，依据各个区域政府的经济能力和管理制度，提高管理水平，加大长期护理保险政策的宣传，做到长期护理保险不仅能够惠及老年群体，还能辐射到有需要的特殊群体。

（四）增加护理服务内容

养老院可根据老人需求为其提供全方位的照料服务。养老院的客户对象一般包括失智认知症、失能、半失能和高龄等有着"刚性需求"的老人，以及居家养老的健康自理型"弹性需求"的老人，养老院可根据不同老人的需求制定计划，通过提供多样的服务满足不同层次养老群体的需求。

第二节　长期护理保险在松江社会福利院的实践

一、研究设计

（一）调查机构：上海市松江社会福利院

上海市松江社会福利院坐落在松江新城区内，距离市区仅18公里，离沪

杭高速公路松江新城区出口处仅 500 米，交通十分便捷，福利院占地面积为 45 亩，一期工程占地 45 亩，其中建筑面积 12 544 平方米，绿化面积 14956 平方米。共设置床位 300 张，总投资 5000 万元，按国家二级福利院标准建造，是融养老、护理、康复、医疗、娱乐、休闲为一体的综合型、开放型、福利型的老年人的"乐园"。

松江社会福利院整体布局分居住区、医疗康复区、绿化休闲区和生活娱乐区四个区域。居住区室内装有空调、有线电视、程控电话、呼叫器、衣柜以及烟雾报警器等全部配套设施，前后区内走廊相通，无障碍坡道上下连接、电梯运行平稳。

（二）调查方法：实地观察+深度访谈+问卷调查

调查人员在上海市松江社会福利院进行了为期一个月的实习，期间参与了机构的日常工作。首先，在日常工作过程中进行实地观察和记录，收集资料。其次，在工作过程中，主要采用面对面深度访谈法收集资料。最后，对福利院的老年人进行了问卷调查。

（三）调查对象

1. 深度访谈

面对面深度访谈主要是针对上海市松江社会福利院的工作人员进行，主要访谈了 3 位。

表 12-2-1　调查对象基本情况

编码	访谈对象	性别	身份	工作内容
访谈对象 12-2-1	王女士	女	工作人员	社工经理
访谈对象 12-2-2	张女士	女	工作人员	护工
访谈对象 12-2-3	张女士	女	工作人员	负责人

2. 问卷调查

问卷调查，共调查了院内 30 个老人。为了方便记录，对于老人，研究者设计好问卷，通过询问的方式来填写问卷。

二、松江社会福利院老人的基本情况

(一) 入住老人的基本情况

1. 入住老人多呈高龄化特征

由表 12-2-2 可知，被调查老人的年龄分布显示，在被调查的 30 名老人中，男性老人为 20 人，占比约 66.7%，女性老人为 10 人，占比约 33.3%。其中 60-70 岁的老年人有 8 人，70-80 岁的老年人有 15 人，80 岁以上老年人有 7 人。研究者在调查时 80 岁以上的样本选取不多，为了便于交流，老人岁数都是 80-83 岁之间，虽然 80 岁以上的老人人数不少，但是老人的主体还是 80 岁以下，即 70-80 岁之间的老年人居多，研究者在调查时为了方便交流，选取样本过程中以 70-80 岁老人为主。由调查我们可知，该福利院的老人以男性居多，女性相对偏少，但高龄化的特征已经凸显出来。

表 12-2-2　被调查老年人年龄分布

		60-70 岁	70-80 岁	80 岁+	小计
男	人数（人）	5	10	5	20
	百分比（%）	16.7	33.3	16.7	66.7
女	人数（人）	3	5	2	10
	百分比（%）	10.0	16.7	6.7	33.3
合计	人数（人）	8	15	7	30
	百分比（%）	26.7	50.0	23.3	100.0

2. 受教育程度较均衡

从表 12-2-3 中，被调查老人的受教育程度分布，我们可知，男性老人受教育程度为高中/中专/技校有 7 人（占比 23.3%），占比较多，其次为受教育程度为初中，有 5 人，小学和大专及以上并列，都为 4 人；而女性老人受教育程度最高为初中，有 5 人（占比 16.7%），受教育程度为小学的人数次之，有 3 人，其余高中/中专/技校和大专比例相同，均为 1 人。从整体来看，在住老人受教育程度为初中的人数相当，均为 10 人最多，高中/中专/技校为 8 人，其次是小学，最后是大专及以上的人数最少。可以看出，该敬老院老人的受教育程度是有侧重，以高中和初中为主，文化水平都相对较高，从一个侧面体现出入住在养老机构中的老人大多具备一定的文化素养，或许也是思想较为开放可以接受机构养老的一个原因。相比之下，男性老人比女性老人的受教育程度要高一些，多是退休老人。

表 12-2-3　被调查老年人受教育程度分布

			小学及以下	初中	高中/中专/技校	大专及以上	合计
男	60-70 岁	人数（人）	1	3	1	1	6
		百分比（%）	3.3	10.0	3.3	3.3	20.0
	70-80 岁	人数（人）	2	2	4	2	10
		百分比（%）	6.7	6.7	13.3	6.7	33.3
	80 岁以上	人数（人）	1	0.0	2	1	4
		百分比（%）	3.3	0	6.7	3.3	13.3
	小计	人数（人）	4	5	7	4	20
		百分比（%）	13.3	16.7	23.3	13.3	66.7
女	60-70 岁	人数（人）	1	1	0	0	2
		百分比（%）	3.3	3.3	0.0	0.0	6.7
	70-80 岁	人数（人）	1	3	1	1	6
		百分比（%）	3.3	10.0	3.3	3.3	20.0
	80 岁以上	人数（人）	1	1	0	0	2
		百分比（%）	3.3	3.3	0.0	0.0	6.7
	小计	人数（人）	3	5	1	1	10
		百分比（%）	10.0	16.7	3.3	3.3	33.3
合　计		人数（人）	7	10	8	5	30
		百分比（%）	23.3	33.3	26.7	16.7	100.0

3. 入住老人生活负担不重

老年人入住敬老院的一个影响因素是老人的子女情况，由表 12-2-4 可知，该福利院入住老人子女个数在两个及其以上的人数最多，有 20 人（占比

66.6%），无子女的最少，只有 2 人（占比 6.7%），子女为独生的有 8 人（占比 26.7%）。由此看出在此养老机构的老人以多子女为主，研究者在与工作人员交谈中也得知入住的老人没有太大经济负担，其中一个原因就是多子女共同承担老人的养老费用。

表 12-2-4　被调查老人的子女情况分布

	人数（人）	百分比（%）
无	2	6.7
1 个	8	26.7
2 个及其以上	20	66.6
合计	30	100.0

4. 日常服务满意度较高

在提供基础的护理服务之外，该福利院还提供了很多细心的照护和贴心的服务。从表 12-2-5 中可以看出该福利院提供的服务较为全面，除了老人的日常生活，还会经常对老人进行饮食护理、给老人进行衣着清理、常保持室内清洁等，也有对老人身体健康方面的照料等，如常进行基础的医疗测量、帮助老人进行生活锻炼等，其中尤为重要的是对老人的陪伴和关心，经常给老人进行心理指导、常给老人传授日常注意事项等方面都有比较满意的体验，这说明福利院的服务在各方面都是比较健全的。在调查过程中，研究者发现该福利院提供的养老服务能有效满足老人的切实需求，心中没有太多孤单寂寞等消极情绪。在调查过程中，大多数老人都是成群结伴的一起参加活动，或者在室内休息聊天，在进行满意度调查时，老人们的态度都很好，各方面的满意程度都很高。

表 12-2-5　被调查老人日常生活养老服务量表分析

名称	观测值	最小值	最大值	平均值	方差
经常对老人进行饮食护理	30	2	5	3.51	0.52
常给老人进行衣着清理	30	2	5	3.42	0.48
常保持室内清洁	30	2	5	3.38	0.52

名称	观测值	最小值	最大值	平均值	方差
经常给老人进行健康方面的讲解	30	3	5	4.23	0.46
常进行基础的医疗测量	30	3	5	4.53	0.47
帮助老人进行生活锻炼	30	3	5	3.78	0.78
开展活动频繁	30	2	5	3.40	0.62
关心老人睡眠	30	2	5	2.90	0.58
面对异常情况处变不惊	30	2	5	2.62	0.67
经常给老人进行心理指导	30	2	5	2.78	0.72
常给老人传授日常注意事项	30	3	5	3.70	0.75

我们不仅要帮助老人，也要引导老人更多关注自身的精神卫生和心理健康状况，老人选择机构养老可能更多的是想要排解孤独感和寂寞感，所以养老机构除了生活照料，更要支持他们拓展兴趣，培养爱好，让老人真正感受到精神陪伴和情感认同。通过对老人进行陪伴和照顾，消除老人的陌生感和不安全感。

从表 12-2-6 入住老人接受服务的心理体验量表分析，可以看出平均值最大的一项是居住开心愉快。在实际调查过程中，研究者发现在早上老人都是结伴坐在室内或者在室外一起散步聊天，说明大部分老人都习惯福利院的群居生活，与朋友一起相处的老人都比较愉快。从图 12-2-1 中可以看出对于居住定价合理这一点得分不高，说明在大多数老人的心中福利院包括其他的公办机构和私立机构，在价格上都会对老人的经济能力带来一定负担。但是在居住区域舒适、周围设施便利方面，老人的评价都有很高的满意度，由此可以看出老人选择养老机构更多的是想得到一种家庭的归属感和家人的关心感，在日积月累中，福利院成了老人们的"另一个家"，让老人的情感有了归属之地。

表 12-2-6　被调查老人接受服务的心理体验量表分析

名称	观测值	最小值	最大值	平均值	方差
居住定价合理	30	1	5	2.28	0.32
居住区域舒适	30	3	5	3.40	0.42

续表

名称	观测值	最小值	最大值	平均值	方差
周围设施便利	30	3	5	3.38	0.56
居住开心愉快	30	2	5	3.42	0.62
与人相处融洽	30	2	5	3.35	0.58
得到心灵慰藉	30	3	5	3.23	0.63

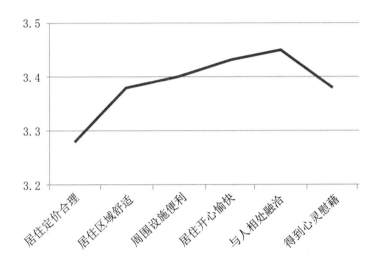

图 12-2-1　被调查老人的日常生活养老服务均值分布情况

（二）问卷分析结果进行的思考

1. 教育和年龄方面

在进行问卷调查中发现，入住机构的老人多是有一定文化水平的，并且领取退休工资的老人不在少数，全院的老人有 400 多，孤寡老人个数在 10 个以内，老人收入相对较高，所以在比起选择居家养老和社区养老的老人更能接受养老机构的价格。在观念转变方面也会更快，特别是在老一辈"养儿防老"观念的驱使下，对于选择居家养老和社区养老的老人来说，机构养老相比居家养老和社区养老更容易被忽略和怀疑。

2. 子女方面

在中国几千年的传统文化中，居家养老毋庸置疑是最重要的形式，但随着时代的变化，"421"家庭结构的形成，居家养老模式出现的问题日益凸显，比如子女工作繁忙，无暇照顾老人，老人生病也无法时常进行陪护，出现心灵空虚，寂寞难以排解等现状。入住老人大多是多子女的，但即使是多子女也避免不了老人内心寂寞、缺少陪伴的问题。最主要的原因还是子女工作忙，自身的家庭也需要照顾，由此可看出被中国人民最广泛接受的家庭养老方式也面临着力不从心的境地，有老人也说居家养老虽然表面是节约资金和资源，但其实隐形花费、时间消耗也是其存在的缺点。

3. 关于机构服务方面

在公办养老机构中，主要依靠政府出资，入住老人对护理人员的服务满意程度都比较高，但是对于护理人员的责任和压力就更重了，虽然公办机构的稳定性高，但在薪酬方面相比起好的民办机构还是偏低。在调查机构中护理人员工资不随工作量加大而提高，只享受工资核定数目，严格执行收支两条线。在研究者与护理人员的访谈中了解到现在制度严格又有绩效考核，就必须时时做好对老人的护理工作，提高老人的满意度，长时间的工作压力，护理人员的身体和精神上也会造成一定损害。

三、松江社会福利院的服务状况

（一）机构养老体系完善，设备健全

研究者调查的松江社会福利院主要由两大部分组成，一部分主要负责行政，一部分主要负责业务方面，行政的内容主要包括办公室，总务如食堂、后勤、安全以及培训；业务方面包含护理、医疗康复以及社工方面。整个体系由上至下，层层递进，书记到院长再到业务副院长和行政副院长，工作人员各司其职。

入院的人员，对于床费和护理费都有明确规定，按照认定程序实行分级护理，每一级都有明确的护理内容。养老机构床位费和护理费基于不同等级服务内容和服务质量，实行分级定价。从社会福利院的床位标准和护理费来看，最低的是四人房加上二级护理，每个月需花费 3000 元，对于社区养老和居家养老的费用来说，是比较贵的，所以研究者询问过入住的老人他们的入院费是谁来承担的。

　　我们机构入住的老人他们的费用承担主要是几个方面，一个是因为入住的老人多是有子女的，并且子女都是有工作的，另一个就是老人自己的退休金，还有就是政府补贴的，长期护理保险政策要求报销85%比例的服务，这些保障都在很大程度上缓解了老人家庭的经济负担，不过对于生活比较贫困的老人来说大多不选择住机构。（访谈对象12-2-1：社工经理）

　　由于工作人员都受过培训，入院流程和出院流程都详细地张贴出来，整个过程公开透明。

　　我们院对工作人员都有相关培训，不管是业务上还是态度上都规定，总体来说，我觉得我们院大致方向都是挺好的，很正规和一些私立的居家服务机构还是有很大的不同，设备体系都比较完善，更能满足大多数老人的需求。（访谈对象12-2-3：负责人）

　　（二）服务满意度高，老人生活安乐

　　研究者在机构中对老人进行问卷访谈时了解到老人们通过相互交流和沟通来排解内心的寂寞和孤单，通过有趣的活动来缓解生活的空洞和乏味，在这里有很多的娱乐活动，老人们可以按自己的兴趣爱好，参加活动比如培训班有象棋班、书法班、钢琴班还有与老年大学合作等，并且会定期举办合唱活动等，每周都会有活动安排表，可以提前知道时间地点。在接纳老年人之后，首先要解决的问题就是如何加快老年人更好地融入这个大环境。当老人入住养老机构后，不仅要照顾老人的生活需要，更要关心精神需要。所以养老机构在满足老人生活照顾需要的同时，也在不停地创新活动形式，比如兴趣培训班、文艺比赛、与老年大学相互合作等。

　　在满足养老人员的需求过程中，也是呈梯级层次满足，最基础的就是日常的护理服务，比如帮助洗漱、穿衣、沐浴等基础工作，让老人享受到无微不至的照顾；接着就是安全需要，在研究者调查的机构中最有优势的便是基本的医疗服务都具备，包括后勤保障也做得非常充分完善，如老人摔倒、停电停水等突发情况都是有相应的应急措施；在社交层次方面，入住养老院的老人大多结伴一起活动，避免了自身一个人在家中的孤独，老人互相陪伴减少心灵空虚、子女不在身边的寂寞感；最终老人们通过日积月累的相处，真正融入老年群体，把福利院当成自己的家，得到心灵的慰藉和精神上的满足。

四、松江社会福利院中长期护理保险的实施状况

（一）引入长期护理保险的优势

1. 有助于资源整合

如今养老资源面临稀缺、不足的现状，通过养老机构这一平台可以实现资源整合，特别是在护理人员、财政资金以及医疗设施方面的合理配置，通过长期护理保险在养老机构中的融合更能扩大服务范围，解决供给不足的问题。比如政府拨付资金的合理利用、护理人员的最优配置、基础设施的建造等解决机构中老人的需求，减轻老年人吃饭难、清洁难、陪护难等问题，让更多的老人享受到社会发展的成果，体验到高效专业的社会服务，体现了共享发展的理念。

2. 为老人和家属减轻了经济压力

实行长期护理保险最大的受益者就是老人与家属，长期护理保险制度自试点以来，在入住老人中受欢迎程度非常高，每个月补贴达到600元-700元。对机构来说照常提供服务，对于老人来说是有极大的实惠之处，例如之前入住老人都需要承担护理费，由家属老人一起承担，现在医保报销85%，不仅提高了入住老人的满意度，让老人享受到经济发展的成果，也进一步提高了老年人的生活质量。老人可以在自己可承受范围之内得到更专业的护理，这使许多老年人都十分满意，对服务赞不绝口。有了这些优惠的政策，许多高龄、独居、失能老人都能够享受到更多的服务，得到照料和照护。

3. 促进实现养老机构护理人员的学习

对于长期护理保险的一些照护和护理都具有不同的操作规范，在长期护理保险融入养老机构的过程中操作流程要求规范、严谨、制度化，促使护理人员在学习过程中提升护理技能，为老人提供更专业的服务，在机构中政府补贴的资金都有严格管控，内部监管和外部监管，使政府拨付的资金在阳光透明的机制下合理分配。

其次，促进了技术方面的创新，比如互联网+护理服务、智慧养老等技术出现之前许多需要依靠护理人员帮助完成的事情，现在老人可以用养老科技来独立完成，既减少了照护人员的工作量，提高了照护人员的工作效率，又

更加关注老人的心理健康问题，帮助老人排遣更多心理上的孤单寂寞，提升老人的情绪管理能力。

4. 促进"医养结合"的发展

机构养老对于居家养老的一个明显优势，便是能更好地实现医疗护理，特别是对于有疾病、失能或半失能的老人，养老机构可以提供更全面完备的医疗设施及保障。居家养老服务目前主打家政服务，长期护理保险主要针对老人的个人护理问题。在社会长期的发展中，如何更好地实现"医养结合"是当下所要解决的一个重点问题，而在各个养老措施方面，机构养老明显更加具有优势。在进行长期护理保险试点之后，医疗护理和日常护理结合得更加紧密，是医疗和日常护理融合的一个重要体现。

对于我们机构来说，很多老人以及他们的子女就会选择有基础医疗设施的机构，就像我们的机构，虽然医疗设施不能像正规医院一样完善，但是基础保障的设备都是有的，而且是全天 24 小时，如果有什么紧急问题都是可以马上解决，不会说是手忙脚乱这些。这也是很多老人愿意选择机构养老而不是社区养老这种方式的一个原因。（访谈对象 12-2-1：社工经理）

（二）长期护理保险在运营中存在的问题

1. 受众范围有限

2017 年出台的《上海市长期护理保险试点办法》针对的是上海市城乡居民以及上海市的职工。从在松江福利院调查的情况来了解，松江福利院从 2018 年开始全面实行长期护理保险制度，2018 年后入住的老人都会进行对长期护理保险的评估。但是对于 2018 年之前入住、外省市非上海市户籍、社保关系在外地、之前一直在外地工作的老人就不能享受到长期护理保险的待遇，还有一些情况是户籍是上海，在外地退休就需要在 2019 年才能纳入长期护理保险。目前虽然在多地开始试点，但是受众都会有相应的条件限制。

2. 护理人员工作压力大，供不应求

长期护理保险的补贴方式按天数进行计算，每个月补贴达到 600 元-700 元。护理人员负责的事务比之前更多、更繁杂，不仅每天需要做好日常记录，而且每个月也需要进行统计、做计划和报表等。在纳入长期护理保险之前老人住院申请较随意，但是加入了长期护理保险必须做好每一次备案和记录，每个老人享受的补贴需要建立不同的档案。在与护理人员的访谈中，会出现老人对护理服务的需求过多，护理人员难以满足的情况。工作人员的压力很大，经常有老人半夜需要帮助，有时候也会遭受家长的不理解、老人们的不配合。

上海市是长期护理保险制度的试点省份，制度建立初衷是为了能够减轻医疗机构的压力，实现老人在家中和机构中的医疗护理，但研究者在访谈过程中，了解到护理人员人数不足，特别是进行长期护理保险试点后，工作量加大，护理人员也是供不应求。现在更是面临护理人员招聘难，长期留任更难的问题。如果护理专业性不足，那长期护理保险的保障效果就不会达到最好。

在我们机构，出现的一个问题就是招人难，以前招的护理人员多是江苏、浙江周边地区的，现在我们的机构招人都从陕西、甘肃比较偏远的地方招人。而且大多数人觉得这份工作苦累，社会地位低，很多都待不了多长时间，现在我们机构工作人员大多都是中年人，年轻人都比较少。（访谈对象12-2-2：护工）

3. 对护理人员要求高

提供长期护理保险的护理人员需要不同的等级证书，例如初级证、中级证、高级证、医疗照护证等，有资格证书的护理人员才能为老人提供相应的护理服务。接受过专业训练和未接受过的护理服务人员价格不同。对于调查机构来说，护理人员提供服务的价格是按区域划分，对老人收取的护理费不同服务价格就不同，同样时间的服务、不同区域老人、用工成本是不同的。所以机构会寻求更多高素质的护理人员，但机构对养老护理人员服务的过多投入，也会给机构和政府带来很大的财政压力。

4. 养老机构关于在长期护理保险方面资金投入加大

长期护理保险对入住养老院老人制定了新的标准，要达到60周岁以上并且达到相应的评估等级方可享受，长期护理保险的服务项目数量总共有42项，住养老院的老人需要照护的服务内容增多了，养老机构的服务压力也呈正比上升。长期护理保险的实施，需要更完善的评估系统和支付系统。特别在数据处理、评估系统的环节中需要更多的专业技术人员，相应每个层次也需要增加1、2个管理人员。在长期护理保险政策的出台下，相应的养老机构在护理和管理方面相比之前都会有其他支出，比如聘用技术人员、系统安装等费用都需要机构自己负担。机构需要聘请专门人员做长期护理保险这一部分工作，护理人员工作压力越来越大，然而护工费、工作人员待遇并没有呈正比提高；养老院护理成本和护理人员的补贴也呈反比。对政府的财政压力大，需要一定的经济支撑，在全国范围内推广会存在资金难度，对政府政策设计的要求高。

5. 长期护理保险服务项目与机构日常服务重合

在机构调查中，纳入长期护理保险之前，日常的护理服务就包括一些日常生活和一些基本医疗方面的服务，例如头部清理、穿衣照护、定期换药等。不同级别的老人有不同的照护服务，但展现出来的各级照护服务中大部分内容重合，很多要求的护理服务都是护理人员日常的工作。目前长期护理保险的服务内容总共包含了42项，虽然服务项目的内容还有待完善，但存在与养老机构日常服务重叠等问题。特别表现在基本生活照料方面，在早晚护理、进食等方面，内容重合，有些划分过细，虽然有利于提醒护理人员，但容易造成重复赘述的问题。

表 12-2-7　长期护理保险服务项目内容

序号	服务分类	服务项目
1-27	基本生活照料	包含卫生护理、清洁护理、安全护理等
28-42	常用临床护理	包含血糖监测、药物喂服、皮下注射等

资料来源：市民政局关于印发长期护理保险服务项目清单和相关服务标准

五、对策与建议

（一）完善医疗服务、长期护理保险和养老服务之间的融合

长期护理保险制度刚建立的资金来源于医保，由人力资源和社会保障局（医保办）负责。在筹资标准方面，长期护理保险基金来自职工医疗保险统筹基金和居民医疗保险统筹基金，以职工医疗保险缴费基数1%的比例按季调。老年人长期照护服务及其保障不仅关系到医疗费用方面的问题，还有养老服务以及救助体系的完善，因此上海需要继续寻求医疗保险（特别是对于医疗服务这一方面），长期护理保险和养老服务救助体系之间的界限，使长期护理保险的范围、内容更加明晰以及通过实践出台与医疗保险、养老服务救助之间的衔接政策。

（二）加强养老护理服务人员培养，促进护理人员素质提升

首先要对养老护理人员进行多元化的技能培训，养老机构和行业协会可以自行培训，积极引导无培训经验工作人员，使其尽快适应岗位，丰富考核形式，促进养老护理人员技能等级和收入水平同步提升，与专业院校和培训机构进行合作，共同培养人才，转变护理人员观念，在服务过程中实现自我价值。

现阶段养老服务机构护理资源紧张，很多人都不愿在养老行业工作，普遍认为工资低，工作累，社会地位低。所以实施养老护理人员培训补贴政策是必不可少的，更重要的是提高养老服务业的薪资待遇水平，在社会上服务行业的工资相对较低，但服务行业这一群体是经济稳定、社会和谐必不可少的一部分。由此建议深化养老服务机构工资收入制度改革，对专业护理人员、养老员提供较高薪酬，吸引更多的社会青年进入养老服务行业，为养老产业注入新的活力。

（三）进一步加大政策宣传，转变劳动者观念

充分利用发达的网络媒体，通过新闻、APP、宣传单等方式加强养老政策以及长期护理保险相关政策的宣传，通过媒体宣传，引发社会对养老护理人员的重视，能够转变社会固有观念，让从业人员在辛勤付出的同时获得社会尊重，增加其职业认同感。另外通过政策引导把社会资源更多地向老年人倾斜，营造良好的社会氛围。这样做对构建社会主义和谐社会具有重要意义，有助于更好地促进发展成果全民共享，实现社会的公平正义。

（四）通过"互联网+"养老模式，培育激发新动能

"互联网+"养老模式（由智能设备、线上服务平台和线下服务圈三大板块组成，以智能设备为基础设施，以老年人服务需求信息为要素，以线下服务圈为支撑，共同构成一个闭合的供给与需求链），利用互联网信息技术平台，将护理服务从机构内扩大到社区、家庭，现今互联网的发展日新月异，可以在数据处理、监测控制等方面提供很大的帮助。但"互联网+"运用到机构养老还有待提高，耿永志和王晓波认为公办养老机构供需不平衡，需求量大，但供给欠缺，在民办养老机构中入住率并不高[1]。不少养老机构出现价

---

[1] 耿永志、王晓波：《"互联网+"养老服务模式：机遇、困境与出路》，载《深圳大学学报（人文社会科学版）》2017年第4期。

格低—质量差—入住率不足的恶性循环。通过"互联网+"养老模式，可以吸引更多企业加强科技研发，驱动产品创新、应用创新，为养老服务提供更多的可能，为我国更好地应对人口老龄化注入强劲动能。"互联网+"养老模式将会使传统养老服务行业发生彻底性的改变，出现"老树发新芽"的良好状态；同时在养老服务领域内会引发一股创新的浪潮，跟随大众创业、万众创新的新潮流，实现"新枝长新叶"，养老服务产业的创新性发展将成为今后经济新常态下经济转型升级的重要机遇。

第三节 长期护理保险在真如社区爱照护长者照护之家的实践

一、研究设计

（一）调查机构：上海真如社区爱照护长者照护之家

上海真如社区爱照护长者照护之家是一家非民办养老机构，由上海市普陀区民政局创办，坐落于真北路 1902 弄 1 号，目前入住的床位接近 150 张，配备有失智、失能专区，护工近 15 名，护士 5 名（白班护士可以是实习护士，晚班护士必须有上岗证，这个行业的特性未定）。招收老人的基本条件为：60 周岁以上老人，且为上海户口，所在街道社区优先，筛选条件为失能失智老人，或被认定为 2 级以上的老年人以及独居老人。该机构建有康复室、集体食堂、最多容纳 50 人的阅览室以及占地 150 多平方米的小花园等，为老人提供日常照护及丰富多彩的照护服务。该机构的收费标准为 6000 元–10 000 元不等，配备有三人间、五人间和八人间，提供恒温洗浴帮助、防噎呛喂食、医疗按摩、用药指导等服务。

（二）调查方法：实地观察+深度访谈+问卷调查

调查人员在上海真如社区爱照护长者照护之家进行了为期一个月的实习，期间参与了机构的日常工作。首先，在日常工作过程中进行实地观察和记录，收集资料。其次，在工作过程中，主要采用面对面深度访谈法收集资料。最后，对养老院中老人的家属进行了问卷调查。

（三）调查对象

1. 深度访谈

以上海真如社区爱照护长者照护之家为调查主体，选择了该机构1名员工、1名老人家属、1名工作人员作为访谈对象。

表 12-3-1　调查对象基本情况

编码	访谈对象	性别	年龄（岁）	身份
访谈对象 12-3-1	洪女士	女	43	机构护工
访谈对象 12-3-2	杨女士	女	57	老人家属
访谈对象 12-3-3	任先生	男	37	机构负责人

2. 问卷调查

对机构中的老人家属共发放 100 份问卷，回收有效问卷 87 份。问卷内容涵盖三个方面：①老年人的基本情况；②参与机构养老时的感受和满意度以及需求意愿等；③入住机构养老的理由。

二、该机构对老年人提供的长期护理保险服务

（一）老年人背景与入住机构享受长期护理保险的关联

对机构内 87 位老人家属进行调查后发现：入住比例中男性占比更大，与家庭分工类型不同也有一定关系，通常女性料理家务，所以照料自己的能力会更强，而男性在这方面比较弱，更需要机构的养老支持。结合上海老龄化程度的统计，大部分失能老人集中在 70-79 岁之间，近 95% 因为疾病困扰不得不进入机构，需要专业的陪护人员照料，也就是说，这部分人群对于具备医护资格的护工需求量巨大。近五成家庭只有一个子女能够脱开身进行照料。对于这些子女而言，背负着上有老下有小的困境，加上金钱和精力的有限，更需要机构照护的帮助。

从政策出台的时候就开始了，我妈经过评级，是四级，之前我们都是请保姆到家里给我妈护理的，后来觉得那个保姆好多都不会，就接到医院里去

住院了，但是住院价格贵，小青年要上班，我还要带孙子，实在顾不了两头。（访谈对象12-3-2：老人的家属）

表12-3-2　养老机构失能老人长期照护情况

类型		人数（例）	百分数（%）	类型		人数（例）	
性别	男性	58	66.67	受教育程度	文盲	1	1.15
	女性	29	33.33		小学/初中	42	48.28
年龄	60-69	23	26.44		高中及其以上	44	50.57
	70-79	46	52.87	失能原因	疾病	83	95.40
	80岁及以上	18	20.69		意外	1	1.15
民族	汉	84	96.55		其他	3	3.45
	其他	3	3.45	失能时间	小于1年	10	11.49
子女数	无子女	29	33.33		1-2年	42	48.28
	一个子女	42	48.28		2年以上	35	40.23
	2个及2个以上	16	18.39	医疗机构收费	<1000	20	22.99
户籍	城镇	81	93.10		1000-1999	34	39.08
	农村	6	6.90		2000-2999	19	21.84
婚姻状况	丧偶	35	40.23		3000-3999	14	16.09
	已婚	31	35.63	经济来源	本人子女或者配偶	80	91.95
	单身	3	3.45		亲戚朋友	7	8.05
	离异	18	20.69	医疗支付方式	城镇职工医疗保险	47	54.02
入住养老机构原因	子女忙,没时间照顾	66	75.86		城镇居民医疗保险	21	24.14
	子女不愿意照顾	2	2.30		新农合	16	18.39
	养老机构照顾比在家好	6	6.90		商业保险	3	3.45
	喜欢和老年人住在一起	13	14.94				

（二）机构为失能老人提供的多样化服务

1. 常见的需求比例中对于生理和安全的需求依然占最大比例

表12-3-3反映了失能老人对于长期照护的需求，在研究者走访的这家机构中，已经具有可容纳10人的小型阅览室和一个两桌乒乓球房，配备一个小花园，可用于散步和简单锻炼，一个小型康复室，主要用于肌肉恢复的老人使用，配有专业康复师2名。表中，对预防慢性疾病教育指导意愿度最高，老年人更希望延长生命长度，提高生命质量，对于保健、康复、中医等关键词的敏感度更高，所以在机构中，具有行医执照的医师和学过中医的老年人往往会成为机构中的"红人"；对亲友探望的意愿度第二，结合当下防疫措施，机构实行了封闭式管理，所以这项指标高也有一定的时间性；排名第三的是提供常见症状护理，已知的常见症状护理包括：跌倒、疼痛、睡眠紊乱、便秘、尿失禁、消瘦、耳聋、视觉减退、噎呛等，这些都是老年人日常生活中容易发生的意外；对于慢性病疾病教育的需求也很高涨，老年人本身就患有多种慢性病，如何尽可能地提高生活质量、减轻心理负担和财务负担是老年人最优先考虑的；考虑到参访的老年人年纪问题和失能情况，这家养老院中对于社区志愿者的意愿度不高。

表 12-3-3　养老机构失能老人长期照护需求

照护需求	频数	百分比（%）	照护需求	频数	百分比（%）
提供药物指导与照护	53	60.92	帮助换洗衣物	43	49.43
帮助进食	26	29.89	康复训练指导	27	31.03
帮助穿衣	19	21.84	帮助大小便	11	12.64
预防慢性疾病教育指导	73	83.91	提供常见症状护理	67	77.01
课堂学习活动	62	71.26	睡眠与休息指导	55	63.22
帮助修饰（洗脸、刷牙、刮脸等）	20	22.99	保健用品说明指导	21	24.14
陪同看书、看报、看电视服务	43	49.43	安全教育	18	20.69

照护需求	频数	百分比（%）	照护需求	频数	百分比（%）
亲友探望	68	78.16	提供伤口护理	23	26.44
常见疾病预防指导	19	21.84	提供造瘘口护理	17	19.54
提供定期体检	39	44.83	日常室内户外锻炼指导	26	29.89
营养膳食搭配指导	49	56.32	社会志愿活动	9	10.34

2. 失能老人对长期照护内容的需求

需求度最高的是日常生活起居照护，包括喂饭、换尿布、擦洗身体等。其次是近年来需求逐渐高涨的精神慰藉方面，主要集中在失独以及丧失配偶的老人，这些老人通常因为身体不便、家人的关爱缺失等，对于心理疏导的需求量急速上升，在我调查的这家养老机构里，有心理学相关背景的从业人员处于空白，老人的需求仅仅靠平时的交流是不够的，很多老人因为自己的情况甚至出现自暴自弃的想法。

表 12-3-4　养老机构失能老人长期照护需求排序

照护需求	排序
日常生活起居照护	1
基础医疗照护	3
专科医疗护理	5
健康指导	4
精神慰藉	2
社会活动参与	6

3. 失能老人对养老机构活动场所的需求

对于不愿意给家庭增加养老支出、对于机构养老没有成见的老年人来说，增加运动设施的需求高涨，不仅可以培养锻炼习惯，"运动使人长寿"的想法深入人心，而且运动房也是老年人的社交主要场所。调查结果反映了最新的老年人需求类别，也反映出我国在提高生活质量后，居民对于文化、心理方面的要求提升，精神世界的充实，侧面反映出上海老年人生活水平和质量的显著提高。

表 12-3-5 老人对养老机构活动场所的需求情况

场所	医疗康复室	健身室	棋牌室	阅览室	舞蹈厅	无	其他
频数	73	79	62	47	17	7	9
百分比（%）	83.91	90.80	71.26	54.02	19.54	8.05	10.34

总之，机构在对老年人提供的长期护理保险服务方面取得了较好的成绩。例如在医疗方面，照护之家已与真如社区附近的医院形成合作关系，也是整个社区唯一与医院保持合作的照护机构，如果发现老人有身体不适，工作人员就会与医院及时取得联系。与此同时，照护之家特地在二楼设立了一个护理站，该护理站将在这个月取得相关的证件并投入运行。护理站内部会配备有医生、护士等专业人员，而且面向整个社区开放。甚至考虑到社区内老人的行动可能会有所不便，该护理站还将在日后提供上门服务，比如有老人在普陀区中心医院配了5天的药水并带回家中，那么老人就可以预约护理站的医生和护士上门为其挂点滴。

三、上海真如社区爱照护长者照护之家存在的问题

（一）精神慰藉明显不足

根据马斯洛需求理论，基本的生理满足后是对安全的需求和对社交的需求，而这方面上海真如社区爱照护长者照护之家做得不足，入住机构的老年人的社交水平远低于期待水平，而陌生脸庞更会加剧他们的孤独感，所以才会出现家属说的"胡思乱想"，其实是衍生出的被抛弃感和无价值感，所以精神相关方面照护的缺口应尽快补上。与此同时，疫情导致的探视阻拦加上本身的失能情况，会让老年人情绪低落，出现烦躁和抑郁的情绪，老年人的抑郁症情况已经越来越普遍，应当引起重视，但是现阶段的养老机构还没有配备心理咨询和辅导的条件，老年人心理状况干预措施尚处于空白状态。

心理吧，他们虽然会和老年人说说话，但是不会像我们子女一样关心，最多也就是问问今天感觉怎么样，喂喂饭，不会有谈谈心啊这种，还是比较

孤独的，而且我妈年纪大了，会胡思乱想，有时候挺消极的，我觉得哦，最好有那种心理疏导啊或者临终关怀服务，当然这价格可能又要上去了，但我还是希望能有的。（访谈对象12-3-2：老人的家属）

（二）财政压力不小

入住的老年人家属反映照料成本比较大，虽然相比医院住院已经好很多，但是成本还是一笔不小的负担。老人的退休工资基本满足不了照护成本，大多靠子女补贴。而重大疾病的医疗成本本就高昂，所以子女们经济压力也很大。而且随着年纪增长，这部分的医疗费用支出只会随之上涨，如果子女收入出现波动或者少了保险公司的支持，那么会更加困难。

我们还是希望有足够的人手吧，还有就是希望国家能鼓励这块劳务人员从业，我们这里的要求不比医院低，但是价格没优势，而且没什么晋升的通道，他们还是比较压抑的，我们也难，流动性大。（访谈对象12-3-3：机构负责人）

（三）护理人员专业性低

护理人员的专业水平比较低，职业素养培训几乎没有，医疗相关知识薄弱，几乎都是家政人员转行进入的，对于医疗照护的知识严重缺乏，市场上也没有相对统一的教学以及考核标准，并且护理人员的职业标签与"重体力"劳动密切相关，没有相对应的社会地位和社会认可，这也成了一大批护理学院学生不愿意踏入养老行业的绊脚石，这都会影响到老年人的生活质量和护工们的职业发展。半脱产和脱产的培训方式不仅会影响收入和工作绩效，也会进一步阻碍机构和护工进一步提升专业性的积极度，这不是长久之计。

完全没有，都是来了之后学的。比如测血糖，打胰岛素，我之前这方面完全没经验，就问这边的老师，她教的。（访谈对象12-3-1：机构护工）

（四）相关的娱乐设施不足

老年人依旧有融入社会和学习的愿望，但机构的硬件往往不能有效满足，棋牌室、阅读室、体育场馆等不仅能丰富老年人的社交需求，也会对老年人的身心健康带来好处，而养老机构往往比较缺乏这方面，根据我的实地观察也发现，养老机构缺乏的不仅仅是场馆的建设，更重要的是管理人员不愿意多承担一份责任，之前有老人因为在乒乓房内锻炼而受伤，与家属艰难协调的经历，所以这部分的责任认定还需要法律的完善，阅览室只能满足一些老人的需求，有些失能程度高的老人愿意听别人念报纸，但是机构中已经无力再追加安排这些服务项目了。当然，造成的因素还有很多，比如成本和维护费用等。

（五）专业人员缺乏状况严重

医疗资源匮乏已经对机构的住养体验造成了极大的影响，老年人幸福指数很低。除此以外，社会氛围也给员工带来很大的工作压力，护工社会地位不高，收入也不高，甚至遭到歧视，导致人才流失率高。归根结底，很大一部分原因是相关的考核培训制度不够以及机构筹资不足造成的，包括了解到一些卫校学生的状况，男女比例失调，男性护工很少，但是老年人很多隐秘的护理工作，如果是同性则会降低不小的心理压力。除此以外，机构曾经尝试联系过甘肃、贵州、河南等劳动力大省的共计 20 余所大专院校的护理学院，很少有院校负责人愿意将生源输送到上海各大养老机构。原因是学生意愿度不高，养老机构需求量也不大，暂时看不到养老机构相比甲级医院的优势，养老机构缺乏知名度、社会认可度，而劳动强度又较高、工作环境相对较差等。而新兴的养老机构，管理人员缺乏，甚至出现了毫无岗位经验但却接手了整个机构运行的情况，地基不稳的后果造成管理与现实情况的脱节，不能相互理解，造成机构内部的混乱。

之前在私企做管理，现在就想找个安稳工作做做，管理岗的话……我从 2012 年开始做的，养老机构这块没接触过，管人的总归道理是一样的咯。（访谈对象 12-3-3：机构负责人）

（六）目前还没有法律规定护工的具体内容

现在的法律基础薄弱，《老年法》里在老人精神慰藉方面几乎是空白。政府相关扶持和激励机制也不够，我所探访的这家机构是非营利性养老机构，截至目前，政策偏移是逐步建立起来了，比如税收、水电费、土地等，给予了补贴，为正常运行奠定基础，减少了部分经营成本压力，但在调动积极性上，并没有多少措施，我走访的这家属于公办民营，其实已经算是这方面走在前列的。

该养老机构通过远程监控实施监管，定时完成各项服务内容，包括起床洗漱、喂水喂饭、擦身洗浴、如厕服务、修剪指甲、更衣洗衣、聊天谈心、休息睡眠等。根据老人需求安排好低脂、低盐、低糖饮食，细心制作特殊老人的流质、半流质和肠内营养食品。对少数民族的老人餐饮设置专锅专灶，对特殊需要的老人提供食材加工和点餐服务。

四、长期护理保险在该机构运营中存在的问题

（一）法律法规不够完善，护工绩效没有可参考标准

对比欧美发达国家，完善的法律法规是基础，并且极大促进了护理服务的持久发展。引入商业保险的力量，让更多家庭降低照护的风险，按照我们的基本现实国情，从资金源头解决照顾难题。而商业保险的纳入一定程度上也将影响政府的法律制定，完善的法律体系和健康的市场模式还有待开发。而且现在的法律或者第三方都没有关于机构内长期护理保险护工的明确、具体的考核标准，也没有相关的职业道德和职业内容手册。关于业绩考核，业内也并没有相关一致性的共识。

我们就是按照服务内容的完成。我们可以有感谢信，就是家属写感谢信啊，然后我们这边可以给奖金，但是一开始是给的，后来基本服务的家属都写，就不给了，就口头表扬了。（访谈对象12-3-1：机构护工）

（二）长期护理方面的分类不清晰，不能很好地落实责任到人

机构内的护理人员构成分三种：护工、护士和医师。护工由前家政人员组成，没有上岗证，没有任何医学相关知识，全凭机构的护理流程和自己的经验进行服务和判断，薪资方面待遇是按绩效出勤计算，一天工资在220元左右，服务质量与薪资不挂钩。护士由医院的护士以及个别院校出身的小护士组成，理论知识丰富而扎实，但机构需要值夜班，和医院制度一样，小护

士没有经验，担当不起值夜班的责任，平时的工作内容就是负责给药、打针、辅助医师报备老人的健康情况。医师是只有骨科、外科和内科的几位医生，有行医执照，并且在地段医院有过任职经历，但处理复杂的情况能力不足，且除以上三个科室以外再无其他分类，导致每个医生的工作量都非常巨大，往往一个病人的病历本就厚厚一沓。最后心理医生和最主要的康复科医生都处于人员空白状态。

只有个培训老师吧，应该是给我讲了一下规章制度、服装要求、填表还有哪些负责人，出了事找谁之类的。（访谈对象12-3-1：机构护工）

（三）长期护理保险项目不完善，有很多漏洞点

据我的调查发现，机构内主要实行的护理项目几乎都是当医疗无关，比如进食辅助、口腔清洁等，平时几乎没什么人需要，倒是有些老人很需要康复训练、大小便辅助等，护工不熟练，护士人手不够，医生没有时间和能力，导致很多日间照护、日常照护、疗养指导、康复训练等项目没办法落地实施，老人在机构内也处于自顾自的状态。具有行动能力的老人倒还好，不具备行动能力的老人感觉"自己没有用"。

在了解这些需求差异的基础上，把需求作为导向，开发地区的资源来应对，不同的失能状况需要不同的护理服务，重度失能老人因为完全不能自理所以更需要社会化的护理服务。我国的照护需求是日益增加的，对于发达地区，不同档位的养老服务提供应受政府的控制，而在欠发达地区，社区养老的优势应当充分发挥，动用医疗资源，互相补缺口，利用人口的优势，提升护理人员的专业度和待遇问题。长期护理保险是一种有效地解决失能老人对于护理资源需求差异化的办法。

（四）长期护理保险的支付标准和享受待遇分层不明显

机构内不乏5级和6级的重度失能老人，但是按照规定，这两级的划分下护理内容差别不大，支付范围也不大，那么设置分级的意义何在？为什么不把资源向这些重度老人身上倾斜呢？6个月的照护需求如何能够满足？制定好的照护需求表怎么才能避免重复？

五、对策与建议

（一）多渠道支持机构养老发展

进一步加深政策倾斜。机构养老在未来将占很大一部分的支出，特别是上海面临日益严重的老龄化现状，可以结合现有的政策扶持力量，比如减免一部分水电开支、优先批准建设等，吸纳社会上更多的劳动力，与学校建立关系，可以通过与高校心理学研究基地等合作的方式，互利共赢，一方面吸收高校的力量弥补心理干预方面的空白，另一方面为高校开展实训和研究提供平台。大力宣扬商业保险的普及和投保，把社会力量共同加入养老队伍中。

扩大商业保险的认知度和受众度，并且在相关法律上尽可能构建完全，从法律方面规范商业保险的社会责任，尽量避免因为重大疾病造成的老年人照护质量下降，并且引入商业保险的力量，也可以在很大程度上减少政府的开支压力，分担家庭的养老支出压力。

（二）可以对相关失能老人家属进行支持

比如增加相关的照顾假期，或者增加经济补助，吸引家庭成员愿意加入照顾角色中，但是相应的，可能造成的社会影响是导致壮年劳动力的市场竞争力下降，本身产假就已经造成了一定程度上的职场性别歧视，再增加照护假期，女性的职场优势会进一步缩减，所以不建议匆忙推行。

（三）加强对护工们的支持

相关的政府机构和服务部门可以为他们提供专业化的培训服务，如何最大限度地利用好用人成本是值得探索的，并且良好和完善的绩效考核机制也是急需出台的，出于护工群体现有的问题，还是需要政府的介入，可以给予优惠政策。比如鼓励半脱产培训，建议收入水平与专业技能挂钩，从数量和质量上进行分类并与专业评价机构合作，制定行业标准，规范考核标准，可以学习航空业的技师考核制度，实行"师徒制"，每一位考出执照的师傅可以带领多个徒弟，徒弟考出执照，师傅得到机构的奖励，并且徒弟能够得到政府拨款的执照机构颁发的奖励，在日后的职业发展中，具有执照的护工优先晋升管理层，以此来激励促进业内良性竞争。除此之外，还应关心他们的工伤保险等问题，完善的保险制度不仅可以保护他们的权益，还可以在一定程度上避免人才的流失，对于这类工作的宣传和引导也是媒体和政府应该纳入考量的，比如积极宣传朝阳行业的发展前景、激发年轻人投入行业的热情、优先试点做出成效积极推广等。

加强护工的培养和训练：政府可以通过媒体、学习宣传等方式提升人们对这份工作的认同感，使护工群体有荣誉感、成就感、幸福感。目前的薪资水平不容乐观，也没有工资增长的机制，更没有相关的培训体系。年轻人不愿来、不愿做，只能吸引农村剩余劳动力和下岗职工等，所以，还是需要对这些意向人群进行科学引导和分级，经过培训之后持证上岗，并且加强他们的职业道德培训。建议机构可以对这些人群实行半脱产学习的支持，适当保证他们的收入平稳。而大中专院校本来有很多护理资源，如何引导他们，提高实践水平也是未来课堂内容的关键，此外，学校开设相关护理课程，加强校企合作也是一种好的办法。但是现有问题是，机构的容纳量不够，薪资方面没法分级管理，也没有相应的能力审核制度，养老机构的辐射影响力很小，进入养老机构后职业发展也并不清晰，这些都是医疗照护人才进入机构的阻碍。而对于现有的护工人群，结合他们的学历偏低、年纪偏大、家庭负担较重等因素，可以采取渐进式的辅导，逐步培养照护能力，适当增加薪酬，建立奖励模式。相对专业而全面的护理人员培训不仅可以提高他们的社会地位和竞争能力，也会无形中对职业吸引力起到积极作用。

（四）加强校企合作

特别是各大高校的资源充分利用，我给负责人的建议是：优先做心理基地的建设，联系各高校研究老年人群体及社会心理问题的课题专家，提供实训和实践的机会，充分利用老年人资源接口高校研究需求，将一线心理学调查方法和心理学干预措施试点实验在机构中，为老年人提供倾诉渠道和心理干预。在我搜集的资料中，老年人自杀率最高的地区包含养老院，这是一大社会隐患，应当引起重视，一方面，院校心理学学生苦于没有实践机会，一方面机构面临因心理干预的缺失导致的社会安全问题。因此我通过自己的努力，帮助养老机构建立了一些高校资源，即将投入运行。

（五）机构管理层的来源需要优化

这家养老机构，管理层是外聘的，工作荣誉感以及专业度其实并不高，很多管理层没有护理相关的知识和经验，导致的问题是管理层与护工们需求不贴合，不能切实发现和改进问题。我给出的建议是：学习科学的企业管理模式，尽量采用优秀护理人员的提拔，实现优秀护理人员参与管理岗位的轮岗实习，熟悉管理内容和业务流程，结合自身经验，只有扎实的护理经验拥有者，才会更了解行业水平和老年人的切实需求，比起外聘的外行，对于机构的管理更有自己的想法和目标。通过广纳贤人、职能规划、学习培训、内部竞聘等方式不断提高凝聚力，打造一支具有较强管理能力和专业技能的员工队伍和专业团队，优秀员工经过培养可提升至中、高层管理岗位，为员工创造晋升空间。

（六）建立社区和养老机构的有效联动

我走访的这家养老机构据我所知已经逐步开始了社区的联动合作，包括社区内学校志愿者基地的建设，我给出的建议是：吸纳有自理能力的退休居民，组建中老年志愿团，平时力所能及地来到机构参与谈心、聊天、做活动等，一方面可以丰富这些老年人的退休生活，找到更多的自我实现的意义，另一方面可以提前了解机构的运行状况，眼见为实地了解未来养老地的实际情况，减轻对养老机构的抵触心理，减少家人的思想工作负担，实现良性循环。我所在的小区初期的老年志愿者团队的建设有我的参与，由此可见，扩大失能老人家庭之间的互相扶持是一条新的出路，不仅可以有效节约成本，更能顾及老年人的社交需求和心理需求，让他们意识到自己是对社会有用的，减少自暴自弃的消极情绪，在与人沟通的过程中发现自我价值。

（七）官方支持应加强

老年人愿意接受来自官方的援助，更甚于来自邻居等人的帮助，比如街道举办的探望活动、学校基地的助老活动、政府过年过节的慰问品分发等，传统的观念已经开始慢慢转向，远亲不如近邻的想法正在被改变，很大程度上是因为住宅区导致的邻居关系淡漠，城市人际关系发展的不可避免的困难，人们更倾向于从官方机构获取互助服务。所以，我认为可以尝试由社区牵头，好好利用养老服务中心这一官方平台来整合资源，让互助养老服务能够得到更高的支持度和信赖感。除此以外，我在这次的调查中，给机构的意见也包含了利用"互联网+"的方法介入养老新模式，比如联合社区医院进行网上问诊和常见慢性病开药。

（八）运用信息化管理

我在其他民营的养老院里踩过点，希望更多的政府养老机构能够借鉴，可以结合现代化计算机技术、网络技术、通信技术，对整个医疗过程中所产生的数据进行收集、提取、汇总并进行分析。针对入住老人呼叫、紧急求救的网络智能接警管理系统平台，配备有移动接收装置，防止入住老人私自外出，走失；门禁处设置人脸识别、报警系统，防止意外走失；为入住老人登记健康信息的系统资料，真实反映老人的身体健康状况，为入住老人的健康管理提供重要依据；住养楼层设置监控系统，包括供配电监控、给排水监控、空调及新风监控；设立营养膳食制作配送中心，配置专业厨师、面点师和专业营养师，根据老人饮食特点注重食材多样化，合理安排食谱。严格规范的无障碍安全设计："无障碍"按照《养老设施建筑设计标准》室内廊道安全无障碍设计，安装走道扶手，设置休息区域，完善窗户隔音避噪，室内照明和局部照明，警示标识设置等。

（九）建立合理的评估和监督机制

现有的评估和监督机制可以说很薄弱，并且几乎没有科学的绩效考核体系，没有实际的、可量化的指标，准入门槛和规范尚处空白，老年人的满意度并没有纳入考核指标内。一些老人不愿意去养老机构，也有一方面的原因是看到相关的负面报道，比如机构护工殴打老人，这就要求媒体、政府、机构形成有效的三方监督体系，利用社会力量规范机构行为。另一方面，可行的解决方案包括商业保险的纳入，但商业保险参与的法律规范尚不明朗，也造成了实施的困难，所以法律制定时也应考虑到双方的权利与义务。

第四节　长期护理保险在闵行区七宝社区华爱长者照护之家的实践

一、研究设计

（一）调查机构：上海闵行区七宝社区华爱长者照护之家

上海闵行区七宝社区华爱长者照护之家，成立于2016年，位于上海市宜山路，建筑面积2500平方米，另有近300平方米的户外活动场所。分布着活动室、助餐室、助浴室等，并且每间房都装修得很雅致，便于老人们各得其所。华爱长者照护之家以"老年人住养、护理、康复服务、助餐服务"为主要服务范围，旨在为老年人提供住养、护理、康复、助餐服务。它的一楼是静安新城邻里中心，结合邻里中心这一优势，"华爱"将社区资源"请进来"，这是不同于传统照护模式的新特点，在社区融合、强化人才队伍上，"华爱"不断创新，下足了"绣花"功夫。

（二）调查方法：实地观察+深度访谈+问卷调查

调查人员在上海闵行区七宝社区华爱长者照护之家进行了为期一个月的实习，期间参与了机构的日常工作。首先，对该机构进行实地观察和记录，收集资料。其次，在工作过程中，主要采用面对面深度访谈法来收集资料。最后，对养老院中的老人进行问卷调查。

（三）调查对象

1. 深度访谈

面对面深度访谈主要是针对上海闵行区七宝社区华爱长者照护之家的工作人员进行，主要访谈了 5 位。

表 12-4-1　访谈对象基本情况

编码	访谈对象	性别	年龄（岁）	身份
访谈对象 12-4-1	徐老师	女	45	社工总负责人
访谈对象 12-4-2	叶老师	女	57	护工
访谈对象 12-4-3	楚老师	女	37	社工
访谈对象 12-4-4	钱老师	女	55	护工
访谈对象 12-4-5	杨老师	女	52	护工

2. 问卷调查

问卷调查的调查对象是老人，共回收有效问卷 106 份。

二、老年群体的期望与担忧

(一) 老年群体在日常生活中所遇到的困难

日常生活中的困难，在很大程度上影响了老人对未来生活方式的选择。虽然生活条件和医疗条件正在逐步改善，老人的身体状况也越来越好，但对于年纪大一些的老人来说，最好能有人可以24小时陪护。年龄的不断增长使得老人不方便上下楼梯，老人的子女也不能随时陪伴老人，基于这些因素，这一类老人会更愿意选择以老年公寓为代表的机构类养老方式。

12-4-2　日常生活困难 * 养老方式选择 交叉分类表

您希望以何种方式养老?		居家养老 (子女养老)	社区养老	老年公寓 (机构养老)	敬老院、福利院
吃饭穿衣	频数	0	1	0	0
	列百分比	0.00%	7.10%	0.00%	0.00%
上下床	频数	2	0	0	1
	列百分比	2.50%	0.00%	0.00%	12.50%
上厕所	频数	2	2	1	2
	列百分比	2.50%	14.30%	25.00%	25.00%
室内走动	频数	2	2	0	1
	列百分比	2.50%	14.30%	0.00%	12.50%
洗澡	频数	6	0	0	2
	列百分比	7.50%	0.00%	0.00%	25.00%
上下楼	频数	17	2	2	2
	列百分比	21.20%	14.30%	50.00%	25.00%
都能独 自完成	频数	62	10	2	3
	列百分比	77.50%	71.40%	50.00%	37.50%
总计	有效样本量	80	14	4	8

（二）老年群体希望社区能够提供的服务

时代的变迁使得老人对生活质量的要求不断提高。老人们期盼社区能够为自己提供各种各样的服务，有64.2%的老人希望社区能够提供送医送药上门的服务，因为老人的身体机能会随着年龄的增长而变差，而这一服务使得他们不需要为了一些未有明显症状的慢性疾病（如高血压等）而特地前往医院。由表12-4-3可知，有57.5%的老人希望社区能够提供紧急救助的服务，紧急救助对于老人，尤其是孤寡老人、独居老人来说，是非常必要的，对于这两类老人，社区应该提供更多的关注。有52.8%的老人希望社区提供家政服务，这不仅能使老人生活得更舒适，也可以让子女更安心一点。除了这三项，老人还希望社区能够提供日间照料、聊天解闷、文化娱乐等丰富多彩的活动。有些社区会为老人建立老年活动室，这方便了老人与老人之间更好地进行互动。

表 12-4-3　老年人希望社区能够提供的服务类型

请问您希望社区为家中老人提供下列哪些服务？	频数	个案百分比
家政服务	56	52.80%
送医送药上门	68	64.20%
送饭（外卖）	17	16.00%
日间照料	38	35.80%
陪同看病	48	45.30%
代购日常物品	27	25.50%
紧急救助	61	57.50%
老年人服务热线	40	37.70%
文化娱乐	41	38.70%
法律服务	19	17.90%
聊天解闷	34	32.10%
合计	449	423.60%

（三）老年群体所希望的养老方式

老年问题是每个人都会面临的，而养老问题中的养老方式的选择无疑是最主要，也是最重要的问题。由表 12-4-4 可知，有 75.5% 的老人更希望能够居家养老，从法律角度来说，子女负有赡养老人的责任。并且子女的赡养能够使养老更有家的感觉。但近两年兴起的社区养老也得到了一部分老人的认可，社区养老可以让老人既能体会到家庭的温暖，又能与社区里的老人进行交流、互动。社区养老不仅让老人觉得温馨，同样在一定程度上也减轻了子女的负担。但能够实施社区养老服务的社区所要具备的条件是严苛的，所以想要实行社区养老并不是一件容易的事情。

表 12-4-4　老年人期望的养老方式

	频数	个案百分比
居家养老（子女养老）	80	75.5%
社区养老	14	13.2%
老年公寓（机构养老）	4	3.8%
敬老院、福利院	8	7.5%
合计	106	100%

（四）老年群体对社区居家养老体系的担忧

社区居家养老体系是近几年才兴起的一个不成熟的体系，存在一些问题。由表 12-4-5 可知，有 70.80% 的老人认为社区居家养老体系的设备简陋、功能单一、服务单一，可见老人对社区居家养老体系的信任度不高。老人对社区居家养老机构不满意的地方还有：社区养老服务设施和养老机构床位严重不足，供需矛盾突出；社区居家养老体系的布局不合理；社区居家养老体系的服务规范性、市场监管等都有待加强。

表 12-4-5　老年人认为现今社区居家养老服务体系的不足

您认为您所在社区的居家养老服务体系的不足体现在哪些方面？	频数	个案百分比
1）社区养老服务设施和养老机构床位严重不足，供需矛盾突出	57	53.80%

您认为您所在社区的居家养老服务体系的不足体现在哪些方面?	频数	个案百分比
2）设备简陋、功能单一，难以提供多方面服务	75	70.80%
3）布局不合理，各区之间发展不平衡	57	53.80%
4）服务规范性、市场监管等有待加强	57	53.80%
合计	246	232.10%

三、华爱长者照护之家在推行长期护理保险中存在的问题

（一）评定标准的问题：缺乏公平性

调查过程中，负责人徐老师告诉我们，虽然长期护理保险在老人中的推广已经全面覆盖了，但是对于老人失能、失智程度从零级至六级的评定结果仍然存在错误。徐老师说不同的调查员来调查老人的时候，他们的直观感受是不同的，因此导致了老人与老人之间觉得存在不公平的现象。例如：可能会有一些调查员会因为老人听不见也不怎么识字而觉得老人的失智率很高。护工杨老师也说对于不同类型的老人不应该采用同样的一套评定方法，这会让老人内心觉得不公平，这对于长期护理保险在老人中的广泛推行是非常不利的。

在推行过程中最大的问题是长期护理保险的评定标准。长期护理保险从0-6级分为7个等级，但是不同的调查员来调查的标准并不统一，导致老人会觉得明明自己病得比另一个老人重，然而等级却比这个老人低，造成老人内心会觉得不平衡，也会来找我们抱怨。（访谈对象12-4-1：社工总负责人）

首先来说，长期护理保险的评估还不够科学。在评估过程中，家属往往会尽可能主观上把老人的情况说得严重一些，希望得到更高等级的照护和补贴，导致评估结果不准确。其次，长期护理保险的服务范围还是挺有限的，不能对老人进行全方位的服务。再次，当前的护理人员的数量也是有限的，机构里也做不到一个老人能够有一个护理人员。还有就是，护理人员的专业程度还有待提高，现有的专业性的护理人员还达不到长期护理保险的护理要求。（访谈对象12-4-3：社工）

（二）规章制度问题：不够完善

虽然长期护理保险在最初建立的时候，其资金来源是医疗保险，由于长期护理保险与其他五项社会保险的差异性，为了能够更好地在全市范围内推行长期护理保险，应当为长期护理保险制定规章制度，包括长期护理保险的等级评定标准、因人而异的照护形式等。

上海推行长期护理保险已经有两年的时间了，但在规章制度方面我觉得还是不够完善，对于长期护理保险的等级评定需要进行多次评估，对于不同类别的老人，比如失能老人、失智老人的评定标准不应该是一样的，像有些失智老人，他们其实并没有失去自理能力，但调查人员可能会认为这些老人的等级会比较高一点。这让一些在生活自理能力有问题但并没有失智的老人觉得不公平，如果有老人意识到这个问题，可能会在调查员进行调查的时候存在造假的现象。（访谈对象12-4-5：护工）

（三）社工进入的问题：发挥专业性

目前，在长者照护之家中，社工所做的主要工作，仍旧只是为老人策划各种各样的活动，策划活动是作为社工最基本的一个技能，但这并不能很好发挥社工的专业性。长期护理保险的推行可能会使得各个养老、照护机构与老人相处的机会变多，社工应该在机构中发挥自己的特长，通过与老人的互动来发现老人身上存在的问题，帮助老人更好地生活。

社工在机构中较为健全，例如，大学生社工、教育社工、管理社工、医疗社工、家属社工等。我希望进入机构的社工能够帮助策划老人需要进行的活动、能够帮助机构中的工作人员解决问题等。策划活动是一个社工最基本应该要做到的事情，我希望社工不仅要策划活动，还要通过在进行活动的过程中发现存在于老人身上的问题，要懂得如何通过不同的媒介来了解老人，同时还要学会平衡机构、老人、家属之间的关系，承担起作为社工的责任。（访谈对象12-4-1：社工总负责人）

（四）家庭的问题：承担起责任

对于老年群体来说，"养儿防老"的传统观念是根深蒂固的，这使得老年人对于社会护理机构存在着较大的排斥心理。在推行长期护理保险的时候，应当让老人明白购买长期护理保险后得到的服务的可行性、便利性和重要性。虽然在机构中可以获得各种社工团体的陪伴，但对于老人来说，他们更加渴望来自家庭的温暖。老人接受社区的照护的同时，家庭成员也应承担相应的责任。

老人嘛，大多还是希望能够由自己的子女来照顾自己。虽然机构中现在有不少的老人，但他们其中的有些人并不能适应机构里的生活。虽然老人会觉得我们将他们照顾的挺好的，但是我们毕竟不是老人的子女。虽然也会有许多年龄段不同的志愿者会来陪伴老人，但对于老人来说，还是不一样的。能够享受长期护理保险的老人能够有很大的可能性留在子女的身边，这对于老年群体来说，可能这对于让他们购买长期护理保险是一个很重要的理由。（访谈对象 12-4-4：护工）

（五）护理人员的不足：加大培训

护理人员的不足是推行长期护理保险中存在的一个不小的问题，由于专业护理人员的缺失，使得长期护理保险在老年人中无法进行全面推广。未来，上海需要重点开始培养专业护理人员，不仅培养他们的护理能力，同时还应该增强他们的心理素质。居家养老的护理人员通常由护理机构就近安排上门服务，但是在服务的过程中，护理人员的态度可能会从一开始的热情转变为最后的懈怠，甚至会与老人发生冲突。增强专业护理人员的心理素质的意思是让护理人员学会如何与老人相处，如何去排除老人的戒备心理、排斥心理等。

机构中现有的护理人员较少，如果多个老人同时有需求，有时会应付不过来。现有的护工很少有接受过专业的培训，能够为老人提供的服务有限，对于发生一些紧急情况的时候，不能快速做出反应。在这样的情况下，老人对于自己能够得到的保障护理持有一定的怀疑态度，这会不利于长期护理保险在老年群体中的推行。（访谈对象 12-4-2：护工）

四、对策与建议

上海自 2017 年开始建立长期护理保险制度，但在推行的过程中，遇到了非常多的问题。那在长期护理保险这个问题上，为体现出公平，首先，上海市应该先均衡平衡好各区的长期护理保险。上海市政府可以对一些经济发展水平较弱的区县进行一些以财政补贴为代表的经济上的支持，尽量避免出现因资源配置不均衡而导致老人觉得不公平的现象产生。其次，同一个社区里的老人应该由同一批调查员对他们进行询问和评估。由同一批调查员来进行调查，他们对于老人的评定标准和直观感受是一样的，这样，可以减少老人与老人之间觉得不平等的现象。虽然可能并不需要每一个社区都建立一个社区居家养老服务中心，但是在我们调查员力所能及的范围内，要让老人内心觉得自己受到了公平的待遇。最后，不同的年龄性别、不同婚姻状况及子女数量、不同收入水平、不同健康状况及自理能力的老人通常都有着不同的护理要求和需求，社区应当根据老年群体的不同需求来进行精准的服务。

而对于老人觉得市场监管力度以及服务规范性不够，这一现象，上海市不仅仅要加强对护理人员的培训以及有关部门的监督，还要利用教育资源，在各类高校中增设老年护理专业，编制长期护理的实用教材，培养一批专业护理人员[1]。同时，还要加强对长期护理保险的宣传力度，居民对于长期护理保险的了解程度不高，对于应该如何申请长期护理保险、享受保险待遇等并不知情，因此，我们应当要多渠道、多方法地宣传长期护理保险，这不仅仅可以使更多的老年人受益，也可以让更多的中青年群体也知晓，以便于自己老年生活的规划。

第五节　长期护理保险在夕悦嘉城护理站的实践

一、研究设计

（一）调查机构：上海市嘉定区夕悦嘉城护理站

上海市嘉定区夕悦嘉城护理站于 2017 年 8 月 31 日经上海市嘉定区卫生和计划生育委员会同意批准成立，在 2018 年 1 月正式运营。上海市嘉定区夕悦

---

[1] 闫军秀：《解决居家养老社会化服务人员短缺问题的建议》，载《决策探索（下）》2020年第 3 期。

嘉城护理站提供 24 小时全方位人性化养老服务，旨在帮助一位老人，解放一个家庭；其宗旨是全心全意为老年人服务；服务准则是"爱心、细心、耐心、尽心、恒心"。

（二）调查方法：实地观察+深度访谈+问卷调查

调查人员在上海市嘉定区夕悦嘉城护理站进行了为期一个月的实习，期间参与了机构的日常工作。首先，在日常工作过程中进行实地观察和记录，收集资料。其次，在工作过程中，主要采用面对面深度访谈法收集资料。最后，对养老院中的养老护理人员进行了问卷调查。

（三）调查对象

1. 深度访谈

深度访谈对象包括机构的站长、派单员、护士、护理人员以及老人家属，共访谈 10 位被访者。针对护理站机构人员，访谈内容围绕长期护理保险在居家照护实践中出现过的难题、护理站的基本情况和日常服务情况；针对护理人员，访谈内容围绕护理人员个人情况以及专业情况；针对服务对象，访谈内容围绕服务对象个人情况以及接受长期护理服务的情况。

表 12-5-1 访谈对象基本情况

编码	姓名	性别	身份
访谈对象 12-5-1	刘女士	女	护理站站长
访谈对象 12-5-2	徐女士	女	派单员
访谈对象 12-5-3	吴女士	女	护理站护士
访谈对象 12-5-4	李女士	女	养老护理人员（48）
访谈对象 12-5-5	孙女士	女	养老护理人员（51）
访谈对象 12-5-6	孙女士	女	养老护理人员（53）
访谈对象 12-5-7	李先生	男	老人家属（76，四级）
访谈对象 12-5-8	宋女士	女	老人家属（87，87，俱二级）
访谈对象 12-5-9	吴女士	女	老人家属（84，二级）
访谈对象 12-5-10	秦女士	女	老人家属（79，五级）

2. 问卷调查

问卷调查主要是针对养老护理人员，主要涉及护理人员的个人情况、专业情况、服务情况与培训情况等。共回收有效问卷 29 份。

表 12-5-2　问卷调查对象基本情况介绍

变量	分类	频数	百分比
性别	女	29	100.00%
	男	0	0.00%
年龄	41-50 岁	6	20.69%
	51-60 岁	22	75.86%
	61 岁以上	1	3.45%
受教育水平	小学	24	82.76%
	初中	4	13.79%
	中职	1	3.45%
户籍	上海户籍	24	82.76%
	非上海户籍	5	17.24%
工作性质	全职	18	62.07%
	兼职	11	37.93%
在本机构工作时长	6 个月以内	3	10.34%
	6 个月至 1 年	10	34.48%
	1 年至 2 年	13	44.83%
	2 年至 3 年	3	10.34%

二、夕悦嘉城护理站的基本情况

(一) 运营情况

嘉定区共有 16 家长期护理保险社区居家照护定点机构，2020 年夕悦嘉城护理站的服务规模在嘉定区中排名前列。

上海市嘉定区夕悦嘉城护理站隶属于夕悦颐养服务机构，机构形成了标准化运营体系，为长者提供专业细分的服务产品。服务对象包含全年龄段老人，业务包括长期护理保险及居家上门服务等多个服务板块，被上海市社会团体管理局评估为 4A 级社会组织。

夕悦嘉城护理站在 2020 年全年服务老人总数 1247 人，其中老人居住于南翔镇有 218 人，居住于马陆镇有 724 人，居住于江桥镇有 305 人。

（二）人员配置情况

护理站办公室的人员情况为：1 位站长，2 位护士，1 位派单员，2 位文员，1 位前台。

养老护理人员情况为：全职的护理人员 72 位，兼职的护理人员 88 位。

（三）服务项目情况

夕悦嘉城护理站服务清单上所注明的服务项目与上海市所规定的 42 项长期护理项目一致，分为基本生活照料与常用临床护理两类，其中基本生活照料 27 项，常用临床护理 15 项。照护人员分为健康照护、养老护理人员（上岗证）、养老护理人员（医疗照护）（初级、中级、高级）、执业护士、执业护师、执业专科护士 6 类人员。服务项目依据照护人员的资格而有所不同。

（四）服务流程情况

护理站负责长期护理保险"申请–评估–服务–结算"流程中的"服务"与"结算"部分。表 12-5-3 居家护理服务流程来源自护理站资料。

表 12-5-3　护理服务流程

内容	流程
护理计划制订	长期护理保险信息管理系统中进行护理确认 在信息系统中点击护理确认，打开"详细"清单 准备好纸质护理计划单，填写基本信息 联系服务对象家属，约定访视时间，准备好胸卡等物品 家庭访视，收集资料，制定护理计划，约定服务时间 信息系统录入护理计划，选择现金补贴的老人登记银行卡信息 确定护理服务人员，打印服务确认单，填写派工单，交代护理计划和服务时间
护理服务	护理服务人员上门提供居家护理服务 使用辅助 APP 进行签入和签出 根据护理服务确认单录入服务确认报告

内容	流程
服务后续	回访，护理质量评价，信息系统录入访护评价报告

（五）受监督情况

嘉定区在 2020 年 6 月出台了《嘉定区长护险定点护理服务机构记分管理办法（试行）》，由区医疗保障卫生健康、民政等部门根据相关规定和各自职责开展记分管理，来加强区内长期护理保险定点护理服务机构管理，该办法将定点护理服务机构违规行为分成 4 档记分，在一个自然年度内累加计算，所记分数的结果运用和定点护理服务机构评优挂钩。

从站长处了解到往年护理站一年要面对两次由区医保局、区卫健委、区民政局三个部门的联合大型检查。检查方式分为现场检查与上门检查。现场检查是检查档案合规性与台账的准确性与真实性。上门检查是通过随机在当日需要进行服务的护理人员中抽选，与护理人员一起前往老人家中，监督整个流程。

此外，每季度医保部门会根据护理站的后台结算业务，检查是否含有异常数据，如护理人员当日工单超过 9 小时、一位老人一周内的不同工单被集中在一天内完成、在住院的同时享受长期护理保险服务等。

自 2020 年 6 月《嘉定区长护险定点护理服务机构记分管理办法（试行）》文件出台以来，护理站面对的检查频次相对增高。检查部门也不会提前通知，随时可能会来突击检查。

三、长期护理保险在居家照护中存在的问题及原因分析

（一）人员配备问题

护理服务人员在长期护理保险中发挥着重要的作用，他们的服务质量、专业水平直接影响老人所接受的长期护理保险服务效果。

1. 护士岗位形同虚设

护士岗位的设置是为了满足失能、半失能老人在常用临床护理方面的需求，在基本生活照料的基础上要求更高。护理站共有两位执业护士，但是在调查中发现两位护士在护理站中多数时间却履行着文员的岗位职责，经过与

站长和护士的访谈中得知目前嘉定区的护理站普遍较少进行护士上门的医疗护理服务，保留护士岗位是为了应对服务项目宣传以及满足长期护理保险服务老人偶尔的需要。

我们一开始的设想是让护士上门的，因为我们在这边出了一个常规的护理人员的服务，还有一个医疗上门的服务。这边的话，这是基础生活照料，是护理人员做的，这一块的话是护士做的。我这边的话是有护理的需求的，但我们没有开展上门护士服务，是因为嘉定这个区特别大。放一个护士去做这件事情的话，她是没有办法把整个区都包下来的，她只能做"门口"的这一块，而且这些护理服务的话，这要自己去发展，因为它不像护理人员那样来了就有单子做，它要自己去推销，比如让你先享受一轮免费的服务，你看一下我的服务怎么样，然后你要觉得好我才能去做，那这样的话，我的成本是很高的。

因为她可能一个月做不了几单，而且她也会非常地累，很辛苦，还不能年纪大。年纪大爬不动楼，年纪轻，又不太愿意去做。这就是为什么我们这个护士上门的服务开展不起来。因为我们在之前 2020 年 6 月份的时候有招过一个上门护士，对，就是做不下来。单量没有办法去满足她。像那我护士的话至少一个月要做 90 单，但我是没有这个单量的。但是我是有需求的。可是也不可能我招一个人，一个月才能做 20 单吧。这是我的一个困扰，也是整个嘉定区的困扰。

所以这个事情很有难度。而且有些老人他不信任你，觉得你一个社区护士，或者一个长期护理保险护士有些事情做不了，不专业，所以跑到医院那边去了。但是你说测量血压这种，他自己家有电子的这种，他也用不上你。（访谈对象 12-5-1：护理站站长）

确实护士的需求量比较小，像上个月我都没出去做单子。但又不能不干活，不然公司干嘛给你发工资。所以现在没单子的时候和小朱他们做差不多的工作。（访谈对象 12-5-3：护理站护士）

原因分析：成本过大是导致护理站不愿意提供上门护士服务的根本原因。长期护理保险老人对临床护理的需求量相对基本生活照料的需求量较小，护理站派遣护士上门满足长期护理保险老人对临床护理需求的单数较少，而护士的工资相对养老护理人员的工资更高，因此派遣护士的所得利润比派遣养老护理人员所获得的利润更小，导致护理站认为安排上门护士进行该服务行为是带来不了好处的从而减少了上门护士人数。

2. 养老护理人员普遍素质较低

（1）护理服务人员以高龄女性为主，受教育水平低

由表 12-5-2 可知，29 份有效问卷受访者身份为初级养老护理人员，俱为女性，受教育程度绝大部分以小学为主，年龄大部分集中在 51-60 岁，工作性质为全职的有 62.07%，兼职的有 37.93%，上海户籍占 82.76%；根据与派单员徐女士的访谈可得知男性护理人员数量极少。

现在全职的护理人员有 72 位，兼职的护理人员 88 位。全职的几乎都是女的，只有一个是男的；兼职的男的也没几个。（访谈对象 12-5-2：派单员）

原因分析：长期护理保险定点居家照护机构招聘养老护理人员的行为属于一种社会交换。护理机构提供岗位和酬劳与这些护理人员所提供的服务进行交换，护理机构对于该职位的学历要求不高，只要求能考出证件以及身体条件良好，招聘条件相对宽松。养老护理人员的社会地位一般不高，薪资水平普遍较低，使得具有较高学历的求职者认为该岗位无法满足自身发展需要而不会考虑。学历较低的求职者满足招聘条件，并且对薪资水平期望不高则会考虑养老护理人员的岗位。双方的需求达成一致便成功完成交换的行为。

（2）护理服务人员全部持证，但以初级为主

护理服务人员全部拥有职业资格证书，主要以"初级养老护理人员资格证（医疗照护）"为主，仅一人持有"中级养老护理人员资格证（医疗照护）"。根据访谈了解到护理人员的工资并不会随着资格证的技能等级有变化，因此护理站对护理人员的要求仅是考出"初级养老护理人员资格证（医疗照护）"即可。

现在站里的就都是初级的养老护理人员，就一个阿姨是中级的。

这个倒是没有，公司也没有这方面的规定。老人家属那边么，只要你是有证上岗的就可以了。（访谈对象 12-5-2：派单员）

原因分析：养老护理人员考取更高级的技能水平证书的目的在于提升自

身工作技能，换取更高的工资。该行为也属于一种社会交换行为。但是护理机构并不能给予"提升自身工作水平行为"相应的报酬，导致养老护理人员积极性不高。

（二）服务质量监管问题

1. 质量标准缺失，导致重"量"不重"质"现象

工单是指长期护理保险所规定的为服务对象所提供的一个小时的照护服务。在调查中发现一周内一天最多工单时长在 5 小时至 7 小时之间，平均一周负责老人数量中 45% 受访者有 8 位老人需要服务，24% 受访者有 7 位老人需要服务，14% 受访者有 9 位老人需要服务。护理人员一次前往不同老人家的通勤路程一般主要集中在"20-40 分钟"，其次是"10-20 分钟"，因此每位受访者在每天的工作中至少接近 2 个小时是耗费在路程中的。

受访者的薪资标准只与完成的工单数挂钩，全职护理人员与兼职护理人员全部以"多劳多得"为标准。护理站方面要求护理人员每个月完成基础的单量，超出基础单量的部分以更高的单次薪酬计算，鼓励护理人员有能力者多做。但没有完成基础单量的全职护理人员则会扣去一定的薪酬。

每个护理人员的每份"工单"服务质量的高低是否在同一水平线上则存在无法量化的问题。长此以往，护理人员只会赶工单，攀比谁完成的数量多。而被服务的老人所享受的长期护理保险的质量只会越来越差，最终使得长期护理保险效果不佳。

原因分析：彼得·布劳认为不平等的情况会给社会交往设置障碍。在这里实际涉及养老护理人员与护理服务机构的社会交换以及护理服务机构与政府之间的社会交换。护理机构的收入大部分来自政府长期护理保险基金，失能老人自付部分占比极少，长期护理保险基金也是按照系统内实际工单数量进行支付。当服务质量不作为评判标准，不公平不仅仅只影响到护理人员，另外三个角色都会受到不公平影响。对于政府来说，投入大量资金带来的效果一般，对于长期护理保险居家照护定点机构来说，潜心注重质量的护理机构比一心宣传不停扩大服务规模忽视质量的护理机构效益更少，反而起到负激励作用，对于长期护理保险服务老人来说，需求得不到满足，只能选择负担更昂贵的护理服务，从而不满意政府推出的长期护理保险制度。

2. 不被允许的额外服务常常发生

上海市将长期护理保险服务项目严格与家政服务区别开来，禁止护理人

员提供家政服务。但护理人员提供额外的家政服务现象却时常发生。由图调查数据可知，在有效问卷受访者在工作中仅 10% 的受访者没有被老人或老人家属提出除约定的服务项目以外的内容，65.5% 的受访者有时会被要求额外服务，20.6% 的受访者经常会被要求额外服务，且有 3% 的受访者被要求额外服务的频率为"总是"。

由调查数据可知，在被要求的额外服务的内容主要集中在"打扫卫生（除更换床单以外）"（86.2%）与"烹饪菜肴"（58.6%），再结合"购买物品"（27.6%）、"拿取快递"（13.8%）等内容，提出额外服务内容的老人或老人家属将护理人员的服务在一定程度上等同于家政服务。

而护理站对于这些服务要求持默许的态度，让护理人员做"力所能及"的事情以保证工单的数量。护理站为争取照护等级 2 级、3 级的相对有一定自理能力的老人，提供超出书面规定的服务项目如打扫卫生、烹饪菜肴等，也存在有老人家属与护理人员私下约定额外时间，希望其在下班后或者空闲时为老人服务，单独计算时薪。

而且像护理人员这种，按医保要求，你上门时只能做长期护理保险的内容。但其实，现在长期护理保险为什么一直还在试行中，没有投入进来使用。是因为它体系还没健全，现在整个上海市据我了解下来，你说哪个护理站，它护理人员上门是只做长期护理保险内容的。大部分老人需要的就是生活上的照顾，帮我扫扫地，做做饭，聊聊天。你像一个三级的老人他的功能其实比较健全。他能够做事情的，这种人你不需要帮他洗澡、帮他洗头发，可能会协助他一下。那他每周有三次上门时间，不可能每次都让你给他洗澡洗头。他更需要像钟点工那样，帮我搞一下卫生。

在医保的角度下，它开设长期护理保险，也没有想到会演变成这个样子，但它现在也没有办法，因为已经做了这么长时间了。只能现在慢慢调整，完善它的规则。所以现在只能打个擦边球这样。"（访谈对象 12-5-1：护理站站长）

上午来烧个一菜一汤留在锅里，打扫一下卫生，到点就走了。之前是要给我外公洗澡的，我外公不乐意，太别扭了，就只让她搞这些。（访谈对象 12-5-9：老人家属）

拖个地，还有烧一下饭。（访谈对象 12-5-8：老人家属）

她做六休一，哦！还有一天，护理站就派不同的阿姨来做的。不过我和你讲，她来我家第一个小时，是医保的一个小时，然后有时候晚上的一个小时，是她下班后，我们再单独请她来做一两个小时。（访谈对象 12-5-10：老人家属）

原因分析：从社会交换理论视角来看，政府与长期护理保险定点服务机构存在基于价值与资源差异与互补关系所形成的交换关系。对于政府而言，它所对应的主体是人民；而长期护理保险定点服务机构的主体是其产权所有者。政府将长期护理保险视为对人民的社会保障，推进长期护理保险顺带促进护理行业经济发展。而长期护理保险定点服务机构只重视护理行业的经济发展，忽略了服务者的感受。因此两方的分歧导致违规行为频发，最频繁的便是护理站默许护理人员为老人提供家政卫生服务。

（三）有效监管的问题

1. 自主提供的检查材料存在纰漏

研究者前往护理站的调研时正好是护理站应医保要求提供 100 份视频以供抽查。护理站工作人员与在老人家服务的养老护理人员现场微信视频连线，首先让护理人员介绍服务老人情况，其次向老人或老人家属询问护理人员姓名、服务次数、按时上门等问题。研究者观察时发现，一些老人和老人家属并不知道护理人员的姓名，也有护理站工作人员提前告知对将要视频的护理人员在电话里会提出的问题，交代让老人先演练一遍。护理站也不断地有护理人员过来拿工作应穿的橘红色马甲以便保证视频中衣着正规。护理站负责视频录制的工作人员在视频结束后对视频进行回顾，若有回答问题不达标的则将这些视频剔除，因此最终呈现给医保部门的抽查样本都是"完美无缺"的。

原因分析：从社会交换理论视角来看，在"吸引—竞争—分化—整合"的过程中，政府为了确保长期护理保险制度的顺利推行，选择和护理服务机构进行交换，符合条件的护理机构将在吸引力方面竞争，会引起并不平衡的交换关系。护理站的做法是通过一些手段保持吸引力以继续交换，在某种程度上来说确实是钻了漏洞，导致监管无效化。

2. 居家照护监管频次较少

长期护理保险服务中尤其是居家类护理服务因其服务地点的发散性和隐私性容易给监管人员的日常检查设置阻碍。此外，由于服务人员的相对固定化，老人在面对监管人员检查时容易有"包庇"护理人员的违规行为。监管是长期护理保险服务十分重要的一个环节，但也是一个难点问题。

正如上文所提到的，护理站一年要面对两次由区医保局、区卫健委、区民政局三个部门联合的大型检查。检查方式分为现场检查与上门检查。现场检查的检查内容是检查档案合规性与台账的准确性与真实性。上门检查的检查内容是通过随机在当日需要进行服务的护理人员中抽选，与护理人员一起前往老人家中，监督整个流程。每季度医保部门会根据护理站的后台结算业务，检查异常数据。

检查的频次较少，若问题产生，被发现的时间会被延后，那么所产生的问题会在这一段时间内越积越多。

四、对策与建议

（一）加大医疗护理项目投入

根据理性命题，人们在固定时期的认识，使得其在面对两种行为需要选择时，会倾向于选择结果的总价值与获利可能性成正比的行为，护理站本身作为护理计划制定者，倾向于提供成本更低的家政服务。

政府可以邀请专家对于医疗护理类项目的利润空间进行研究，在一定程度上适当提高利润空间，同时也可以给长期护理保险护士一定量的补贴，并且要求护理站不得主动规避长期护理服务对象的医疗护理要求。

（二）对护理人员进行专业化建设

从价值命题来看，价值越高的行动结果对于个体而言，越具有从事该行动的可能性。护理人员的工作负担较大，但相对应的薪资水平较低，社会地位也相对不高，导致学历相对高以及较年轻的人群认为护理人员的工作产生价值较低，付出与收获不成正比。

政府应通过补贴等形式对不同等级的护理人员实行分级补助机制，通过高等级护理人才高补助来吸引一般等级的护理人员向高等级靠拢，同时也吸引更多人加入护理人员行业。在社会认知度方面，政府应加大宣传力度帮助护理人员摆脱"家政员"素质较低的形象，增强护理人员对自身工作的成就感，提高社会地位。

但在提高补贴的同时应有较为严格的考核标准，获得资格证后每年进行一次考核，考核结果与资格等级上升相挂钩。现有的政策主要是以扩大护理人员群体为导向来补足巨大的护理人员缺口。但是求"量"的同时也需要求"质"，民政部门等相关部门应与相关机构、医院、高校联合培养高水平专业护理人才，以应对较高专业人才的需求。

（三）建立服务质量评价指标体系

建立服务质量评价指标是有助于量化服务质量的良方，保障了交换行为的公平性。政府不应再使用"一刀切"护理标准，应吸纳专家意见，通过科学方法建立指标体系，重点围绕服务内容、服务标准和服务效率进行展开。在评价原则和内容清晰具体的前提下，使用德尔斐法筛选评价指标，采用功效系数法对各指标进行量化计算的方式建立指标评价体系。

通过指标进行计分，能全面地评判一个护理服务机构是否具有良好的管理水平和优质的服务条件；每一位护理人员是否符合长期护理保险要求、严格按照规范服务；护理服务对象的需求是否得到满足等。服务质量评价指标应因地制宜，考虑到不同地区的差异化和个性化。

（四）借助信息技术改进监督方式

政府医保监管部门应尝试实现不同系统在某些数据上的对接功能，在满足护理机构个性化需求的同时满足医保部门对服务监管的要求，实现服务信息的不断档传递。此外，可以考虑将相应的监控设备纳入监管的体系。在征得老人与老人家属同意的前提下，护理人员随身携带监控设备，入户后放于可以兼顾厨房与客厅的视角，以保证未进行家政类清洁与烹饪等服务。如若特殊情况或纠纷发生，也可作为证据使用。

第六节　长期护理保险在定海路街道综合为老服务中心的实践

一、研究设计

（一）调查机构：上海市杨浦区定海路街道综合为老服务中心

上海市杨浦区定海路街道综合为老服务中心于 2017 年成立，坐落于杨浦区顺平路 76 号，总建筑面积 1952.42 平方米，核定住养床位 49 张，日托 21 张。与其他养老照料中心不同的是，定海路街道社区综合为老服务中心是集 24 小时住养、3 个月喘息、8 小时日托、365 天居家照护为一体的综合为老服务中心，内设一门式办事服务窗口、助餐点、老年活动室、日间照料服务、住养服务，除此之外还配有日常健身活动区、心灵家园、康体保健、阅读娱乐、医养结合等活动场所。

（二）调查方法：实地观察+深度访谈

调查人员在上海市杨浦区定海路街道综合为老服务中心进行了为期一个月的实习，期间参与了机构的日常工作。首先，在日常工作过程中进行实地观察和记录，收集资料。其次，在工作过程中，主要采用面对面深度访谈法收集资料。

（三）调查对象

共选取 4 位访谈对象：机构负责人 1 人、护理人员 3 人。对于机构负责人访谈内容主要包括长期护理保险机构的建立与运营情况和长期护理保险执行过程中的问题；对于护理人员，访谈内容主要围绕培训情况和日常工作情况。

表 12-6-1 访谈对象基本情况

编码	访谈对象	年龄（岁）	性别	机构工作年限	身份	主要工作内容
访谈对象 12-6-1	陈先生	43	男	4	机构负责人	机构的运营和管理
访谈对象 12-6-2	田女士	54	女	2	护理人员	照顾老人
访谈对象 12-6-3	陈女士	58	女	3	护理人员	照顾老人
访谈对象 12-6-4	张女士	48	女	2	护理人员	照顾老人

二、定海路街道综合为老服务中心的基本情况

（一）机构基本情况

定海路街道综合为老服务中心是定海路街道办事处为满足老年人在社区内就近养老的需求，同时缓解社区养老服务设施资源紧缺的压力，根据市区政府建设要求，通过公建民营的方式，与上海吉善助老事业发展中心共同打

造的嵌入式、多功能的新型社区为老服务综合体。虽然名为定海路街道综合为老服务中心，但中心包含了上海市定海社区（顺平）长者照护之家和上海市杨浦区定海路街道顺平老年人日间服务中心。根据上海市政府长期护理保险护理机构名单看，上海市定海社区（顺平）长者照护之家属于机构养老的范畴。在后文中依旧统称为定海路街道综合为老服务中心。

定海路街道综合为老服务中心服务的老人约有 70 名左右，内有 1 名机构负责人，1 名护士，1 名文员，1 名专业社工，3 名保安，护理人员 7 位（包括 1 名日间照护护理人员），平均年龄约 40 岁左右。

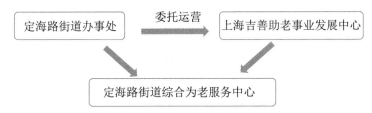

图 12-6-1　定海路街道综合为老服务中心架构图

（二）机构主要功能

定海路街道综合为老服务中心的主要功能和设施分为四个部分，分别是日间照料中心、住养服务、助餐点以及一门式办事服务。整个为老服务中心分为上下两层，一楼这一层集中了日间照料中心、助餐点和一门式办事服务三大功能，二楼则主要是住养服务的区域，为一些失能失智老人提供照料服务。

一门式为老服务窗口是对社区居民开放，受理综合为老服务中心住养、日间服护、助餐、活动、居家养老、医养服务的申请及相关手续办理，并设置部分由街道受理的为老服务手续办理。开设网上受理窗口，方便为老服务咨询、申请、评估信息反馈、服务质量投诉与建议等。

日间照护设置 21 张日间照护躺椅，主要针对的是需要专人照护，但又不需要住夜的轻度失能老人，提供日间照护服务，并根据老人情况给予简单的康复服务。

助餐不仅满足了为老服务中心住养和日间照护老人的用餐需求，还为社区中纯老家庭、独居老人、高龄老人以及生活自理困难老年人提供用餐福利，由吉善中央助餐点统一配送到老人家中，解决了居家老人的日常用餐难问题。

文体娱乐，与邻近睦邻中心的场地和活动内容融合，不仅满足本项目住养和日间照护老人的需求，还对社区中不需要专人看护的老年人开放，通过社工师、社区老年文化团队、志者团队，以自我教育、自我管理、自我服务的自助模式，组织开展老人喜闻乐见的文娱活动。

二楼是住养、喘息式服务的区域，主要划分为四人居室、三人居室和两人居室，共计 49 张床位。为经统一老年照护需求评估后符合入住住养服务条件的，主要为辐射范围内的、有住养需求的老年人，提供年内的短期住养服务。并且为短期内无法照顾老人的子女或亲属提供月内的"喘息式"服务，即为那些由家庭成员提供相应照料的轻度失能老人，因家属遇到特殊原因，近期内无法照料老人的，提供短期住养服务。

三、长期护理保险在该机构的实施情况

定海路街道综合为老服务中心是杨浦区 63 家长期护理保险定点服务机构之一。二楼的长者照护之家为住养区域内评估等级为二至六级的参保老人提供短期的长期护理保险的照护。

（一）长期护理保险的参保情况

机构内的老人在入住手续办理时，就会由综合为老服务中心、老人或者家属进行长期护理保险的评估申请。因此，入住综合为老服务中心的 70 名老人都参与了长期护理保险，其中包括了 49 名住养老人。

（二）长期护理保险的申请流程

定海路街道综合为老服务中心在老人及其家属有意向选择本服务机构时，会提醒老人及其家属去申请长期护理保险。老人及其家属凭借老人身份证和代办人身份证向附近社区事务中心提出申请，街道会安排杨浦区定点评估机构的评估人员携带录像设备上门评估，评估等级为二至六级。评估人员根据事实进行上报，等到评估结果出来之后，街道会进行通知。在老人与定海路街道综合为老服务中心确认服务关系后，综合为老服务中心会录入老人相关信息并提供相应等级的照护。同时，长期护理保险的参保老人长期护理保险每两年会重新评估，但如果机构里老人的情况出现变化，综合为老服务中心会立马申请重新评估。

（三）长期护理保险的服务项目

长期护理保险参保人员可享受 42 项适合失能老人的基本生活照料项目和与基本生活密切相关的医疗护理项目，其中包括基本生活照料 27 项和常用临床护理 15 项。定海路街道综合为老服务中心的服务项目与长期护理保险服务项目一致。

长期护理保险从业人员要求分为健康护理、养老护理人员、执业护士、执业护师、执业专科护士这 5 类资质，其中养老护理人员又分为上岗证、初级和中级以上、养老护理人员（医疗照护）。从这个方向出发，研究者了解到在定海路街道综合为老服务中心的 7 名护理人员大都只持有养老护理人员的上岗证，仅有一名护理人员持有初级养老护理人员证书和初级养老护理人员（医疗照护）证书。因此在实施过程中，由于缺少专业人员，再加上机构中大多数护理人员大多只持有养老护理人员的上岗证，机构提供医疗照护的能力不足，在接收老人时会控制高要求老人入住量。

四、长期护理保险在该机构实施过程中存在的问题与原因分析

本部分通过对上海市杨浦区定海路街道综合为老服务中心进行实地调查，对四名机构人员进行访谈，其中包括机构负责人陈先生、三位护理人员分别进行了访谈。访谈提纲根据文献资料和实地调查之后制作，但针对不同的人员，进行了不同侧重的问题询问。

（一）存在的问题

1. 机构造血能力差

从陈先生处我们得知，机构于 2017 年 9 月份正式营业，在最初开始的两年多未能实现营利。长期护理保险制度的突出特点是长期稳定地为失能半失能老人提供照护服务，这一特点的维持需要机构能够可持续性地造血，满足机构发展需要，支撑起机构长期稳定地发展。但是目前的机构无法独立运营，长期依靠民政局的输血式补贴。这导致机构一方面无法得到正常发展，没有足够的财力为老人开展更为全面的照护或者添置更为舒适的器械；另一方面，依靠政府补贴会持续性需要政府为其输血，造成政府财政压力，这不利于良性市场发展。

我们是从 2017 年 9 月份正式营业，性质是公办民营，企业属于民非组织（民办非企业组织），是定海路街道办事处委托我们吉善助老事业发展中心来管理定海路街道综合为老服务中心，是隶属于延吉物业集团下的一家合资单位，我们是吉善助老服务中心在杨浦区四个项目中的一个。我们除了提供的服务之外，为老服务中心所有的东西都属于街道。同时，我们的定价是属于政府指导价格。（访谈对象 12-6-1：机构负责人）

一楼没电梯，老人上下不方便，我们做事也不方便。你像给拿了个饭，他们送饭只送到一楼，我们要从一楼咚咚咚往上搬。（访谈对象 12-6-4：护理人员）

2. 护理人员流动大

机构内的护理人员均来自外地省市，来到上海是希望获得更高的收入，加入养老机构作为护理人员大多是通过劳动中介或家政公司的介绍安排。由于上海对于护理人员有严格的从业限制，养老护理上岗证的持有，限制了没有从业资质的人员取得高报酬。定海路综合为老服务机构作为非营利组织，通过养老服务换取的报酬不足以支撑机构运营，很大程度是依靠政府的财政支持，因此机构能给予护理人员的工资处于行业的中低端。在这样一个前提下，新到的护理人员在通过为老服务中心拿到最基本的上岗证后，很多选择跳槽到其他更高工资的养老机构或组织，这造成综合为老服务中心的护理人员一段时间一直处于护理人员人数不足的情况。

基本上是通过中介进来的，一般做过养老院的护理人员不愿意在这里工作，我们一般都是招新人的。基本上都是新人来了之后，机构再让他们考的上岗证。等做一段时间，他们就去更好地给钱更多的机构了。（访谈对象 12-6-3：护理人员）

3. 盲目追求医养结合

机构运营和发展需要接受政府的行政管理和监督，在一定意义上反映出政策引导机构的发展方向。然而面对本身机构不足的情况，一些机构负责人往往会将机构朝着医养结合的模式发展的目标与机构实际需求相背离的方向前进。一方面，作为长期护理保险的定点护理服务机构，定海路街道综合为老服务中心服务的范围只在定海路街道内，本身所服务的老人没有很多，在这些老人中大部分更需要生活上的照料，对于医疗资源的需求没有那么旺盛。因此机构内的护士更多的是从事基础的临床护理，像是给老人分拣药物、定期测量老人的血压和血糖等，较少提供专业的医疗服务。

但是在《上海市养老服务机构"以奖代补"实施办法》的通知（沪民规〔2021〕5号）的政府文件中，明确对内新设医疗机构（财政资金投入开设的除外）的机构给予不同程度的补贴。而且，在《上海市长期护理保险试点办法》（沪府法〔2016〕10号）文件中，对于长期护理保险的服务形式包括社区居家照护、养老机构照护、住院医疗护理三种服务形式。以上政府文件都在积极引导养老机构开设医疗护理方面的服务内容。但在2021年12月《上海市长期护理保险试点办法》（沪府办规〔2021〕15号）中，把住院医疗护理归还给了医院。因此，我们也不能盲目地追求医养结合，要更清楚地理清未来的发展愿景。

我们的功能主要涵盖这些，当然未来我们的功能还会拓展，响应市政府的一项惠民工程"老年人的辅具租赁业务"，类似轮椅、护理床啊等老年人需要用到的辅具，我们马上也会开辟一块地方用来展示辅具，这也是政府实施项目，因为政府会给出相应的补贴一部分，居民自己出小部分；未来我们也想做医养结合的项目，不仅针对机构里的老人，附近的居民也可以享受到这个项目。我们在未来开展的项目也会越来越多。（访谈对象12-6-1：机构负责人）

4. 机构定位与实施相背

定海路街道综合为老服务中心为参保老人提供机构照护服务是短期的。但通过与护理人员交流得知，有一部分入住享受短期照护的老人，是因为子女临时无法照顾老人，或者由于老人生病需要基础的医疗照护。但更多的老人入住很久，与机构短期照护的定位不相符。

我在那里照顾两年了，都是两年的，不过也是有出的，有的临时进去住一礼拜的就走了，我有见的就住一个礼拜的，就是说有的儿女就是白天没时间照顾，所以把老人放在那里，住一个礼拜。还有的都长期住在那里的，挺多的。（访谈对象12-6-4：护理人员）

5. 外部养老资源整合程度低

同时，由于长期护理保险的服务方式的划分，使得照护资源、基础的养老资源以及医疗资源被粗暴地行政划分，即使后来政府积极地引导医养结合的发展目标，但不同资源间的有效衔接仍旧没有广泛地形成。定海路街道综合为老服务中心内只有一名具有执业资格的护士对整个机构的老人提供服务，且只能提供较低水平的医疗服务。同时，该机构中也只有一名专业社工偶尔为老人提供精神上的慰藉。

我们上面的这些老人，有些是已经办理了长期护理保险，转院进来的；有些是没有，不知道有长期护理保险，我们是建议他们办的。不困难，审核也不麻烦，只需要老人向街道递出一份申请，其他就不用老人操心，申请之后，街道会安排杨浦区的三家评估机构，他们是有医疗资质的，会有医生和护士两个人上门携带录像设备，只是上门评估，对评估结果两人是不知道的，他们根据事实进行上报，等到评估结果出来之后，街道会通知老人结果与等级，我们机构就会录入，就可以每月申请补贴。长期护理保险老人会每两年重新评估，但如果机构里老人的情况出现变化，我们会立马申请重新评估的。(访谈对象 12-6-1：机构负责人)

6. 内部服务模块之间融合不足

定海路综合为老服务中心在建设之出，就已然从定位显示出这是一个资源的"枢纽式"养老服务资源平台。目前，综合为老服务中心分为四个模块，助餐点、一门式为老服务窗口、日间照护中心和住养区域，但各个模块独立运营和发展，相互独立，无法发挥出融合之后的规模效应。

睦邻小厨是属于街道的项目，不属于我们吉善的服务项目。睦邻小厨是早上6点半，到8点钟早饭已经结束了，这是根据老年人的时间提前一点，中午是10点半就已经开始了，下午四点开始，晚上大概在7点钟左右结束。(访谈对象 12-6-1：机构负责人)

7. 缺乏高质量护理人员

从研究者走访的这家机构内的人员构成来看，机构内见不到年轻的从业者。通过访谈发现机构人员大都在50岁左右，且受教育水平比较低。在行业资质上，大部分护理人员只取得最低层次的养老护理人员资格证。

按照目前的情况来看对学历要求是行不通的，本地的健康医学院与外地老年护理的专科学院的学生也不大愿意到养老机构来。他们更想去三甲医院，同时，三甲医院也很抢手。分析原因下来，是他们的观念没有转变过来，认为进来之后没有发展的前途，三甲医院发展得更多一点。其实很多民营医院，公立和民营养老院都很需要这种专业的人才，而且队伍能够年轻化。但就目前来看，队伍是没办法年轻化，做护理四十岁以下的都很少。（访谈对象12-6-1：机构负责人）

（二）原因分析

1. 适应功能角度分析长期护理保险的实施问题

定海路街道综合为老服务中心民办非企业的性质就表明机构不是以营利为目的，但仅仅只依靠政府补贴，不是长久之计。机构是获取资源的行为主体，在这个意义上，它需要发挥有机行为系统所具有的，促使系统保持与外部环境交换的功能，并承担获得的生存资源分配给整个行动系统的责任。机构通过向老人提供服务与老人和政府交换得到发展所需要的资金，但是所能最大服务老人的数量受到限制，无法通过交换服务的方式获得支撑机构全面发展的报酬。

护理人员通过交换劳动力获得机构的培训支持，在获取从业资质后，再一次与其他机构交换劳动力，获得更高的报酬。

2. 目标获得功能角度分析长期护理保险的实施问题

帕森斯"AGIL图式"中目标实现功能由人格系统承担，确立系统目标的优先顺序，并调动系统的资源来实现这个目标，但如果由于目标没有正确地确立，这会在一定程度上阻碍长期护理保险机构的发展。在社会主义市场经济制度下，民营养老机构对于医疗功能的盲目追求形成的浪潮裹挟着其他非营利的养老机构不加思考地投身到追逐医疗资源的赛道上。同时，机构没有从自己的实际条件出发，正确认识自己，错误选择了发展方向和发展定位，这使得机构的资源配置与老人的实际服务需求存在着严重的错位。

3. 整合功能角度分析长期护理保险的实施问题

从长期护理保险的责任主体看，政府、市场、社会、家庭等主体背后都代表着一定的养老资源，但各个主体之间无法把资源整合并协调各方关系，难以共同满足老人的多样化养老需求。从整合功能的角度看，社会系统是协调各方的主要承担者，政府的责任与功能与之相匹配。由此分析，政府在制定长期护理保险制度相关政策后，向各责任主体传达政策信息，不同主体接收信息的速度不同导致政策落实速度差异大，进而导致资源无法高效率的衔接，最后导致资源整合程度低、整合速度慢的情况出现。从其他责任主体角度看，由于定位、功能不同，在长期护理保险制度的运行过程中所遇到的困境侧重方向不同，不同主体之间存在互补的可能性，但交流通道不通畅，并且更多的是由政府来收集问题再制定解决政策和方针，效率低。

机构与其他部门为失能半失能老人办理从申请到入住的这个过程中，各组织之间协同性差，但由于定海路机构人数不多，这方面问题暴露的不够明显。整合功能，由社会系统承担，协调各部分之间的关系，使之成为一个功能总体。虽然这些组织都共同为长期护理保险制度的运行努力，但没有形成一个有机的整体，并且各个模块之间割裂，无法高效率把多方资源进行整合，使得共同为机构的长期照护提供帮助和支持。

4. 潜在模式维持功能角度分析长期护理保险的实施问题

潜在模式维持功能由文化系统承担，根据某种规范维持某种社会行动的延续性。社会对于护理人员的消极印象，认为护理人员大多是受教育水平低、专业程度低的大龄劳动者，同时也因为部分人认为护理人员这个职业不体面，致使养老护理人员职业的发展进入到一种恶性循环，现有从业者的低质量，阻碍了高质量的人才流入，没有高质量人才进入，行业无法得到高质量水平的发展。这种消极的行业文化现象消解了养老护理行业的发展活力和潜力，需要予以重视。

五、对策与建议

（一）优化适应功能：扩大收入

对于定海路街道综合为老服务中心造血功能差的问题，其一需要增加现有政府投入的规模，可以通过借鉴其他实地区域的开源方式，走与商业保险与长期护理保险相结合的道路，既减轻财政压力，又扩大长期护理保险的基金来源。其二，给长期护理保险机构更多的自主权利，允许机构在坚持政府主导的情况下，面向市场，开发机构多层次的服务供给体系，通过建设针对需要高质量服务与多样化服务选择的高收入家庭失能或半失能老人的长期照护需求，更好地匹配市场不同质量的服务要求，也使得机构增加收入，维持其他服务要求的长期有效供给，保障机构可持续性地发展。

对于护理人员来说，国家建设养老护理队伍的目标"进得来、留得住、稳得了、干得好"深刻把握了护理人员在工作上的痛点，围绕目标不断加强培训、激励等制度建设，为广大养老护理从业者打造美好明天。

（二）明确目标：加快制定统一的目标

目前，长期护理保险的试点城市已达到 49 个，散落分布在中国的大部分省级区划内。从 2016 年开启试点，再到 2020 年试点范围扩大，国家已经把探索建立独立险种作为下一步长期护理保险的目标。长期护理保险也经历了 4 年多的试点工作，已经积累了足够多的实施经验，结合不同地区经济发展水平、人口状况、长期护理保险实施情况等多方面因素，探寻适合我国现阶段社会发展水平的长期护理保险较为统一的目标与制度。只有在统一的制度框架下审视发展长期护理保险的不足与问题，才能因地制宜地加以改造，保障好老人长期照护的权益。

（三）提高整合效率：注重整体建设

面对低效率的政策信息传达与问题反馈的现状，政府应发挥好长期护理保险实施主体的责任，运用互联网信息技术，加快在互联网内搭建一个一体化、服务于各责任主体的长期护理保险制度，提供政策信息服务与交流平台，深入畅通主体间的交流，促进责任主体间功能互补，整合政府、家庭、社会、市场等主体的养老服务资源，实现更快更畅通的资源转化率来满足失能半失能老人多样化的服务需求，起到资源整合的规模作用，实现 1+1>2 的效果。

除此之外对于如何促进各组织间的有机结合问题，推进照护资源、基础的养老资源以及医疗资源有效衔接，这需要不同责任主体之间协调，从长期护理制度整体出发，立足服务对象，优化资源组合，努力为老人提供更高质量的长期照护。

（四）加强维持：鼓励促进新思想

社会对于养老护理从业者的负面印象，需要政府承担，政府应树立正确形象并改善从业人员质量。首先，政府要注重文化职能的运用，通过积极的文化导向改变以往大众对于护理职业是低技术的劳务输出形象，展现护理人员经过国家统一培训后的良好服务状态。其次，通过着眼于建设更加完善的兼具理论与实践培训的制度，塑造出具有高水平专业素养的人才，设立人才引进政策来引导相关专业的人才，积极投身到中国多样化多层次长期护理制度的实践中去。

上海市长期护理保险制度实施中的
问题与对策

一、研究设计

（一）调查机构：上海市普陀区甘泉路街道

上海市普陀区甘泉路街道地处普陀区东北部，东与静安区彭浦镇连接，南与宜川路街道相邻，西与万里街道接壤，北与宝山区大场镇毗连。该区域总面积 2.34 平方千米。2019 年，甘泉路街道户籍人口 8.75 万人，常住人口 9.85 万人。

（二）调查方法：实地观察+深度访谈+问卷调查

调查人员在上海市普陀区甘泉路街道进行了为期一个月的实习，期间参与了机构的日常工作。首先，在日常工作过程中进行实地观察和记录，收集资料。其次，在工作过程中，主要采用面对面深度访谈法和问卷调查法收集资料。

（三）调查对象

1. 深度访谈

本部分以上海市普陀区甘泉路街道为调查主体，深度访谈对象为该片区养老护理服务中心前台工作人员、甘泉路安塞社区居委会长期护理保险负责人、安塞社区居民、甘泉路街道社区事务受理中心工作人员、医保局客服、上海霞满云间公益发展中心长期护理保险负责人以及上海震瀛公益服务社长期护理保险负责人。

表 13-1　访谈对象基本情况

编码	访谈对象	年龄（岁）	身份
访谈对象 13-1	杨女士	43	心乐养老服务中心前台工作人员
访谈对象 13-2	于先生	41	安塞社区居委会长期护理保险负责人
访谈对象 13-3	先生	未询问	安塞社区老人
访谈对象 13-4	女士	未询问	安塞社区老人
访谈对象 13-5	先生	未询问	安塞社区老人
访谈对象 13-6	女士	未询问	安塞社区老人
访谈对象 13-7	女士	未询问	安塞社区老人
访谈对象 13-8	女士	未询问	安塞社区老人
访谈对象 13-9	女士	未询问	安塞社区老人
访谈对象 13-10	女士	未询问	上海霞满云间公益发展中心长期护理保险负责人
访谈对象 13-11	女士	未询问	上海震瀛公益服务社长期护理保险负责人
访谈对象 13-12	女士	未询问	上海市医保局客服
访谈对象 13-13	男士	未询问	甘泉路街道社区事务受理中心工作人员
访谈对象 13-14	男士	未询问	甘泉路街道社区事务受理中心工作人员
访谈对象 13-15	刘先生	59	安塞社区老人
访谈对象 13-16	吴先生	85	安塞社区老人
访谈对象 13-17	黄女士	82	安塞社区老人
访谈对象 13-18	王女士	72	长期护理保险的受益本人
访谈对象 13-19	张女士	50 多	长期护理保险受益人家属

2. 问卷调查

问卷调查部分主要是对上海市普陀区甘泉路街道附近的居民展开，共回收了 120 份有效问卷。

二、长期护理保险制度实施中存在的问题

（一）从国家方面出发

1. 政策支持体系仍不完善

近年来，国家出台了一系列宏观层面有关构建长期护理保险制度体系的文件，明确了长期护理保险未来的发展方向，但在具体规范性的文件方面仍有不足。例如国家多次鼓励发展"多层次长期护理保险制度体系"、构建"长期护理保险制度框架"，但在具体落实政策方面，未就社区和家庭护理进行更深层的讨论，未对这一层面的护理方向做出明确的、可操作性强的指导。再比如，长期护理保险方面所涉及的现实情况是复杂的，现实中存在残疾与失能、贫困与失能、失独与失能等交叠的情况，这就需要各项政策之间建立起互联互通的关系，一项给付标准被触发，另一项可以敏感地及时互联，从而更快更好地将资源投放到最需要的地方。

2. 各试点地区碎片化严重

这一问题在研究领域已逐渐达成共识，由于缺乏实践经验，我国国土辽阔，各地区文化背景和经济背景差异较大等因素，长期护理保险制度的推行采用了试点渗透的方式，发展到目前，可以看到，各地不论是在资金筹集、保障对象，还是待遇给付方面均存在较大差异，如此的碎片化制度并行，不利于我国建立长效性的长期护理保险制度，鉴于医保发展路径的经验教训，学者们纷纷对此表示担忧。

（二）从市场方面出发

1. 机构照护服务付费购买者较少

调查中，研究者走访了上海市普陀区甘泉路一带，观察中最直观的感受就是该地区的社区集中（老社区较多）、老年人居多，区域的配套基础设施及商业性的店铺也都围绕住户群体建立、开设。从心乐养老服务中心的访谈中了解到，该机构创始人拥有保险行业的工作背景，主要为参与长期护理保险的老人提供从照料到入殡的一系列服务，但对家政类、洗浴类的纯个人付费服务未提及。

就是我们的大老板，给予的我们的一个指导，首先一个，他进入我们护

理服务中心是因为，是因为身体状况所导致的，而且我们的护理人员进行上门服务的同时，也可以跟家属沟通，进行后续的一个跟进，比如说，呃进医院啦，身体状况实在无法维护啦，各方面的情况之下，然后后续的那个一条龙服务，遵照一条龙服务，我们老板也会有一个信息跟随在这个里面，就等于说我们现在的那个，这个像长期护理保险这一块的，最主要的原因就是老人的身体状况导致的从一开始的服务，到最终的送行，我们公司都可以去操作，这就是一个真正想为社会和各方面留企业公信也好，留公司形象品牌、服务理念也好，都是一条龙的。（访谈对象 13-1：心乐养老服务中心前台工作人员）

而后在对安塞社区居委会长期护理保险负责人的访谈中了解到社区有许多独居老人（子女不同住），老人关于长期护理保险领域的服务项目中呼声最强烈的是"陪同就医"服务，联系到子女未与老人同住的背景，便可以理解此呼声背后的需求。

有些老人他就是说要求长期护理保险，就比如说他们哪里不舒服啊，要求长期护理保险，就是这些护工，要求陪他们外出去看病啊这些，这方面的要求是我听到最多的。这一片独居老人是比较多的，对呀，它这个小区是独居老人比较多的，因为，这里的话，这里的小区就是说，一部分是商品房，一部分不是商品房，如果不是商品房的话，这里面独居老人就比较多，如果商品房的话，可能就是说外来人员，居住的年轻人比较多。（访谈对象 13-2：安塞社区居委会长期护理保险负责人）

第一次进社区老年活动服务中心对老人做访谈时，从谈话中了解到受访的老人基本都已退休，年龄集中在 65 岁到 75 岁之间，低龄老人除了面临自身的慢性健康问题外，还面临着高龄父母的赡养问题，比如其中有一位受访者，其母亲是长期护理保险的参与者，获得的服务主要在长期护理保险服务的覆盖范围内。但对于大部分生活基本能够自理的中高龄老人来说，长期护理保险的服务无法惠及他们，他们希望获得日常基本照护，例如做家务、陪同就医等方面的服务，言谈之中亦未提及购买商业性质的基本照护服务。

便利嘛，肯定是有的，护工会来帮忙照顾老人，费用也不高，你让我们

去照顾父母，我自己也老了呀。（访谈对象13-8：安塞社区老人）

　　洗洗衣服啊、做做饭啊、修理东西啊，我今年都75岁了，虽然能到处走动，但骨头都硬了呀，在家里做家务，有时候做不来的。（访谈对象13-9：安塞社区老人）

　　如今80岁左右的老人基本都经历了60年代较为贫乏和国家包办的日子，基于这样的成长背景，大部分老人仍然会选择自给自足的生活，对市场的熟悉感与亲近感也较弱，所以目前老人主动购买付费日常基础服务者较少。

　　2. 商业长期护理保险发展动力不足

　　在我国现有出台的文件里，商业长期护理保险被归类于人身保险。从2013年开始，国家陆续出台文件鼓励发展商业长期护理保险，前期大多为以长期护理保险为名的其他类型产品，直到2016年开始国家出台文件进行整治以后，业内乱象才得以改善。2016年保监会发布《中国保监会关于进一步完善人身保险精算制度有关事项的通知》（保监发〔2016〕76号），文件对个人护理保险的保障金额、保险定价等方面作了规定。2017年又发布《中国保监会关于规范人身保险公司产品开发设计行为的通知》，文件对护理保险的给付条件给出了明确规定。2019年11月12日，银保监会发布新修订的《健康保险管理办法》，文中明确定义了"护理保险"和"长期护理保险"，还对长期护理保险的产品和销售管理、准备金评估、健康管理与服务等作了更明确的规定。

　　但在实践中，国内市场已有的商业性长期护理保险产品仍相对较少，2017年以前，长期护理保险市场不够规范，大多数产品不能发挥长期护理保险的长期保障功能，仅少数产品以失能或失智作为长期护理保险金的触发标准，属于严格意义上的长期护理产品。2017年开始，保监发〔2016〕76号文件起效，随后保监会又出台〔2017〕134号，对长期护理保险产品的管理进行了约束，也正是因为新文件的出台，原有的产品陆续停售。2018年，商业长期护理保险的规模占健康险市场的份额不足3%。

　　目前来看，我国商业长期护理保险的发展经历了从乱象丛生到缓慢起步的过程，主要是以下三个原因导致了商业长期护理保险发展的缓慢：一是商业长期护理保险产品定价缺乏基础数据支持，例如缺乏护理、失能发生率、失能持续时间等；二是国内缺乏护理状态鉴定标准，且缺乏护理状态的专业鉴定机构，因此可能引起理赔纠纷；三是营销管理及市场教育不足，因而市场需求未得到充分激发，保险公司缺乏产品供给动力。[1]单纯的商业长期护理保险难以开拓市场，于是大部分机构都通过政府购买的方式，参与政策性长期护理保险试点，从长远来看，也不失为一个较好的发展方式，一方面，在提供服务的过程中，机构有机会积累大量的数据，并以此为基础，设计更科学合理的长期护理保险产品，同时也可以借由这些数据明晰市场需求，从而更精准地为产品定位，另一方面，也可以运用服务经验为护理状态鉴定标准的完善出谋划策，亦有利于理赔中更好地做出判断。

调查中也发现，多数受访的成年人对自身失能风险抱持积极乐观的态度，一部分的成年人认为必须在年轻时进行护理规划，但更多人认为规划的落实存在较大困难。老年人却更有可能因为经济和年龄原因打消购买商业长期护理保险的意愿。在访谈中问及此问题时，老人回答是因为年龄问题无法购买，结合其他方面的观察，推测也存在考虑经济支出的因素。

我们都这个年纪了，买不了保险了呀。（访谈对象13-9：安塞社区老人）

问及是否有了解过商业保险时，一位老人的回答是否定，其余老人也未再参与此话题的讨论。

这个没有太多。（访谈对象13-9：安塞社区老人）

总体来看，商业长期护理保险发展动力不足有两方面的来源。一方面，供给端产品设计定位的困难，长期护理保险制度试点目前处于起步阶段，由国家牵头，带领养老服务机构参与到长期护理保险的实践中。但对大部分的保险公司来说，政策环境与市场环境还存在较大的不确定性，保险公司在该方面的经验积累不足，难以设计出更加科学合理的商业长期护理保险产品。另一方面，需求端的需求有限，年轻一代对自身的失能风险持较为乐观的态度，低估了商业长期护理保险在生活中的重要性；老年一代因为经济原因所以参与意愿也较低。两方面的共同作用阻碍了长期护理保险的发展。

---

〔1〕 陆静：《商业长期护理保险产品形态研究》，载《合作经济与科技》2021年第9期。

（三）从社区和家庭方面出发

1. 社区长期照护建设缺少牵头人

在前期的资料调查中了解到，目前有一些社区开发了"时间银行""物业服务+养老服务"等新的模式发挥社区照护的作用，但在实地走访中发现，对于甘泉路这样一类以老社区、老人为主的社区而言，开发落实新模式是困难的，与此相比，更加具有实用性的是国家提供的长期护理保险服务。不过令研究者惊喜的是，本计划做面向社区老年活动中心工作人员的访谈因为一些原因落空后，意外遇到正在社区内部施工的项目工作人员，在表明来意后，工作人员推荐研究者去实地观看已建成的"普陀区同心家园网格化综合管理服务片区"（综合服务中心）项目，服务中心属于政府的为民项目，旨在为甘泉路一带的居民提供就医、取药、体检、一网通办理、食堂就餐、娱乐学习等一系列的服务，目的是为老人提供更便利的服务。

这在一定程度上实现了社区照护的功能。为了了解社区是否有自发地考虑开发内部照护的一些模式，研究者再次对安塞社区长期护理保险负责人做了访谈，得到的回复是没有这样的考虑，同时也在负责人推荐下，接连咨询了甘泉路街道社区事务受理中心和医保局这方面的问题，得到的回答也是否。总结下来，社区照护服务缺乏牵头人，政府仍是弥补长期护理保险服务不足的主力。

这个不提供的，目前只有长期护理保险。（访谈对象13-2：安塞社区居委会长期护理保险负责人）

这个我不太清楚哎，我们这边是只有机构提供长护服务，街道会为居民提供3到4个备选机构，居民自己选择享受哪一个机构的服务，其他的我不清楚。（访谈对象13-14：甘泉路街道社区事务受理中心前台工作人员）

长期护理保险这一块呢，目前有三种方式提供护理服务：社区日常照料、机构护理和医院的医疗护理。前两者有长期护理保险给付，医疗护理这一块走医保。（访谈对象13-12：上海市医保局客服）

2. 家庭照护能力逐渐薄弱化

家庭护理能力的薄弱化体现在两个方面，一方面是从国家统计局公布的数据了解到，家庭人口数呈现下降趋势，相较于传统的大家庭，小家庭更易受到风险等不确定因素的影响；另一方面伴随着社会生活的变化，影响健康的疾病种类也复杂化了，一般家庭缺乏专业的医疗及护理知识，导致其没有能力提供较好的照护服务。研究者童年时期家中曾有重度失能老人，深知照顾失能老人在心理、体力、时间、经济、专业知识方面对人提出的高要求，因而结合自身经验作此判断。

在访谈中有三个案例的对比，一位59岁的老人，家中父母同姐姐共住（楼上楼下），并且身体健康，问及对父母未来因身体健康需要提供照护的态度时，表现得较为坦然，表示最不济的情况可以入住医疗机构；另一位85岁的高龄老人，与爱人同住，有一女儿，每周会对老人进行1次看望，并帮助其完成一些重体力、高难度的家务，在问及将来可能因健康问题需要照护的问题时，表现亦很坦然，表示在目前还能够基本自理的情况下，不想为政府或家庭增添额外负担，只想要简单生活，并照顾好自己即可；最后一位82岁的老人，身体精神状态整体看来远较生理年龄年轻，其与女儿和外孙女同住，老人在回答问题之余还分享了自己多年保持身体健康的"秘诀"，虽未听说过长期护理保险，但表示照顾好自己、保持身体健康是最重要的事。研究者推测，家庭护理能力的弱化，也让老人们意识到自我照护的重要性，比起失能所带来的事情，老人更加注重日常的健康养护。

没有，我们年纪也大了，干干简单的家务，重活累活就不干了。我女儿他们每周来看我们一次，他们来了帮我们干一些重活，简简单单生活就够了。（访谈对象13-16：安塞社区老人）

人要照顾好自己的身体，自己活得轻松，也不给别人添麻烦。（访谈对象13-17：安塞社区老人）

（四）从社会层面出发

1. 免费提供照护服务的民间组织较少

在资料查询中了解到有一些公益性的机构也提供长期护理保险服务，于是确定了"上海霞满云间公益发展中心"（松江区）和"上海震瀛公益服务社"（普陀区）作为调查对象，咨询其长期护理保险服务相关的信息。在电话访谈中了解到，两个机构均是以"政府委托+第三方运营"的方式为参保者提供长期护理保险服务，不同的是，前者的家政服务、洗浴服务、身心健康等服务项目均为商业性的付费项目，后者的这些服务为政府购买的助贫项目，对享受服务者免费。同时也了解到长期护理保险服务一般都是按照政策提供，由政府支付一部分费用，个人支付一部分费用。据此推测，能够免费提供照护服务的民间组织较少，主要的原因有：照护服务对资金和人力的要求较高，民间组织提供该类服务的成本较高；照护服务一般会深入老人家中，涉及与老人的身体接触等，如非政府主导的项目，家庭对此的戒备较多。

　　不免费，长期护理保险是按照政策来的，不免费。政府委托给我们单个项目，我们按照协议约定提供服务。像长期护理保险服务一小时65块，政府付90%，个人付10%。（家政服务、养老服务、身心健康和洗浴服务）不免费，这些服务都是要收费的，政府也可以为居民购买。（家政服务）50块一个小时。（访谈对象13-10：上海霞满云间公益发展中心长期护理保险负责人）

　　不是的，只有军人是免费的，其他人都要收费，是医保在付。（家政类服务）面向的是贫困或者有特殊情况的老人，街道给我们一个名单，我们按照名单免费给这些老人提供服务。（访谈对象13-11：上海震瀛公益服务社长期护理保险负责人）

　　2. 民非机构能力有限且存在法律风险

　　以上两家被调查的机构属于民办非营利机构。相较于其他商业性机构，一方面，民非机构的运营管理能力较弱，主要体现在筹资渠道不畅通、硬件设施不完善、专业人才不充分、治理机制不科学等方面，这些表现又影响了其长久稳定的运营。另一方面，民非机构在法律上的界定不清晰，容易在运营管理时埋下法律隐患。

　　（五）从实践层面出发

　　1. 证明材料要求严格，相关部门懒作为

　　长期护理保险从申请到享受的过程中，评估审核是较为关键的一环，评估的结果直接决定了有参保意愿的申请者是否能享受长期护理保险待遇，享受怎样的待遇。但也有不少市民在评估前因为缺乏相关证明材料而迟迟无法启动评估环节。在对受益人家属的访谈中，受访者就表示发生过类似情况。2022年1月静安区就曾发生过类似事件，92岁老人因骨折急需重新评估提高其长期护理保险等级，但却"卡"在了出院小结上，年近70岁的代办人儿子求助医保局，却被告知若不能提供相关材料，只能亲自去信访办上访解决。

当时为了姑妈（受益人）的'相关情况说明'，不得不往返于姑妈的原工作单位和社保中心，可见审核过程中对材料的严格程度。但当发生代办人也出行不便或是受益人急需长期护理保险帮助等此类特殊状况时，相关单位对于部分证明材料的严格程度直接阻碍了后续的评估进程。（访谈对象13-19：长期护理保险受益人家属）

由此可见，上海市长期护理保险的申请对证明材料的要求严格而对特殊情况缺乏合理的灵活应对措施。同时，在长期护理保险推行过程中缺乏相应的反馈机制，相关行政部门出现懒作为、不作为的现象。

2. 初衷异化，护理人员成家政阿姨

长期护理保险制度作为新设立的一种社会保险制度，推行初衷是为了满足失能失智老人的照护需求。但随着制度不断推行，部分受益人对长期护理保险应提供的服务内容要求逐渐偏离原先设计的轨道。在本次调查和访谈过程中，也发现这种情况不在少数。

在对受益人的访谈中，受益人言语中"比请个阿姨便宜""阿姨烧菜不合我口味"等话语能透露出在此案例中，护理人员的角色更倾向于被看待为类似于家政阿姨，而清洁屋子和做饭的服务内容实际上已超出长期护理保险的42项服务内容。

如表13-2所示，在所有被调查者中，有近一半（49.56%）的被调查者最倾向选择的长期护理保险服务模式是居家上门照护服务。因此，为了资源分配和合理利用的最大化，长期护理保险初衷异化的问题应进一步得到重视和改正。

表13-2　长期护理保险服务方式的选择倾向

长期护理保险服务方式的选择倾向	频数	百分比（%）
居家上门照护服务	56	49.56
社区日间照料服务	25	22.12
养老机构护理服务	32	28.32
合计	113	100.0

3. 护理服务的人员素养低，质量待提高

在享受过长期护理保险的45个被调查者中，表示比较满意的为48.89%、非常满意的为 31.11%，这两种情况总体占多数；但仍有 20% 的被调查者认为服务"一般，有待改进"。同时，当被问及享受本市长期护理保险服务的过程中哪方面存在不足时，有 48.89% 的被调查者认为服务质量有待提高。

服务质量往往与护理人员的专业化程度和素质有关。在对受益人家属的访谈中，家属表示"曾经提供服务的一位护理人员在服务过程中出现了一些歧视性的话语和行为"。照顾失能老人的工作是辛苦且琐碎的，有时要清理排泄物，不免要干一些脏活、苦活，这对护理人员的细心和责任心等素养皆是极大的考验。

4. 宣传力度和方式存在不足

长期护理保险制度的推行过程中，宣传起到至关重要的作用。上海市在相关宣传的力度（包括广度和深度）方面和方式上都存在不足。被调查者中有 51.33% 的人听说过长期护理保险，但不是特别了解；有 29.2% 的被调查者表示从未听说过；剩余只有不到 20% 的被调查者认为自己比较了解或非常了解相关政策。

如表 13-3 所示，不愿意购买长期护理保险的样本中，有 38.1% 的被调查者认为已经参加了社会保险，不需要再参加长期护理保险。由此可见，部分人并没有意识到长期护理保险的独特功能性和不可替代性。

表 13-3　不愿通过个人缴费来参加政府主导的长期护理保险的原因

不愿通过个人缴费来参加政府主导的长期护理保险的原因	频数	百分比（%）
认为目前或将来都不会有此类护需求	6	28.57
认为已经参加了社会保险，不需要再参加长期护理保险	8	38.10
已购买了购买相同功能的商业保险	2	9.52
有意愿将要购买相同功能的商业保险	2	9.52
其它	3	14.29
合计	21	100.0

5. 传统观念排斥政策了解

部分市民对长期护理保险的了解不多或不深入可能与传统观念有关。在调查中，当被问及"在生活不能自理的情况下最希望被谁照顾"时，回答"子女"的选项比例为 32%，虽低于"专业护理人员"的 42%，但这仍体现出不少被调查者在出现失能情况时仍旧较依赖子女。同时，传统的"养儿防老"观念根深蒂固，多数被调查者还是将自己的晚年生活寄托在自己最信赖的子女身上。因此当面对长期护理保险相关政策时，就可能因个人的传统观念而主观上排斥进一步了解政策。

三、对策与建议

（一）发挥政府主导的力量，自上而下构筑统一体系

在调查研究中，研究者越来越清晰地感受到，国家和政府仍然是构建长期护理保险制度体系的主导力量，在宏观统筹层面具有不可替代的作用，这也体现了我国"举大国而干实事"的制度优势。目前制度存在的问题是配套政策不够完善、各试点地区政策碎片化严重，对此，国家应该着力顶层设计，借鉴国内外的理论及实践经验，针对特殊的社会文化背景和经济背景做出不同的政策改进，在构建长期护理保险制度体系的大方向下，细化目标、抚平盲区，逐步实现各地政策的协同发展。

但这需要一个较为漫长的发展过程，任何一项社会制度的推行落实都既要经受理论的考验，也要经受实践的打磨，在反复地推进中，才能判断新的尝试是否适用于当下的社会环境，而其他保险的成功经验也未必可以适用于长期护理保险的建立。因此，从管理角度来看，可将国家看作一个巨型的组织，组织由长期护理保险制度串联起来，没有一种特定的长期护理保险制度类型可以保证组织的平稳运行，但只要能够找到维持稳定的平衡点，便是最适宜组织发展的好的制度。

（二）加强政策的宣传力度，改变宣传方式

1. 深化与街道、社区的合作，采取以线下宣传为主、线上宣传为辅的方式

建议增加线下政策宣讲会入社区、分发纸质宣传手册等方式，以更直接、传统的宣传方式让目标人群——老年人对长期护理保险政策有更清晰的了解。同时，也借此类方式"口口相传"，逐渐扩大宣传范围。

2. 宣传过程中要强调长期护理保险与其他险种相比的独特功能性和不可替代性

之所以设立长期护理保险，就是因为现阶段的养老保险、医疗保险并不

能满足失能失智老年人的照护需求。长期护理保险不是单纯依靠补贴，而是直接以提供服务的形式，最大化地满足照护需求。因此，宣传过程中应强调其特殊性和必要性。

（三）强调"护理"功能，加大医护类服务提供比重

正如上述提到的"护理人员"角色异化为"家政阿姨"的现象，为了避免长期护理保险的政策执行偏离初衷，应进一步加大医护类服务提供的比重，禁止提供42项服务项目以外的非医护类服务。在42项服务项目中不包含任何生活环境相关的"护理"或"清理"，在实践中应进一步强调并加强过程监管，避免医护资源错配和浪费。

（四）提高护理人员薪资待遇，吸引高资质护理人员

当前护理人员人才短缺，护理人员水平也参差不齐。在访谈护理人员的过程中，被访者也表示，"因为护理人员的社会地位低、工作辛苦、薪资待遇相对较低等原因，愿意当护理人员的人不多"，其中，不乏退休后才成为护理人员的老年群体。退休后找到新的事业奉献自然不失为一种好选择，但年龄的增大也意味着体力、反应力等的下降，并不能很好地保障服务质量。因此建议提高护理人员薪资待遇以及年龄门槛，吸引更专业、年轻的高资质水平的护理人员参与到长期护理保险事业中来。

（五）完善惩处机制，建立反馈机制

现有对于出现违规行为的评估机构、护理站、护理人员，仅采取罚款和公示的惩罚措施，惩罚力度较弱，只能起到警示的作用，建议进一步完善惩处机制，与机构的盈利、评优挂钩，必要时取缔其营业或执业资格。同时，目前仍需要广泛接受市民的意见改进政策，以便真正为人民服务，所以也应建立长期护理保险独立的反馈机制，在医保局、信访办下设立相关的业务部门或小组，使得市民"有处可表达"。

（六）支持商业机构的发展，优化居民可获得服务

市场在经济发展中具有无可比拟的推动作用，积极支持商业机构的发展，能很好地激发社会活力。目前商业机构（养老机构、保险机构、公益性机构等）主要通过和政府合作的方式参与长期护理保险的运营，部分机构还为高

收入人群提供高端服务，长期护理保险制度一定程度上解决了基本护理需求和高端护理需求。国家应当为商业性质机构创造良好的市场竞争环境，督促市场在充分竞争中提供更优质的服务。同时，商业长期护理保险在20世纪便受到了学者的关注，但就目前来看，我国商业长期护理保险市场发展，受供给端和需求端两方面的影响。一方面是保险公司没有设计出更加科学合理的长期护理保险产品，另一方面是大众对商业长期护理保险的购买愿望不强。

（七）遵从传统文化惯例，提升家庭照护能力

按照我国传统的文化惯例，家庭照护是一切照护方式的首要选择，随着经济的快速发展，家庭人口结构的迅速变化，原有的家庭照护功能正在被逐渐削弱，但传统的家庭照护仍然在许多人心里具有无可取代的地位，例如亲属照护期间的亲情流动、近亲照护的熟悉感和舒适感，是其他方式不可替代的。在走访调查中也发现，绝大部分的受访老人在家中度过晚年，享受与爱人和子女生活的美好时光。但家庭照护能力薄弱化也确实是现存的问题，令研究者惊喜的一个发现是国家目前推行的综合服务中心建设项目，该中心可以为周边社区的老人提供基本就医、取药、体检、一网通业务办理、食堂就餐、娱乐学习等服务，在保证老人不离开熟悉环境的前提下，一定程度上弥补了家庭照护削弱所带来的问题，例如，食堂在解决老人的就餐问题的同时丰富了老人的社交，医疗类型的便利服务也可以替代老人"陪同就医"的需求，可以说，综合服务中心的出现以另一种方式提升了家庭的照护能力。

（八）优化社区资源配置，发挥近邻服务优势

从文献调查中了解到一些社区自主开发了"时间银行"和"物业服务+养老服务"等照护模式，但在实地走访中，也许是因为走访社区多为老旧社区，且社区内以老人居多，所以没有这些新模式的探索。但对于一些内部人口结构分布较为均匀、管理更加完善的新社区，可以整合社区资源，发挥近邻服务的优势，探索社区内部自给自足的生态服务模式。

（九）加强民间组织监管，助力提升运营及服务能力

民间组织在发展过程中受到资源、运营管理能力、外部支持等方面的因素的限制，所能提供的服务也较为有限，但民间社会是促进社会公平不可缺少的一股力量，国家应对其予以支持。调查中了解到，一些民非机构可以和

商业性质的机构一同参与进长期护理保险的服务中来，按照"政府委托+第三方运营"的模式提供相应的服务。但民非机构在法律界定上的不清晰，以及自身管理方面存在的问题，可能会存在一些法律及其他方面的隐患，因此政府在支持其发展的同时，也应对其加强监管，保证各方的合法利益不受侵犯。

　　长期护理保险制度虽然存在诸多问题，但研究者相信，问题依然有可能伴随环境的变化而转变为特点与优势，长期护理保险的探索之路漫漫，我们应该对制度的落地保持耐心和信心。

上海市长期护理保险制度的可持续性

一、研究设计

（一）调查机构：上海唐人百老汇福利院

上海唐人百老汇福利院的整体建筑偏欧洲风格，位于上海市松江区九亭镇龙高路815号。有人甚至会以为这是华丽的别墅区。作为松江区内二级养老院、首家民办星级养老院，唐人百老汇福利院根据入住老人的不同情况，开设多类护理服务。唐人百老汇筹建于2002年，并于2008年开业，内设有单人房、二人房、三人房等，可以满足老人不同的需求。所处位置交通便利，地铁九号线到九亭站就能到达福利院。院内有医务室、活动中心、接待楼、定点接送专车等，旨在建设一个集养老康复、娱乐、社交为一体的新型养老机构。

（二）调查方法：实地观察+深度访谈+问卷调查

调查人员在上海唐人百老汇福利院进行了为期一个月的实习，期间参与了机构的日常工作。首先，在日常工作过程中进行实地观察和记录，收集资料。其次，在工作过程中，主要采用面对面深度访谈法收集资料。最后，对松江区的老人进行了问卷调查。

（三）调查对象

1. 深度访谈

本次访谈对象是上海唐人百老汇福利院的工作人员，包括2位管理人员和 1 位护理人员。

表 14-1　访谈对象基本情况

编码	访谈对象	机构工作年限	身份	工作内容
访谈对象 14-1	陈悦	5 年	管理人员	机构的运营和管理
访谈对象 14-2	孙倩	8 年	管理人员	系统审核
访谈对象 14-3	王女士	10 年以上	护理人员	护理工作

2. 问卷调查

本部分长期护理保险的问卷调查，是在松江区各公园内跟老年人聊天、沟通，然后以问答形式填写问卷，收集了有效问卷 150 份。

二、长期护理保险制度可持续发展的问题和原因分析

（一）资金不足以维持长期护理保险的财政持续性

长期护理保险存在筹资渠道单一、结构不合理等问题。长期护理保险试点之初，费用全部是由医疗保险基金支出，后来随着医疗保险在全国的大范围推广，各地也设立了多元化的筹资渠道，但是其他渠道在资金支持方面发挥的作用并不是很大，目前依旧是医疗保险基金占主导。在福利多元主义视角下，政府确实是起到了很好的主导作用，但是面对庞大的失能、半失能老人，需要更多的社会力量来分担长期护理保险资金的压力。

在养老机构，首先是老人特别多，我们需要更多的护理人员，对她们进行培训，这些增加了很大的管理成本。在这种普惠性政策下，我们自己的资金运转有很大的问题。长期护理保险基本就是医疗保险基金出钱的，况且随着我国人口老龄化的加剧，失能老人的增多，医疗费用逐年上涨，医疗保险基金自身的资金压力也会逐渐增大，能不能继续为长期护理保险买单也是一个问题。因此，从长远来看，完全依靠医疗保险基金肯定会入不敷出。（访谈对象 14-2：管理人员）

（二）专业护理人才的缺失

根据表 14-2 数据，长期护理保险改进方面优先级是 83.33%的专业护理

人员的培养和 74.67% 的拓宽资金筹集渠道；其次是 59.33% 的完善护理保险照护评估体系和 54% 的完善护理保险发展的优惠政策。老年人最希望在专业护理人员的培养上进行改进。我国从事护理服务的人员相较于庞大数量的失能老人数量太少。同时，我国护理人员持证上岗的比例不到 10%，年龄大多为 40—60 岁，他们大多文化水平处在初中及以下。在如此差距的供需平衡下，专业的护理人才就更缺失了。

表 14-2　长期护理保险改进方面

长期护理保险改进方面	频数	百分比（%）
专业护理人员的培养	125	83.33
完善护理保险发展的优惠政策	81	54
完善护理保险照护评估体系	89	59.33
拓宽资金筹集渠道	112	74.67
其他	43	28.67
总计	150	300

1. 护理人员工作收入低，行业发展空间不大

养老服务行业另一个难以突破的"瓶颈"是护理人员的发展空间不大、职业上升路径不明晰。护理人员的收入不高，低于上海市平均工资，同时工作条件艰苦、工作内容繁重，而且容易受气受委屈，行业吸引力不够。

这个行业咱说实话，年轻人没有愿意干这个活的，就是宁愿在医院里多累一点也不愿意来这里。而且目前在医院能挣到的钱也多一点，不可能在养老行业挣很多，而且工作繁重需要细心。更多的是一个职业认可的一个问题，还要看你的薪资待遇，如果薪资不够高她肯定不干。所以现在的护理人员年龄都偏大。未来这一批人老了以后，估计护理人员就很难找了，现在的年轻人都吃不了这个苦。（访谈对象 14-1：管理人员）

2. 护理人员人才流失严重

在日本，养老护理人员可以考一、二、三级监护证。这个证书非常专业，在全世界都能得到认可。而我国养老护理人员考试制度不够完善，职称体系

不完善同时也制约了人才的发展。普遍存在招人难、人员流失严重的现象。人才匮乏将长期制约行业的发展，使得整个行业陷入恶性循环。现阶段我国护理服务人员非常紧缺。长期护理保险在我国刚刚处于起步阶段，各个方面都不大成熟，持续发展的话，需要更多的护理人才涌入护理行业。但是由于工资待遇低，现在的护理人员多为临时人员和兼职人员，流动性强，难以吸引更多的社会人员从事护理工作。

3. 院校的养老护理专业少

优秀的护理人才是维持长期护理保险的可持续性发展的重要基石。中国已经进入老龄化社会，但是中国目前的中专、职高和技校等中等职业技术教育和大学等高等院校中，只有10余所院校设有专门的养老护理专业，远远难以满足市场需求的缺口。要想培养出高素质技能型护理人才，就需要通过在学校的学习掌握护理专业所必需的基础理论以及专业知识技能，才能在工作中有更强的护理专业操作技能以及工作能力，为老年人提供更专业的护理服务。

（三）商业长期护理保险市场存在巨大障碍

仅仅依靠社会长期护理保险是不足以满足全国失能老人的护理服务的。以美国为例，社会长期护理服务主要依靠国家的资金支持，商业保险作为补充社会医疗保险，美国的中高收入群体愿意购买商业保险。但社会长期护理保险刚在我国试行几年，目前老年人对社会长期护理保险的认知度本就不高，对商业长期护理保险的认识度更低，也不太愿意花更高的费用购买商业保险产品。具体来讲，商业长期护理保险市场的发展在中国仍然面临巨大的挑战，原因主要在于以下两个方面。

1. 人们对商业保险产品了解程度和接受程度不高

相较于保险产品，上海民众对社会长期护理保险的接受程度更高，他们不愿意花费较多的钱去购买商业长期护理保险产品，即使这个产品很不错。同时，目前的商业长期护理保险费用较高，很多老年人难以承受。

2. 中国整体的护理产业发展滞后

相较于商业保险，人们更倾向于由国家主导的社会性的保险制度，保险公司的护理产品在中国没有一个良好的市场环境。保险公司的商业长期护理产品需要消费者花费更多的资金，只有部分中高收入群体会对此感兴趣。从福利多元理论视角出发，商业护理产品作为重要的社会福利提供的补充，由于市场的阻碍，难以成为护理保险服务主要力量，更大的担子压在政府身上。

三、长期护理保险制度可持续发展的建议

（一）建立科学合理的筹资制度

目前上海市的长期护理保险支出筹资标准是按照社会医疗保险筹资，筹资渠道是医保统筹基金划拨，职工是单位缴费加上个人缴费，居民是财政补贴和个人缴费。但是，由于中国各个地区的经济发展水平不一样，不同地区的待遇给付、筹资渠道与方式都不同，中国应该学习韩国、日本等国的相关制度，完善顶层制度设计，从上往下地建立一套科学合理的长期护理保险的法规制度，加强法律监督制度，强化护理保险行业监督，保证筹资渠道、资金来源、个人和单位顺利地进行缴费，保障长期护理保险的可持续性发展。

上海现在长期护理保险的费用全部都是来源于医疗保险基金，个人只付15%，医疗保险基金的压力特别大，长期这样下去是个大麻烦。我们应该建立有独立融资渠道的长期护理保险制度应该独立出来，像一些西方国家一样，站在长期发展的角度，这样才能实现护理保险基金的财务可持续性和管理的有效性。（访谈对象14-2：管理人员）

（二）完善长期护理保险评估体系

完善并加强第三方评估，完善照护评估体系。第三方评估机制作为一种外部制衡的机制，能够弥补传统的政府评估存在的不足。为保证评估体系的专业性和公平性，第三方独立评估非常必要。这类评估机构只进行评估，而不接触养老服务业务，那么老年人的失能失智情况就能得到更加客观地反映。

第三方评估只收取评估费用，而评估结果的运用，例如采取哪些护理措施，领取多少护理补贴，都与第三方独立评估机构是无关的，再加上民政部门进行的监督、抽查等措施，评估准确率不达标退出机制，也要求第三方评估机构做出更公正的评估。（访谈对象14-1：管理人员）

（三）加强护理专业人才培养

加强对护理人员的培训，使之成为专业技术人员。支持具备条件的高职院校开设现代护理专业，通过定向培养、助学金资助、特岗计划等方式培养护理人才。支持中等职业学校与高职院校采用"3+2"学制贯通方式，开展护理专业人才培养。对护理人员的工资薪酬进行改革，引导基层医疗机构提供护理服务，提高护理服务供给能力和水平，吸收农转非就业人员和产业结构调整中再就业人员进入到护理服务行业来。

我们福利院的护理人员阿姨年纪都普遍很大了，而且整体的素质水平不高。当然，她们是非常优秀的，对失能老人提供了很好的服务，但市场环境就是很难招到高水准的养老护理人员。现在的人对长期护理保险的了解程度不高，社会应该多组织一些志愿者活动，让更多的人参与到这些项目中。（访谈对象14-1：管理人员）

（四）扩大长期护理保险的宣传途径

有护理需求的老年人及其家属，通过街道社区、志愿者的宣传、亲戚朋友、相关护理机构，可以了解到长期护理保险的政策及优惠。但是年轻一代对此却了解较少。因此，需要扩大对长期护理保险的宣传，开展多种多样的宣传方式，比如网络媒体的宣传，拓宽宣传渠道，使更多的群体了解到长期护理保险制度，从而促进上海市长期护理保险的可持续发展。

总的来说，现在这个长期护理保险知道的人还不是很多，很多刚评估上可以享受长期护理保险的老人身体就已经不行了，而且大家对于具体的待遇水平和如何申请长期护理并不是很了解。如果自己家中或是亲属家中有失能人员的存在，那么会对这个险种有所了解，但对于社会上其他人群来说则是相对陌生的，大众对其了解还远远不够，说明宣传力度仍不强。并且大部分人是通过邻居和亲戚的告知了解到长期护理保险，而邻居、亲戚对于政策的理解会存在一定偏差，导致真正对长期护理保险有需求的人群无法准确认知该险种实施的内容以及提供的具体待遇。（访谈对象14-2：管理人员）

（五）推进商业长期护理保险发展

人们对商业长期护理保险的了解和接受程度不高，保险公司应该扩大对护理产品的宣传和开发。随着失能和半失能老人的不断增加，商业长期护理保险存在着很大的市场潜力，保险公司需要把握住这种机会，设计更符合中国市场的护理产品。护理产品的覆盖人群和保险内容应更加的丰富，这样才能够满足护理人群更多的服务需求，但费用价格高、投保门槛高也是商业护理保险的缺点。国家应当出台更多关于护理保险的优惠性政策，这样有利于保险公司开发出更合适的保险产品。保险公司也需要更多专业化的服务产品来刺激民众的购买愿望，满足多样化的护理需求。只有商业和社会长期护理保险协同发展，才能实现长期护理保险制度的可持续性。

参考文献

［1］ 蔡伟贤等：《长期护理保险、居民照护选择与代际支持——基于长护险首批试点城市的政策评估》，载《经济学动态》2021 年第 10 期。

［2］ 曹信邦：《中国失能老人公共长期护理保险制度的构建》，载《中国行政管理》2015年第 7 期。

［3］ 曹信邦：《中国长期护理保险制度构建的理论逻辑和现实路径》，载《社会保障评论》2018 年第 4 期。

［4］ 曹信邦、陈强：《中国长期护理保险需求影响因素分析》，载《中国人口科学》2014年第 4 期。

［5］ 戴卫东：《长期护理保险：中国养老保障的理性选择》，载《人口学刊》2016 年第2 期。

［6］ 戴卫东：《长期护理保险的"中国方案"》，载《湖南师范大学社会科学学报》2017年第 3 期。

［7］ 戴卫东：《中国长期护理保险的理论依据、制度框架与关键机制》，载《社会保障评论》2023 年第 1 期。

［8］ 戴卫东等：《长期护理保险试点政策的特征、问题与路径优化——基于两批 29 个国家试点城市政策的比较分析》，载《中国软科学》2022 年第 10 期。

［9］ 戴卫东、余洋：《中国长期护理保险试点政策"碎片化"与整合路径》，载《江西财经大学学报》2021 年第 2 期。

［10］ 丁志宏、魏海伟：《中国城市老人购买长期护理保险意愿及其影响因素》，载《人口研究》2016 年第 6 期。

［11］ 封进等：《信息不对称视角下长期护理保险保障模式评价及制度优化》，载《管理世界》2023 年第 8 期。

［12］ 顾海、吴迪：《"十四五"时期基本医疗保障制度高质量发展的基本内涵与战略构

想》，载《管理世界》2021 年第 9 期。

[13] 关博、朱小玉：《中国长期护理保险制度：试点评估与全面建制》，载《宏观经济研究》2019 年第 10 期。

[14] 和红：《社会长期护理保险：可持续性与可及性》，武汉大学出版社 2022 年版。

[15] 胡苏云：《长期护理保险制度试点实践——上海案例分析》，载《华东理工大学学报（社会科学版）》2018 年第 4 期。

[16] 蒋玉宇：《长期护理保险失能等级评估的理论与实践》，东南大学出版社 2020 年版。

[17] 荆涛等：《扩大长期护理保险试点对我国城镇职工医保基金可持续性的影响》，载《保险研究》2020 年第 11 期。

[18] 荆涛等：《共同富裕目标下中国长期护理保险制度的现实约束与重塑路径》，载《宏观经济研究》2023 年第 6 期。

[19] 景跃军、李元：《中国失能老年人构成及长期护理需求分析》，载《人口学刊》2014 年第 2 期。

[20] 李佳：《长期护理保险制度试点实施效果及优化研究》，东北财经大学出版社有限责任公司 2021 年版。

[21] 李佳：《中国长期护理保险制度财政负担可持续性研究——基于 17 种试点方案测算》，载《社会保障评论》2020 年第 4 期。

[22] 李运华、姜腊：《地方长期护理保险试点政策分析——基于政策工具视角》，载《云南民族大学学报（哲学社会科学版）》2022 年第 1 期。

[23] 李长远、张会萍：《发达国家长期护理保险典型筹资模式比较及经验借鉴》载《求实》2018 第 3 期。

[24] 林宝：《党的十八大以来我国养老服务政策新进展》，载《中共中央党校（国家行政学院）学报》2021 年第 1 期。

[25] 刘文、王若颖：《我国试点城市长期护理保险筹资效率研究——基于 14 个试点城市的实证分析》，载《西北人口》2020 年第 5 期。

[26] 鲁晓明、孙喆：《我国长期护理保险制度的构建》，载《江汉论坛》2022 年第 3 期。

[27] 马超等：《长期护理保险、医疗费用控制与价值医疗》，载《中国工业经济》2019 年第 12 期。

[28] 马驭等：《关于应对人口老龄化与发展养老服务的调研报告》，载《社会保障评论》2017 年第 1 期。

[29] 孟佳娃、胡静波：《长期护理保险待遇给付问题研究》，载《人民论坛》2022 年第 7 期。

[30] 舒展、韩昱：《长期护理保险对失能老人家庭代际支持的影响研究》，载《人口与发展》2022 年第 4 期。

[31] 孙志萍：《长期护理保险与基本医疗保险的混同与分割——以德国为镜鉴》，载《大连理工大学学报（社会科学版）》2023年第3期。

[32] 田勇：《中国长期护理保险财政负担能力研究——兼论依托医保的长期护理保险制度的合理性》，载《社会保障研究》2020年第1期。

[33] 王新军、李雪岩：《长期护理保险需求预测与保险机制研究》，载《东岳论丛》2020年第1期。

[34] 武亦文：《统合视角下我国长期护理保险给付的规则形塑与制度建构》，载《法学评论》2023年第2期。

[35] 武亦文等：《长期护理保险制度构建的中国进路》，中国社会科学出版社2022年版。

[36] 武玉、张航空：《我国大城市医养结合的实践模式及发展路径》，载《中州学刊》2021年第4期。

[37] 谢宇菲、封进：《长期护理保险缩小了失能老人健康差距吗?》，载《保险研究》2022年第10期。

[38] 杨翠迎等：《养老服务补贴制度高质量发展研究——基于上海市的案例分析》，载《华东师范大学学报（哲学社会科学版）》2022年第4期。

[39] 姚虹：《老龄危机背景下我国长期护理保险制度试点方案的比较与思考》，载《社会保障研究》2020年第1期。

[40] 尹海燕：《可持续的公共长期护理保险筹资机制：国外经验与中国方案》，载《宏观经济研究》2020年第5期。

[41] 于新亮等：《老年照护保障与女性劳动参与——基于中国农村长期护理保险试点的政策效果评估》，载《中国农村经济》2021年第11期。

[42] 于新亮等：《长期护理保险对医疗费用的影响——基于青岛模式的合成控制研究》，载《保险研究》2019年第2期。

[43] 周磊、王静曦：《长期护理保险资金筹集和待遇支付政策探讨——基于全国15个试点城市实施方案的比较》，载《财经问题研究》2019年第11期。

[44] 朱铭来、何敏：《长期护理保险会挤出家庭照护吗？——基于2011~2018年CHARLS数据的实证分析》，载《保险研究》2021年第12期。

[45] 朱铭来等：《长期护理保险的模式选择与体系构建研究》，载《中国人口科学》2023年第1期。